POÉTIQUE

Paru dans Le Livre de Poche :

Aristote
RHÉTORIQUE
ÉTHIQUE À NICOMAQUE

Platon
ALCIBIADE
APOLOGIE DE SOCRATE, CRITON, PHÉDON
LE BANQUET
GORGIAS
MÉNON
PHÈDRE
PROTAGORAS
LA RÉPUBLIQUE

Les Cyniques grecs
FRAGMENTS ET TÉMOIGNAGES

ARISTOTE

Poétique

INTRODUCTION. TRADUCTION NOUVELLE
ET ANNOTATION DE MICHEL MAGNIEN

LE LIVRE DE POCHE
classique

Cet ouvrage a été publié
sous la direction de Michel Simonin

Né en 1955, agrégé des Lettres, Michel Magnien est maître de
conférences à l'Université de Pau. Ses travaux (articles, traductions et éditions de textes néo-latins) portent sur l'humanisme
du premier xvi⁰ siècle français et sur la théorie rhétorique et
poétique de la Renaissance, d'Érasme à Montaigne.

ISBN : 978-2-253-05241-8 - 1ʳᵉ publication - LGF

PRÉSENTATION

Chronologie sommaire

(N. B. : toutes les dates de l'Antiquité, sauf précision contraire, s'entendent, pour tout le volume, avant Jésus-Christ.)

384. – Naissance d'Aristote à Stagire (au sud de la Macédoine, près du mont Athos).

v. 367. – Mort de son père Nicomaque, médecin du roi de Macédoine.

367. – Aristote quitte Stagire pour Athènes.

365-347. – Aristote suit les cours de Platon à l'Académie.

347. – Mort de Platon; Aristote quitte Athènes.

346-343. – Aristote se fixe auprès d'Hermias, tyran d'Atarnée (au nord-ouest de l'actuelle Turquie).

v. 345. – Mariage avec la nièce (?) d'Hermias, Pythias (il en aura une fille et un garçon).

343. – Départ d'Atarnée; passage à Lesbos avec son disciple Théophraste.

342. – Aristote appelé par Philippe II de Macédoine; devient le précepteur d'Alexandre, âgé de 14 ans.

338. – Défaite de Chéronée : fin de l'indépendance athénienne.

336. – Assassinat de Philippe II; Alexandre roi de Macédoine.

335. – Retour d'Aristote à Athènes. Il fonde l'École du Lycée.

327. – Exécution par Alexandre du neveu d'Aristote, Callisthène.

323. – *Juin.* mort d'Alexandre le Grand; vague anti-macédonienne à Athènes.

323. – *Été.* Aristote poursuivi pour impiété. Il se retire à Calchis (en Eubée, ville dont sa mère était originaire).

323/322. – Mort d'Aristote à Calchis.

Vie d'Aristote, par Diogène Laërce[1]
(*extraits*)

Aristote de Stagire était fils de Nicomaque et de Phestias. Hermippos dit, dans le traité qu'il lui a consacré, que son père, l'un des descendants de Nicomaque, fils de Machaon et petit-fils d'Esculape, vivait à la cour d'Amyntas, roi de Macédoine, dont il était en même temps le médecin et l'ami. Timothée dit, dans les *Vies*, qu'Aristote, le plus illustre des disciples de Platon, avait la voix faible, les jambes grêles et les yeux petits ; qu'il était toujours vêtu avec recherche, portait des anneaux et se rasait la barbe. Il ajoute qu'il eut d'Herpyllis, sa concubine, un fils nommé Nicomaque.

Il n'attendit pas la mort de Platon pour le quitter ; aussi Platon disait-il de lui qu'Aristote l'avait traité comme les poulains qui, à peine nés, ruent contre leur mère. Hermippos rapporte, dans les *Vies*, que pendant une absence d'Aristote, retenu auprès de Philippe par une mission dont l'avaient chargé les Athéniens, Xénocrate prit la direction de l'Académie, et qu'Aristote, trouvant à son retour l'école occupée par un autre, adopta dans le Lycée[2] une galerie où il allait discourir en se promenant avec ses disciples, jusqu'à l'heure où l'on se parfumait. C'est de là, suivant Hermippos, que lui vint le surnom de péripatéticien[3] ; d'autres prétendent qu'on le surnomma ainsi parce que durant une convalescence d'Alexandre il discourait avec ce prince en se promenant. Cependant lorsque le nombre de ses disciples se fut accru il ouvrit une école ; car, disait-il,

Il serait honteux de se taire et de laisser parler Xénocrate.

Il exerçait ses élèves à discuter sur une thèse donnée et les formait en même temps à la rhétorique. Il se rendit ensuite auprès de l'eunuque Hermias, tyran d'Atarnée qui, dit-on, aurait été son mignon. Suivant une autre version, Hermias l'aurait reçu dans sa famille en lui donnant sa fille ou sa nièce; tel est du moins le récit de Démétrios de Magnésie dans le traité *Des Poëtes et écrivains de même nom*. Il ajoute qu'Hermias était bithynien, esclave d'Eubule, et qu'il avait tué son maître. Aristippe prétend de son côté, dans le traité *Sur les plaisirs des Anciens*, au livre I, qu'Aristote avait conçu une violente passion pour la concubine d'Hermias, et que celui-ci la lui ayant accordée il l'épousa et fit à cette femme, dans les transports de sa joie, des sacrifices semblables à ceux que les Athéniens offrent à la Déméter d'Eleusis. Il composa aussi à l'honneur d'Hermias un péan que nous rapportons plus bas[4]. De là il alla en Macédoine, auprès de Philippe, devint précepteur d'Alexandre, fils de ce prince, et obtint le rétablissement de Stagire, sa patrie, détruite par Philippe. Il donna lui-même des lois à ses concitoyens.

Il avait établi, à l'exemple de Xénocrate, des règlements dans l'intérieur de son école, et tous les dix jours on y élisait un chef. Lorsqu'il crut avoir assez fait pour s'attacher Alexandre, il retourna à Athènes, après avoir recommandé à ce prince Callisthène d'Olynthe, son parent. Callisthène avait coutume de parler sans ménagement à Alexandre et de mépriser ses ordres; Aristote lui avait même dit à ce sujet:

Ta vie sera courte, ô mon fils, à en juger par ton langage. [Homère, *Iliade*, XVIII, 95.]

C'est ce qui arriva en effet: Callisthène, ayant été impliqué dans la conspiration d'Hermolaos contre Alexandre, fut enfermé dans une cage de fer et promené ainsi quelque temps, dévoré par la vermine et la malpropreté, puis jeté aux lions.

Aristote, de retour à Athènes, y dirigea son école pendant treize ans et se retira ensuite secrètement à Chalcis pour se soustraire aux poursuites de l'hiérophante Eurymédon ou, suivant d'autres, à celle de Démophile. Hermippos dit, dans les *Histoires diverses*, que Démophile l'accusait en même temps pour l'hymne à Hermias dont nous avons parlé et pour l'inscription suivante qu'il avait fait graver à Delphes sur la statue de ce tyran :

Le roi de Perse, armé de l'arc, l'a tué traîtreusement, au mépris des lois divines de la justice. Il ne l'a point vaincu au grand jour, la lance à la main, dans un combat sanglant; mais il a caché sa fourberie sous les dehors de l'amitié.

Eumélos dit, au cinquième livre des *Histoires*, qu'Aristote s'empoisonna à l'âge de soixante-dix ans. Il ajoute qu'il avait trente ans lorsqu'il s'attacha à Platon; mais c'est une erreur, car il ne vécut pas au-delà de soixante-trois ans, et il en avait dix-sept lorsqu'il devint disciple de Platon. [...]

Apollodore dit dans les *Chroniques* qu'Aristote, né la première année de la quatre-vingt-dix-neuvième olympiade [v. 384], s'était attaché à Platon dans sa dix-septième année, et avait suivi ses leçons pendant vingt-cinq ans. La quatrième année de la cent huitième olympiade [v. 345] il alla à Mytilène, sous l'archontat d'Eubule. La première année de cette même olympiade [v. 348], à l'époque de la mort de Platon, Théophile étant archonte, il était allé auprès d'Hermias où il passa trois ans. Sous l'archontat de Pythodote, il se rendit à la cour de Philippe, la seconde année de la cent neuvième olympiade [v. 343], Alexandre ayant alors quinze ans; il revint à Athènes la seconde année de la cent onzième olympiade [v. 335], établit son école au Lycée et y enseigna treize ans. Il se retira ensuite à Chalcis la troisième année de la cent treizième olympiade [v. 326] et y mourut de maladie, à l'âge de soixante-trois ans, l'année même où Démosthène mourut dans l'île de Calaurie, sous l'archontat de Philoclès [v. 321]. On dit que l'issue de la conjuration de Calliclès l'avait vivement irrité contre Alexandre et que ce prince de son côté, pour chagriner Aristote, avait comblé de faveurs Anaximène et envoyé des présents à Xénocrate.

Théocrite de Chios a fait contre lui une épigramme citée par Ambryon dans la *Vie de Théocrite*; la voici :

Aristote, cet esprit vide, a élevé ce tombeau vide à Hermias, eunuque et esclave d'Eubule.

Timon le critique aussi en ces termes :

Ni les misérables futilités d'Aristote.

Telle fut la vie de ce philosophe. Je transcris ici son testament qui m'est tombé entre les mains. [...] On raconte qu'il se trouva chez lui à sa mort une foule de vases de terre. Lycon rapporte qu'il avait coutume de se baigner dans un bassin rempli d'huile chaude qu'il revendait ensuite. On dit aussi qu'il s'appliquait sur la poitrine une outre remplie d'huile chaude, et qu'au lit il tenait à la main une boule de cuivre suspendue au-dessus d'un bassin, afin que cette boule en tombant le réveillât.

On cite de lui une foule de sentences remarquables : quelqu'un lui ayant demandé ce qu'on gagnait à mentir, il répondit : «De n'être pas cru quand on dit la vérité.»

On lui reprochait d'avoir donné l'aumône à un méchant homme : «J'ai eu pitié de l'homme, dit-il, et non du caractère.»

Il disait fréquemment à ses amis et aux nombreux visiteurs qui se pressaient autour de lui, en quelque lieu qu'il se trouvât, que la vue perçoit la lumière au moyen de l'air ambiant et l'âme par l'intermédiaire des sciences.

Souvent aussi il critiquait les Athéniens de ce qu'ayant découvert le froment et les lois, ils se servaient du froment, mais non des lois.

«Les racines de l'instruction sont amères, disait-il encore, mais les fruits en sont doux.»

On lui demandait quelle est la chose qui vieillit vite : «La reconnaissance», répondit-il. À cette autre question : Qu'est-ce que l'espérance? il répondit : «Le songe d'un homme éveillé.»

Diogène lui ayant présenté une figue, il songea que s'il la refusait le cynique devait avoir un bon mot tout prêt; il prit donc la figue, et dit : «Diogène a perdu en même temps sa figue et son bon mot.» Diogène lui en ayant donné une autre, il la prit, l'éleva en l'air à la manière des enfants, et s'écria : «Ô grand Diogène!» puis il la lui rendit.

Il disait que l'instruction suppose trois choses : un heureux naturel, l'éducation, l'exercice.

Informé que quelqu'un parlait mal de lui, il se contenta de dire : «Qu'il me donne même des coups de fouet, s'il le veut, en mon absence.»

Il disait que la beauté est la meilleure de toutes les recommandations. D'autres prétendent que cette définition est de Diogène et qu'Aristote la définissait : «l'avantage d'un noble extérieur». Socrate l'avait définie de son côté : «une tyrannie de peu de durée»; Platon : «le privilège de la nature»; Théophraste : «une tromperie muette»; Théocrite : «un mal brillant»; Carnéade : «une royauté sans gardes».

On demandait à Aristote quelle différence il y a entre un homme instruit et un ignorant : «La même, répondit-il, qu'entre un vivant et un mort.»

«Les parents qui instruisent leurs enfants sont plus estimables que ceux qui leur ont seulement donné le jour : aux uns on ne doit que la vie; on doit aux autres l'avantage de bien vivre.»

Un homme se vantait devant lui d'être d'une grande ville : «Ce n'est pas là ce qu'il faut considérer, lui dit-il; il faut voir si l'on est digne d'une patrie illustre.»

Quelqu'un lui ayant demandé ce que c'est qu'un ami, il répondit : «Une même âme en deux corps.»

Il disait que parmi les hommes les uns économisent comme s'ils devaient vivre éternellement, et les autres prodiguent leur bien comme s'ils n'avaient plus qu'un instant à vivre.

On lui demandait pourquoi on aime à être longtemps dans la compagnie de la beauté : «C'est là, dit-il, une question d'aveugle.»

Interrogé une autre fois sur les avantages que lui avait procurés la philosophie, il dit : «Je lui dois de faire sans contrainte ce que les autres ne font que par la crainte des lois.»

On lui demandait ce que doivent faire des disciples pour profiter, il répondit : «Tâcher d'atteindre ceux qui sont devant, sans attendre ceux qui sont derrière.»

Un bavard lui ayant dit, après l'avoir accablé d'injures : «T'ai-je assez étrillé maintenant?» il répondit : «Je ne t'ai pas même écouté.»

On lui reprochait d'avoir fait du bien à un homme peu estimable (car on rapporte aussi ce trait de cette manière) : «Ce n'est pas l'homme, dit-il, que j'ai eu en vue, mais l'humanité.»

Quelqu'un lui ayant demandé comment il fallait en agir avec ses amis, il répondit : «Comme nous voudrions qu'ils en agissent avec nous.»

Il définissait la justice : «une vertu qui consiste à donner à chacun suivant son mérite»; et disait que l'instruction est le meilleur viatique pour la vieillesse.

Phavorinos rapporte au second livre des *Commentaires* qu'il disait fréquemment : «Ô mes amis, il n'y a point d'amis.» Cette maxime se trouve en effet au septième livre de l'*Éthique*.

Telles sont les maximes remarquables qu'on lui attribue. Il a composé une infinité d'ouvrages dont j'ai jugé à propos de donner ici le catalogue[5], eu égard au rare génie qu'il a déployé dans tous les genres : de la Justice, IV livres; *des Poëtes,* III; de la Philosophie, III; le Politique, I; *de la Rhétorique, ou Gryllos*, I; Nérinthus, I; le Sophiste, I; Ménéxène, I; l'Amoureux, I; le Banquet, I; de la Richesse, I; Exhortations, I; de l'Ame, I; de la Prière, I; de la Noblesse, I; de la Volupté, I; Alexandre, ou des Colons, I; de la Royauté, I; *de l'Instruction*, I; […] Questions sur l'amitié, II; Questions sur l'âme, I; Politique, II; Leçons sur la politique, dans le genre de Théophraste, VIII; des Actions justes, II; Collection des Arts, II; *l'Art oratoire*, II; l'Art, I; un autre ouvrage également intitulé : Art, II; Méthode, I; *Introduction à l'Art de Théodecte*, I; *Traité de l'Art poétique, II; Enthymèmes de rhétorique* ; de la Grandeur, I; Division des enthymèmes, I; de la Diction, II; des Conseils, I; Collection, II; de la Nature, III; […] des Animaux, IX; Anatomie, VIII; Choix de questions anatomiques, I; des Animaux composés, I;

des Animaux mythologiques, I; de l'Impuissance à procréer, I; des Plantes, II; sur la Physiognomonie, I; Matière médicale, II; de la Monade, I; Signes des tempêtes, I; Astronomie, I; Optique, I; du Mouvement, I; *de la Musique,* I; Mnémonique, I; *Problèmes homériques,* VI; *Poétique,* I; Physique, par ordre alphabétique, XXXVIII; Problèmes résolus, II; Encycliques, II; Mécanique, I; Problèmes tirés de Démocrite, II; de l'Aimant, I; Paraboles, I; ouvrages divers, XII; divers sujets traités selon leur genre, XIV; Droits, I; Vainqueurs olympiques, I; Vainqueurs aux jeux pythiens, dans les concours de musique, I; Pythique, I; Liste des vainqueurs aux jeux pythiens, I; *Victoires dionysiaques,* I; *des Tragédies,* I; Renseignements, I; Proverbes, I; Loi de recommandation, I; des Lois, IV; catégories, I; de l'Élocution, I; Gouvernement de cent cinquante-huit villes, leur administration démocratique, oligarchique, aristocratique, tyrannique; Lettre à Philippe; Lettre des Selymbriens; quatre lettres à Alexandre, neuf à Antipater, une à Mentor, une à Thémistagoras, une à Philoxénus, une à Démocrite. Il a laissé aussi un poème qui commence ainsi :

Ô Dieu antique et vénérable, toi qui lances au loin les traits,

et des élégies dont le commencement est :

Fille d'une mère ornée de tous les talents.

Tels sont les ouvrages d'Aristote ; ils forment en tout quatre cent quarante-cinq mille deux cent soixante-dix lignes.

Voici maintenant les doctrines qu'il y enseigne :

La philosophie comprend deux parties : pratique et théorique. La philosophie pratique se divise elle-même en morale et politique, cette dernière embrassant tout ce qui a rapport au gouvernement des États et à l'administration domestique. La philosophie théorique comprend la physique et la logique. Cette dernière partie toutefois ne forme pas une simple subdivision roulant sur un point spécial; c'est l'instrument de la science tout entière, et un instrument d'une rare perfection. Elle a un double objet, la persuasion et la découverte du vrai, et, dans chacune de ces fonctions, elle dispose de deux instruments : de la dialectique et de la rhétorique comme moyens de persuasion, de l'analyse et de la philosophie pour découvrir la vérité. Du reste, Aristote n'a rien négligé de ce qui a trait soit à la découverte, soit à l'appréciation de la vérité, soit à l'application des règles : ainsi, en vue de la découverte du vrai, il donne les Topiques, et les ouvrages sur la méthode, véritable arsenal de propositions, d'où on peut tirer pour toutes les questions possibles des arguments qui portent la conviction. Comme critère, il donne les premiers et les seconds Analytiques; les premiers contiennent l'examen critique des principes et les seconds l'examen des conclusions qu'on en tire. Enfin, en vue de l'application des règles, il a composé les ouvrages sur la discussion, sur l'interrogation et la dispute, la réfutation des sophistes, le traité des syllogismes, etc.

Il admet un double critère : les sens pour les représentations sensibles, l'entendement pour les idées morales et toutes celles qui ont rapport au gouvernement des villes, à l'administration domestique, aux lois. La fin de l'homme, selon lui, est la pratique de la vertu dans une vie parfaite. Le bonheur se compose de trois espèces de biens : ceux de l'âme, les premiers en dignité; ceux du corps, comme la santé, la force, la beauté et les autres avantages du même genre; enfin les biens extérieurs, richesse, naissance, gloire, etc.

La vertu seule ne suffit point au bonheur; il faut qu'il s'y joigne les biens extérieurs et ceux du corps; de sorte que le sage sera malheureux s'il est accablé par la pauvreté et rongé par la douleur ou par d'autres maux semblables. Cependant le vice à lui seul rend malheureux, eût-on en abondance les biens extérieurs et ceux du corps. Les vertus ne sont pas nécessairement liées l'une à l'autre, car on peut posséder la prudence et la justice sans la tempérance et la continence. Le sage n'est pas sans passions, mais seulement modéré dans ses passions.

Il définissait l'amitié : «une bienveillance égale et réciproque », et distinguait trois espèces d'amitié : celle qui naît des liens du sang ; l'amitié qui naît de l'amour et celle qui résulte des relations d'hospitalité. Il distinguait également deux sortes d'amour, l'amour charnel et l'amour philosophique. Il pensait que le sage peut aimer, se mêler des affaires publiques, se marier et vivre dans la société des rois.

Trois genres de vie, selon lui : contemplative, active, affective ; la première de beaucoup supérieure aux autres. Il regardait les arts libéraux comme utiles à l'acquisition de la vertu. Enfin personne n'a poussé plus loin que lui la recherche des causes naturelles, à tel point qu'il n'y a si petite chose dont il n'ait donné la cause ; c'est à cela qu'il faut attribuer cette multitude de volumes d'histoire naturelle qu'il a composés.

Pour lui, comme pour Platon, Dieu est incorporel. Sa providence embrasse les phénomènes célestes ; il est immobile. Une sorte de sympathie unit les choses de la terre à celles du ciel et fait qu'elles obéissent à leur action. Indépendamment des quatre éléments, il en existe un cinquième, dont sont composés les corps célestes et qui possède un mouvement propre à lui seul, le mouvement circulaire. L'âme est également incorporelle ; elle est la première entéléchie, c'est-à-dire l'entéléchie d'un corps physique et organique, possédant la vie en puissance. Il appelle *entéléchie* ce qui a une forme incorporelle, et il en distingue deux espèces : l'une seulement en puissance – telle est, par exemple, la propriété qu'a la cire d'être façonnée et de devenir un Hermès, ou la propriété qu'a l'airain de devenir une statue ; l'autre en acte : ainsi l'Hermès ou la statue réalisés.

Il l'appelle *entéléchie d'un corps physique* parce que certains corps sont l'œuvre de l'art et ont été façonnés par l'homme : par exemple, une tour, un vaisseau ; et que les autres au contraire sont des œuvres de la nature, comme les plantes et les corps des animaux ; d'*un corps organique*, c'est-à-dire organisé pour une fin, comme la vue pour voir et l'ouïe pour entendre.

Possédant la vie en puissance, c'est-à-dire en lui-même. Le mot puissance se prend dans deux sens : la puissance est ou latente ou en acte ; en acte, par exemple l'état de l'âme chez un homme éveillé ; latente, dans le sommeil. C'est pour faire rentrer ce dernier cas dans la définition, qu'il a employé le mot *en puissance*.

Aristote a traité longuement une foule d'autres questions qu'il serait trop long d'énumérer ici ; car en toutes choses il a porté une ardeur et une facilité d'invention incomparables, ainsi que le prouvent ses écrits dont nous avons donné le catalogue et qui, à n'y comprendre que les ouvrages d'une autorité incontestée, forment près de quatre cents traités. On lui attribue beaucoup d'autres écrits, ainsi que des maximes pleines de sens et de sel, conservées seulement par tradition. [...]

Aristote de Stagire eut un grand nombre de disciples ; le plus célèbre est Théophraste dont nous allons parler.

Introduction

I. LE TEXTE

1. Un ouvrage mutilé

Le texte de la *Poétique* parvenu jusqu'à nous n'a pas laissé de déranger, de dérouter la critique par son aspect lacunaire et désordonné. À cela, deux raisons ; l'une qui tient à la genèse même du texte, l'autre à son histoire.

Une tradition antique, qui a toute chance d'être fondée, partageait l'œuvre d'Aristote en deux parties : d'une part, un groupe de traités dits exotériques abordant la dialectique, l'histoire naturelle ou les sciences, destinés aux gens extérieurs à l'école du Lycée ; leur accès relativement aisé permettait à un public de profanes d'accéder graduellement à une approche plus rigoureuse et sévère des phénomènes ; de l'autre, les traités ésotériques ou acroamatiques, destinés aux seuls disciples, seuls capables de suivre l'enseignement du maître jusqu'à son terme. Selon l'essayiste latin Aulu-Gelle (IIe siècle ap. J.-C.), les cours du matin auraient été consacrés à l'enseignement ésotérique, ceux de la soirée à l'enseignement exotérique.

Or Aristote n'a publié que la partie exotérique de son enseignement, le plus souvent sous forme de dialogues : il fait ici même (1454b 18) allusion à ce type de publication ; mais tous les dialogues ainsi établis et diffusés de son vivant ont aujourd'hui disparu. Quant à l'autre partie de ses cours, il la conservait par-devers lui sous forme de notes. À sa mort, cette masse immense de documents devint l'héritage de Théophraste (372-287) ; mais ce disciple fervent ne publia pas plus les œuvres ésotériques de son maître ; et quelque temps après sa disparition, ces notes furent cachées dans une cave pour échapper aux chasseurs de manuscrits du roi de Pergame. Elles n'en furent exhumées qu'au début du Ier siècle (ou à la fin du IIe), en piteux état. C'est à ce moment seulement que commencèrent à circuler des copies des grands traités d'Aristote, ceux que nous lisons encore aujourd'hui (l'*Organon*, la *Politique*, l'*Histoire des animaux*, etc.) dont la publication découragea peu à peu les éditeurs et les scribes de recopier les œuvres exotériques, moins riches et moins profondes, qui ont ainsi disparu. L'impulsion décisive à cette diffusion fut donnée par le dictateur romain Sylla (138-78) qui fit établir une édition très soignée des traités aristotéliciens.

Notre *Poétique* fait donc partie de cette série de textes ésotériques. Elle n'a jamais été réellement mise en forme par son auteur : elle est souvent constituée de bribes de phrases nominales, de phrases elliptiques, d'excursus aussi étendus qu'inattendus, de séries d'énumérations que le critique interprète avec embarras ; la syntaxe en est déroutante ; souvent Aristote n'a pas eu le temps de se relire – ou n'a pas voulu le faire. On découvre ainsi des parallèles boiteux (1448a 20-23), des phrases à tiroirs dont la construction est encore aujourd'hui controversée (1449b 36 *sq.*), ou tellement étendues qu'Aristote en oublie qu'elles ne sont qu'un immense amas de subordonnées, sans principale aucune (1450b 35 *sq.*).

La même impression de désorganisation peut être ressentie devant le fond. Nous verrons tout à l'heure qu'il n'est pas simple de dresser un plan clair du traité. Les questions surgissent, sont partiellement exposées, puis réapparaissent quelques lignes ou quelques chapitres plus loin, sous une forme voisine. L'étude des caractères, qui occupe tout le chapitre 15, vient ainsi casser dans son élan la longue analyse de l'histoire, qui, commencée dès le chapitre 7, ne s'achèvera qu'avec la fin du chapitre 18. Les listes dressées par Aristote sont souvent lacunaires ; lui qui prétend à l'exhaustivité scientifique néglige souvent d'énumérer tous les éléments ; sans doute pensait-il combler ces manques lors de ses cours, mais bien des nomenclatures ici dressées sont incomplètes (voir chap. 13, note 4 ; chap. 14, note 12 ; chap. 18, note 3, chap. 25, note 36), et plongent le lecteur dans la perplexité.

Ce sont donc bien des notes accumulées – sans doute en plusieurs étapes (voir *infra* pp. 20-21), ce qui n'est pas pour clarifier les choses – par un maître en vue de son enseignement (et non des notes prises par un disciple durant le cours) que nous avons sous les yeux. D'où certains passages au caractère tellement allusif que la critique moderne n'est toujours pas parvenue à les décrypter.

Ces notes de cours – ces fiches ? : certaines semblent avoir été intercalées *a posteriori*, voir 1458a 8-17 – ont ensuite connu tous les aléas auxquels ont été soumis les textes antiques lors de leur transcription : fautes dues à la négligence des copistes ou à l'impossibilité où ils se sont trouvés de lire un manuscrit abîmé, interventions intempestives d'éditeurs antiques qui altèrent le texte en croyant l'amender. Bref, la *Poétique* a subi, comme toutes les épaves de l'immense naufrage de la culture antique arrivées jusqu'à nos rives, d'irrémédiables altérations.

Une partie du traité a même sans doute disparu au cours des temps. On connaît l'ambition encyclopédique d'Aristote ; or on ne saurait considérer que l'ouvrage, tel que nous le lisons, prenne en compte l'ensemble de la production poétique grecque antique : outre la poésie lyrique, dont les Anciens étaient si friands et qui a donné certaines des plus grandes réussites du génie grec (mais qu'Aristote avait des raisons de ne pas aborder ici, voir *infra* p. 30), la comédie est pour le moins négligée ; or cela est en contradiction flagrante avec la promesse faite au début du chapitre 6 (1449b 21). De même, l'auteur ne tient pas ses engagements, et le programme esquissé au début du chapitre 1 est loin d'être accompli à la fin du chapitre 26. Au livre VIII de la *Politique* (1341b 38 *sq.*, voir appendice n° III), Aristote affirme expliquer plus clairement dans la *Poétique* ce qu'il entend par *katharsis*, mot qui n'apparaît ici qu'une seule fois au chapitre 6 (1449b 28), sans explication aucune. Ces constatations, ajoutées au fait que les listes antiques d'ouvrages d'Aristote (voir *supra*, pp. 11 et 12, le catalogue de Diogène Laërce) mentionnent une *Poétique* en deux livres, et au fait que le Moyen Âge semble avoir connu l'existence de ce second livre, ont conduit la majorité des critiques à ne voir dans ce texte qu'une première partie du traité, consacrée à la tragédie et l'épopée, la seconde ayant été réservée à la comédie, et peut-être d'autres genres (la poésie iambique ?).

Le temps s'est allié à l'auteur pour nous livrer un texte à tel point décousu, énigmatique, problématique. Et son état l'a sans aucun doute desservi : il est ainsi l'un des rares traités d'Aristote à n'avoir pas été copieusement commenté dès l'Antiquité. La *Poétique* : une œuvre maltraitée donc, marginale par rapport à l'énorme masse du corpus aristotélicien, dont, nous le verrons, la fortune éblouissante ne s'accomplira, indépendamment de lui, qu'avec la Renaissance.

2. Un projet neuf

Un point très controversé demeure la date de composition de l'ouvrage. On l'a tour à tour rattaché aux trois grands moments de la vie d'Aristote, ses deux séjours à Athènes (367-347 ; 335-323) et son installation en Macédoine (342-336), sans que jamais des arguments probants – fournis par la critique interne ou l'intertexte à l'intérieur du corpus aristotélicien – soient venus étayer une thèse plutôt qu'une autre. Une chose est sûre, cependant, au chapitre 3 (1448a 31, voir note 6), Aristote semble se placer géographiquement à Athènes lorsqu'il écrit ; aussi la majorité des critiques placent-ils la composition de la *Poétique* lors de la seconde période athénienne (après 335). Mais son caractère fragmentaire a invité certains critiques – dont D. de Montmollin (1951) – à découvrir plusieurs strates dans le travail du Stagirite. À une recherche initiale, entreprise peut-être au contact direct de Platon (vers 360 ?) comme une réponse à son enseignement, seraient venus, après 347, s'ajouter des éléments, parfois contradictoires, datant du moment où Aristote a abordé devant ses disciples du Lycée les problèmes de la représentation littéraire. L'étude la plus récente, l'ouvrage très suggestif de S. Halliwell (pp. 324-330), vient encore de défendre cette position ; comme la façon même dont ce texte se présente à nous la rend très vraisemblable, pourquoi ne pas l'adopter ?

Fruit de cette longue période de gestation, la pensée d'Aristote se montre singulièrement novatrice. Non que les générations antérieures aient négligé le fait poétique : la poésie – et la musique, qui vont toujours de pair dans la Grèce antique – est une des composantes essentielles de la culture grecque ; on apprend et commente Homère à l'école ; les œuvres des poètes lyriques sont connues, interprétées lors des fêtes solennelles et appréciées du plus grand nombre. La réflexion sur la poésie est elle-même très vivante, très développée, comme le prouvent les œuvres de Platon (*République, Phèdre, Ion*, etc.), et peut-être plus encore le fameux parallèle d'Eschyle et d'Euripide placé par Aristophane au centre des *Grenouilles* (405) ; la critique littéraire existe ; on commente, on discute les auteurs (voir ici le chap. 25), même devant le public populaire du théâtre athénien.

Ce qu'il y a de neuf chez Aristote, c'est la volonté systématique, marquée d'ailleurs par toute son œuvre, qui se présente comme une magistrale et admirable synthèse de la culture grecque classique, comme une véritable encyclopédie des conceptions et des savoirs du temps. La *Poétique* se veut – même si à l'arrivée elle n'est pas que cela – un ouvrage dogmatique, une *technè* ; elle est un art qui propose un ensemble de règles pour écrire une bonne tragédie, une bonne épopée, tout comme la *Rhétorique*, sa jumelle, proposait des règles pour composer un bon discours. Et afin d'exposer ces règles, elle suit une démarche dont le caractère éclaté de ces notes, la mauvaise transmission du texte nous cachent la rigueur. Certains témoins demeurent cependant de cette volonté systématique : les chapitres 14 à 16, qui établissent respectivement le classement des situations dramatiques, des caractères et des reconnaissances, possèdent tous trois un mouvement similaire, qui conduit le lecteur du pire au meilleur.

Aristote a incontestablement le sentiment de combler un vide : il suffit de comparer avec quelle désinvolture il renvoie aux *technai* déjà constituées (les traités de rhétorique [1456a 35] ou de métrique [1456b 34]; les traités de diction dramatique à l'usage des acteurs [1456b 10 *sq.*]), et avec quelle application il se lance dans des exposés techniques les plus minutieux pour les disciplines qui n'ont pas encore été formalisées à son époque, comme la grammaire ou la linguistique (chap. 20 *sq.*). Son ambition est de réaliser ce qui ne l'a pas encore été dans d'autres ouvrages : théoriser une pratique poétique pluriséculaire.

Cependant, la conscience qui l'habite de se trouver au débouché d'une longue tradition allant d'Homère à Astydamas, son contemporain, le pousse à tenir, à côté du discours normatif, un autre type de discours, de caractère historique. Aristote part en effet de l'expérience, constate que certaines pièces ont du succès, que d'autres échouent et que les auteurs les plus renommés ne sont pas ceux qui se sont le mieux pliés à la norme. Ainsi naît entre les deux discours une tension qu'ont si bien révélée R. Dupont-Roc et J. Lallot à travers leur édition (Seuil, 1980, p. 12 *sq.*). Ces deux critiques en veulent pour preuve le traitement réservé par Aristote au spectacle ; défini au chapitre 6 (1450a 8 *sq.*) comme une des six parties de la tragédie, il est aussitôt exclu de la sphère proprement poétique (1450b 17), comme étant « ce qu'il y a de plus étranger » à elle. Cette position théorique pour le moins paradoxale quand on se donne pour tâche d'étudier le théâtre ne résiste pas à l'expérience car c'est en définitive le spectateur – Aristote en est bien conscient (voir 1453a 27 *sq.* ; 1456a 16 *sq.*) – qui est le véritable juge de l'œuvre lors des représentations ; d'où le conseil donné aux auteurs au chapitre 17 de se mettre les choses « sous les yeux » (1455a 23) au moment de la composition pour éviter toute entorse à la convenance ou à la vraisemblance. Et au dernier chapitre, lorsqu'il s'agira d'assurer la supériorité de la tragédie sur l'épopée, le spectacle sera évoqué parmi les moyens de procurer le plaisir que ne possède pas le poème épique (1462a 16). Au titre de ces tensions internes à l'œuvre, on pourrait citer encore l'impératif du nécessaire et du vraisemblable (1451a 12 ; 1451a 38, etc.) peu à peu oublié au profit de l'effet de surprise, jugé plus apte à susciter chez le spectateur – encore lui – les émotions tragiques.

Au sujet de ces variations, on ne saurait réellement parler de contradictions : les préceptes constitutifs de la *technè* ne possèdent pas en définitive la même portée que les analyses issues de l'expérience. Ces tensions nous révèlent une pensée en évolution, peut-être sur une longue période (voir *supra* p. 20), écartelée entre une nécessaire théorisation et une réalité qui lui résiste par instants : l'objet littéraire, si varié, échappe en effet à la saisie unificatrice du théoricien, même s'il concentre ici son attention sur deux genres, l'épopée et la tragédie.

La plus grande partie du traité tel qu'il s'offre aujourd'hui à nous est en effet dévolue à l'étude de la tragédie. Après un chapitre d'introduction (chap. 6) qui livre la fameuse définition de la tragédie et présente ses six parties constitutives, vient un premier massif, le plus imposant, consacré à l'histoire tragique (mythos : « la fable » de la langue classique : chapitres 7-11, 13-14, 16-18), coupé en deux endroits par l'énumération des parties d'étendue de la tragédie (chap. 12), puis par l'analyse des caractères (chap. 15). Aristote étudie ensuite les deux parties constitutives qui retiennent son attention (sur les quatre restantes) : la pensée (chap. 19) et l'expression (chap. 20-22).

Ces trois derniers chapitres conduisent insensiblement à l'épopée, puisque les exemples qui y sont fournis proviennent presque tous des poèmes homériques. L'analyse de l'épopée est nettement plus brève (chap. 23-25). Cela peut s'expliquer par la volonté de mener l'examen selon la même procédure que pour la tragédie, à l'aide des mêmes catégories ; volonté manifestée par le rapprochement récurrent des deux genres au début des chapitres 23 et 24. Cette étude parallèle implicite trouve d'ailleurs son aboutissement au dernier chapitre, qui compare les deux pour donner la palme à la tragédie, elle qui parvient mieux à ses fins ; cette comparaison avait été esquissée auparavant, à la fin du chapitre 5 (1449b 8 *sq.*), qui clôt les chapitres introductifs.

En effet, avant d'entreprendre l'étude de ces deux

genres en particulier, Aristote aborde son sujet par une série de considérations de portée plus générale (chap. 1-5 ——►1449b 7). Il établit un classement des différents arts d'imitation (chap. 1), puis, à l'intérieur de la poésie, distingue trois genres mimétiques (tragédie, épopée, comédie : chap. 2-3), avant d'en donner l'origine et d'en décrire l'évolution (chap. 4-5).

Le schéma des pages 26-27 rendra mieux compte de cette structure d'enchâssement, où les éléments disjoints répondent les uns aux autres.

Chacune de ces trois étapes est déterminante ; nous allons successivement nous y arrêter.

3. Poésie et imitation

Au commencement était l'imitation. Aristote l'affirme au début du chapitre 4 (1448b 20), l'instinct d'imitation est naturel à l'homme ; c'est par l'imitation qu'il fait son apprentissage. Cette propension à l'imitation, illustrée par les autres arts – qui sont en majorité mimétiques comme le souligne la première page du traité – est d'ailleurs une des causes de l'apparition de la poésie ; la seconde étant la disposition de l'homme pour la mélodie et le rythme.

On voit l'importance du concept de nature dans l'approche du fait artistique par Aristote : il ne faut pas oublier ici ses nombreuses autres œuvres ésotériques consacrées à l'histoire naturelle : il s'y révèle un scrupuleux observateur des faits (voir *supra*, pp. 14-15). En ces pages, il examine la tragédie ou l'épopée, comme il l'a fait ailleurs d'animaux : il décrit leur structure ; il cherche à découvrir leur origine et leur fin. Il prétend dès le début (1447a 13) « suivre l'ordre naturel » dans sa démarche. Or dans l'art, il distinguera des genres, et dans l'art poétique considéré comme genre, des espèces différenciées par des critères rigoureux.

Autre idée empruntée à l'histoire naturelle, celle du poème considéré comme un être vivant (1459a 20) ; comme lui, il doit être un, et chacune de ses parties doit contribuer à l'harmonieuse constitution de l'ensemble, qui doit être aisément saisi par l'esprit (1450b 35).

Cette comparaison si profonde dans sa simplicité donne ainsi naissance à ce qui sera l'un des impératifs fondamentaux de la doctrine classique : l'unité de composition et d'action. Regard de naturaliste encore dans la façon dont Aristote étudie chaque espèce de poésie, lui assignant une fonction, une efficacité propres, qu'elle doit à sa nature même. La tragédie ou l'épopée connaissent d'ailleurs une croissance comparable à celle d'organismes vivants : elles naissent, se développent, puis trouvent leur point d'équilibre le jour où elles n'existent plus en puissance, mais sont entrées en possession de leur nature propre (1449a 10 *sq.*) ; et c'est encore la nature qui leur donne le type de vers qui leur convient (1449a 24 et 1460a 4). Le discours du naturaliste rejoint ici celui de l'historien, dans cette vision finalisée de l'histoire de la poésie, dominée par l'idée de progrès (1448b 20 *sq.* ; 1449a 13 *sq.* ; voir aussi note 11 du chap. 6).

Ce recours fréquent au paradigme de la nature semble cependant dispenser Aristote de préciser ce qu'il entend par imitation. En effet, cette notion capitale de *mimèsis*, autour de laquelle s'articulent toutes les analyses du traité, n'est définie en aucun passage. Ce terme semble avoir été appliqué pour la première fois à une activité artistique par les Pythagoriciens, qui par ce terme désignaient la musique et la danse. Il ne faut pas non plus négliger sa filiation étymologique avec un spectacle scénique, les *mimoi*, les mimes (1447b 10), sortes de sketches inspirés de la vie quotidienne. Ainsi, par ses origines, la *mimèsis* se rattache au champ lexical de la représentation théâtrale ou chorégraphique ; elle a pris racine dans une représentation gestuelle, une expression gestuelle figurée ; et cela pèsera lourd dans la conception aristotélicienne de la poésie mimétique : est-ce un hasard, si pour le philosophe, la forme suprême en est la tragédie ?

La *mimèsis* n'est pas pure copie, comme pourrait le laisser entendre sa traduction consacrée (*imitation*, voir note 2 du chap. 1) ; elle est création, car transposition en figures de la réalité – ou d'une donnée narrative (le cycle d'Œdipe ; le cycle d'Ulysse). Elle

I. Introduction

II. La Tragédie

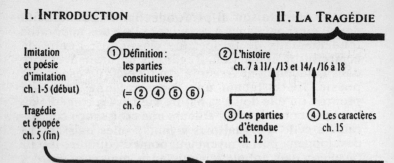

**Imitation
et poésie
d'imitation
ch. 1-5 (début)**

**Tragédie
et épopée
ch. 5 (fin)**

① Définition :
les parties
constitutives
(= ② ④ ⑤ ⑥)
ch. 6

② L'histoire
ch. 7 à 11/, /13 et 14/, /16 à 18

③ Les parties
d'étendue
ch. 12

④ Les caractères
ch. 15

qualifie à la fois l'action d'imiter un modèle, mais également le résultat de cette action, la représentation de ce modèle ; elle « désigne ce mouvement même qui, partant d'objets préexistants, aboutit à un artefact poétique ; et l'art poétique est l'art de ce passage » (R. Dupont-Roc, J. Lallot, p. 20). Grammaticalement, le verbe *mimesthai* peut ainsi indifféremment se construire avec l'objet que l'on reproduit, le modèle, ou avec l'objet représenté, le résultat de la *mimèsis : mimèma* (1448b 8 et 18 ; voir note 6 du chap. 6). Et en littérature, cette imitation-représentation porte exclusivement sur des hommes en action (1448a 28), ou, plus exactement, sur des actions (1450a 16), puisque Aristote affirme le primat absolu de l'action sur les caractères au chapitre 6.

En se saisissant de ce concept, Aristote se plaçait dans une tradition, dont il est bien sûr impossible d'exclure Platon. Dans la *République* (voir appendices I et II), la *mimèsis* était en effet présentée comme « image d'une image », comme copie dégradée du monde sensible, déjà lui-même éloigné de la vérité ; pour Platon, l'imitation était « éloignée de trois degrés de la réalité », elle s'adressait à la partie la plus basse de notre nature. Et l'imitateur devenait un « charlatan qui abuse des naïfs ». Le réquisitoire est sévère ; mais toute la poésie n'était pas condamnée par Platon, puisqu'il avait distingué trois types de récits : le récit simple (le

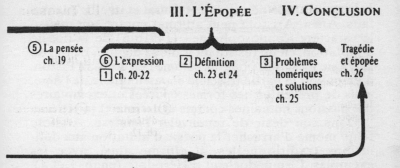

dithyrambe), le récit fait à travers une imitation (la tragédie) et le récit qui mêle ces deux modes de narration (l'épopée); seul le deuxième type est blâmable, car le poète, au lieu de parler en son nom propre, délègue la parole à ses personnages, y parle «comme s'il était un autre». Et ce sont les Tragiques qui sont particulièrement visés par Platon, eux qui créent une situation d'énonciation illusoire venant doubler le réel et prétendant se donner pour vraie.

Aristote reprend ici les termes platoniciens (*diègèsis* – récit –, *mimèsis*), mais au prix d'un important glissement : ce n'est plus le recours à l'imitation – ou son absence – qui fait la différence entre épopée et tragédie. Désormais, ces genres sont par essence tous deux mimétiques et se différencient par le mode de leur imitation (chap. 3), l'un ayant recours au récit, assumé par l'auteur ou par un narrateur, l'autre à des personnages en action.

Ce glissement s'accompagne d'une totale inversion des valeurs : cette imitation n'est plus dégradée par rapport au réel; elle est au contraire douée d'un caractère de généralisation, d'idéalisation qui l'oppose par exemple à l'histoire, plat reflet d'une réalité intangible (1451b 5 *sq.*) ou éclatée (1459a 22 *sq.*). Elle dit en effet ce qui peut se produire conformément à la vraisemblance ou la nécessité (1451a 36), et atteint le général en présentant le déroulement causal et intelligible des faits. Ainsi, Aristote peut affirmer contre son maître le caractère «philosophique» (1451b 5) de la poésie d'imitation, en lui restituant toute sa dignité. Le but de la poésie n'est plus pour lui, comme l'en accusait Platon, d'émouvoir la partie irascible et passionnelle de l'âme, mais de présenter des formes épurées et exemplaires des passions humaines comme la crainte et la pitié.

Dans son désir de renouveler l'analyse, Aristote tente même d'arracher la poésie d'imitation aux définitions traditionnelles; il affirme ainsi, avec les exemples d'Empédocle et d'Hérodote (chap. 1 et 4), que ce n'est pas le mètre qui fait la poésie, mais le sujet même de l'œuvre pour peu qu'il ait une valeur générale (1451b 27); et il bouleverse encore les idées reçues en assurant que la tragédie est imitation non d'hommes, mais d'action (1450a 16), et que les caractères, les noms mêmes des personnages ne doivent être déterminés qu'après que l'action a été définie.

Nouvelle aussi, l'attention très grande portée par Aristote à la forme, à travers les chapitres 20 à 22 consacrés à l'expression (*lexis*). Bien des éditeurs de la *Poétique* ont considéré que cet exposé purement grammatical et linguistique n'avait rien à faire dans un traité de poétique, et ont même suggéré que ces pages étaient interpolées. Se pose naturellement ici le problème de l'articulation entre poétique et rhétorique. Curieusement, si Aristote renvoie à sa *Rhétorique* lorsqu'il traite de la pensée (1456a 35), il ne le fait point pour l'expression; c'est qu'il considère, comme il le dit au livre III de la *Rhétorique* (1404a 28), que «l'expression est différente dans le discours et dans la poésie» – ce qui ne semble pas être le cas de la pensée. Nous l'avons dit, Aristote comble des lacunes; et l'expression poétique non encore codifiée mérite à ses yeux une réflexion de fond. Dans sa volonté systématique, il s'intéressera de près au matériau de toute composition littéraire, le langage, les mots, sans même s'interdire d'étudier phonèmes et morphèmes. Les signifiants en tant que tels ont en effet à ses yeux leur importance dans la constitution d'une langue poétique : nous n'en voulons pour preuve que l'extrême attention avec laquelle il recense les altérations du nom (noms allongés, écourtés, etc.) tout au long du chapitre 21 ; ces procédés, qui peuvent sembler par trop mécaniques, sont intéressants car révélateurs d'une conception de la poétique comme droit à l'écart ; droit jamais mieux affirmé que par le chapitre 25 qui justifie par tous les moyens les expressions déroutantes, voire incorrectes, découvertes chez Homère.

Pour Aristote, comme l'ont souvent marqué R. Dupont-Roc et J. Lallot (pp. 314, 358, 388), la langue poétique est avant tout conçue comme transgression de la norme du langage quotidien ; le poète doit s'arracher à la banalité de l'usage courant (1458a 21, 1458b 1 et 32 *sq.*) pour surprendre le lecteur et surtout faire surgir la beauté (1458b 22). D'où l'importance accordée à la métaphore (1457b 7 *sq.* ; voir note 24 du chap. 25), prise au sens large d'un transfert de sens (voir note 5 du chap. 21) : elle révèle le mieux la capacité du poète à envisager le monde dans ses ressemblances (1459a 6 *sq.*) et ses dissemblances. La métaphore participe étroitement à cette re-création du réel sensible : la forme comme le fond contribuent à faire de la poésie un moyen de saisie du monde, global et totalisant.

Voilà qui explique sans doute une large lacune dans le traité : à aucun moment il n'y sera question de la poésie lyrique, si importante pour la Grèce classique. Cette poésie centrée sur un individu qui narre sa propre existence, ou celle d'un proche, et décrit ses états d'âme, est sans doute trop contingente, trop particulière pour correspondre à cette vision d'une activité poétique qui tendrait vers le général. Le grand tort du poète lyrique est de parler en son nom ; Aristote le dit clairement : «Lorsque le poète parle en son nom personnel, il n'imite pas» (1460a 7). Le lyrisme, non mimétique, ne pouvait donc qu'être exclu du champ d'investigation du philosophe, au risque de saper les présupposés de son analyse : l'imitation comme fondement de l'activité artistique.

Cette vigoureuse défense et illustration de la poésie, accomplie sur nouveaux frais, lui confère un statut égal à celui des autres arts d'imitation, la peinture en particulier, avec laquelle Aristote opère de nombreux rapprochements (1448a 5 *sq.* ; 1448b 10 *sq.* ; 1450a 26 *sq.* ; 1454b 9 *sq.* ; 1460b 8 *sq.*). Il suggère ainsi une étude parallèle – et une rivalité – des deux arts. Cette comparaison si lourde de conséquences pour les deux disciplines, ne sera au-delà de la Renaissance et du classicisme français (qui ont bien à tort vu dans le *Ut pictura poesis* horatien un encouragement à la poursuivre) remise en question qu'avec le *Laocoon* de Lessing.

4. Homère, ou « De l'épopée »

Quoique apparue bien avant le poème dramatique, l'épopée n'est pas étudiée la première par Aristote ; malgré une esquisse de comparaison avec la tragédie à la fin du chapitre 5, son étude est rejetée dans les derniers chapitres (chap. 23 *sq.*). Cette entorse à la chronologie – alors même que les chapitres 4 et 5 prétendaient établir une généalogie des genres – est éloquente : la tragédie représente à ses yeux la meilleure espèce de poésie mimétique ; une fois les concepts généraux établis, Aristote porte tout naturellement son attention sur cette dernière, avec une conscience d'autant meilleure qu'il présente la tragédie comme un genre plus complet que l'épopée, comprenant toutes les parties propres au genre épique, plus d'autres qui n'appartiennent qu'à elle. Celui qui saura juger d'une tragédie saura *a fortiori* juger d'une épopée (1449b 16). Dont acte ; et par la première phrase du chapitre 6, qui repousse à plus tard l'analyse de l'épopée et de la comédie, il se libère vite de ses derniers scrupules pour étudier le type idéal.

Cependant, l'étroite parenté qui, d'après lui, lie la tragédie à l'épopée (1448b 37), conduira souvent Aristote à s'y référer lorsqu'il évoquera tel ou tel aspect de la tragédie, qu'il s'agisse de l'histoire (1451a 20 *sq.* et 1453a 30 *sq.*), des caractères (1454b 11 *sq.*) ou des reconnaissances (1454b 25 *sq.*) ; tout le chapitre 8, consacré à la nécessaire unité de l'histoire prend pour exemples quatre épopées sans citer une seule tragédie, et l'on pourrait le transférer tel quel dans la partie du traité

consacrée à l'épopée tout comme les chapitres consacrés à l'expression (20-22), presque entièrement
construits autour d'exemples épiques. L'étude de l'épopée débute donc au sein même des chapitres dévolus
à la tragédie, et l'attitude comparatiste, clairement
manifestée au début du chapitre 23, justifie sans doute
le petit nombre relatif de pages qui lui sont consacrées.

De plus, le regard du critique s'y concentre sur
Homère, au point qu'il établit l'équation entre l'épopée et le poète. Il lui arrive de citer d'autres poèmes
épiques aux chapitres 8 ou 23, mais ce sont des faire-
valoir qui ne sont invoqués que pour mieux mettre en
valeur la perfection du «poète» – le plus souvent désigné de cette manière si révélatrice. L'«incomparable»
Homère (1451a 23), «poète par excellence» (1448b 34),
mérite toutes les louanges (1460a 5; voir aussi 1459b
12); il «l'emporte sur tous par l'expression et la pensée» (1454b 15) : une véritable apothéose s'accomplit
en ces pages; elle culmine avec le chapitre 25 où
Aristote parvient par des moyens divers – pas toujours
très convaincants : voir notes 13 et 27 – à éloigner
d'Homère toutes les critiques que certaines de ses obs-
curités n'avaient pas manqué de susciter. Tous les problèmes soulevés, qu'il s'agisse de son art poétique
(1460b 22 *sq.*), de la justesse de ses représentations
(1460b 32 *sq.*) ou de l'expression (1461a 9-b 9), sont
résolus aux dépens des critiques (1456b 15; 1458b 31 sq.)
et au plus grand bénéfice d'Homère qui a toujours eu
raison de dire ce qu'il a dit. On surprend ici sur le vif
l'admirateur inconditionnel d'Homère, qui fut capable
de faire partager son admiration à son royal disciple :
durant son expédition, Alexandre garda en effet sans
cesse auprès de lui dans une cassette une édition de
l'*Iliade* qu'aurait établie Aristote.

Et quand par hasard Aristote formule une critique
à l'égard de l'aède, il préfère taire son nom : considère-
t-il comme excessive la longueur de l'*Iliade* et de
l'*Odyssée* ? Il les désigne alors par la vague expression
de «poèmes anciens» (1459b 21). Ce culte peut même
le mener à la contradiction. Désirant faire d'Homère
à la fois l'origine et le modèle de toute poésie, il

établit un parallèle fort artificiel au chapitre 4 et le présente comme l'auteur qui, avec l'*Iliade* et l'*Odyssée*, a montré la voie de la tragédie et avec le *Margitès*, celle de la comédie. Or au chapitre suivant, il reconnaît qu'il ignore tout de l'origine de la comédie (1449a 36 *sq.*).

Il ne se défera de son enthousiasme qu'au chapitre 26, contraint qu'il sera alors de prouver la justesse de ses intuitions : la supériorité de la tragédie sur toute autre espèce de poésie mimétique. Et c'est dans la chaleur de la controverse – puisque, là encore, Aristote contredit Platon : voir note 1 – qu'il en viendra à opposer la pluralité d'actions de l'*Iliade* à la superbe unicité d'action d'*Œdipe roi* (1462b 2 *sq.*). On est loin des déclarations admiratives du chapitre 8, où Aristote vantait la perspicacité d'Homère qui avait su construire ses épopées autour d'une action unique (voir aussi 1459b 2 *sq.*), règle impérative dans l'agencement des histoires.

C'est qu'à propos d'épopée on ne saurait négliger une donnée fondamentale : la longueur (1459b 17 *sq.* ; 1462b 5) ; à moins de délayer, de lasser l'attention de son public, l'auteur épique doit avoir recours aux épisodes (voir note 5 du chapitre 17), pour donner à son œuvre la longueur convenable (4 500 vers ? : voir note 7 du chap. 24). Il est donc toujours écartelé entre les contraintes théoriques – l'unicité de l'histoire – et les contraintes d'ordre matériel : le contentement du public (1459b 30 *sq.*). Homère, en dépit de sa supériorité incontestable, ne pourra donc réaliser sa composition que «le mieux possible» (1462b 10), alors que l'*Œdipe* de Sophocle atteint la perfection.

Cette résolution finale des tensions n'empêche pas néanmoins le lecteur de penser que si la tragédie atteint mieux sa fin que l'épopée, c'est en partie parce qu'Aristote en a décidé ainsi. Le poème épique est en effet jugé sur des critères qui n'ont pas été établis pour lui ; le plaisir donné par la poésie ayant été défini au chapitre 14 en fonction de la tragédie, et d'elle seule, est-il surprenant de constater que l'épopée semble moins bien le procurer que le poème dramatique ?

Aristote avait pourtant en chemin souligné certaines possibilités qu'offre l'épopée, et non la tragédie ;

comme l'imitation s'y accomplit par le biais d'un récit, le narrateur peut décrire plusieurs actions simultanées (1459b 23 *sq.*), ce qui serait impensable au théâtre ; de même, le fait que les événements ne s'y déroulent pas sous les yeux des spectateurs, toujours très sensibles à la vraisemblance, donne à l'auteur plus de liberté ; le récit lui permet de mieux ménager l'effet de surprise, le meilleur moyen, aux yeux d'Aristote, de susciter crainte et pitié (1452a 1 *sq.*) ; l'auteur épique pourra même, en vue de provoquer cet effet, avoir recours à l'irrationnel (1460a 13 *sq.*), qui était formellement interdit au dramaturge (1454b 6) : c'est encore Homère qui le prouve le mieux, lui qui, par son art, sait rendre vraisemblable l'irrationnel lui-même (1460a 36 *sq.*).

Voilà des avantages non négligeables qui, en définitive, auraient permis d'affirmer la supériorité de l'épopée, pour peu qu'on ait considéré que la finalité de l'art, le plaisir, réside plus dans un principe intellectuel, la reconnaissance d'une causalité (ce qui justifie l'attention portée à la vraisemblance), que dans des sentiments comme la crainte ou la pitié. Mais dès le chapitre 4 (1448b 37), la tragédie avait été présentée comme le prolongement naturel de l'épopée, et Homère comme son père ; la perspective évolutive dans laquelle se place Aristote, sa conviction qu'il existe un progrès en art (voir *supra* p. 25) l'obligeaient en quelque sorte à oublier ces atouts incontestables (le développement extraordinaire d'un avatar de l'épopée, le roman, les a encore mieux révélés), pour faire du genre le plus récent, le genre le plus abouti.

5. Sophocle, ou « De la tragédie »

Si Homère est le paradigme exclusif de l'épopée, au point qu'avant lui rien n'existe (1448b 28), Sophocle sera celui de la tragédie : son *Œdipe roi* n'est pas cité moins de sept fois dans la *Poétique* – plus qu'aucune autre pièce. C'est à lui qu'Aristote fait référence lorsqu'il s'agit d'opposer la tragédie à d'autres genres (1448a 25 *sq.* ; 1462b 2 *sq.*). Il a certes pu affirmer qu'Euripide « est le plus tragique des poètes » (1453a 29) ; mais il faut entendre cet adjectif dans un sens restreint, presque technique : Euripide est celui des dramaturges qui dans la catastrophe finale sait le mieux susciter les émotions tragiques ; n'oublions pas les fortes restrictions qui accompagnent cet éloge : Euripide laisse beaucoup à désirer dans l'organisation générale de ses tragédies.

Cette préférence pour Sophocle n'est jamais mieux affichée qu'au chapitre 18, où Aristote déplore la dévaluation progressive des interventions du chœur, ravalées au niveau d'intermèdes indépendants de l'intrigue ; pour prouver que le chœur « doit être considéré comme l'un des acteurs » (1456a 25), il aurait dû évoquer Eschyle, qui a su placer le chœur au centre même de ses drames ; or c'est encore Sophocle qui lui vient à l'esprit.

On le constate, Aristote en ces pages développe une conception nostalgique, voire réactionnaire de la tragédie. Il déplore l'évolution qu'elle a connue, l'importance accordée aux représentations par les dramaturges contemporains, leurs concessions au goût du jour et du public (1451b 35 ; 1435a 34). Cela explique sans doute qu'au chapitre 6 il exclue de son champ d'investigation deux des six parties constitutives de la tragédie qu'il vient d'énumérer : le spectacle et le chant (1450b 16) ; comme s'il souhaitait arracher la tragédie à l'emprise des sens, l'ouïe, la vue, pour n'y voir qu'une construction intellectuelle où domine l'histoire comme source de connaissance et d'émotion.

Ainsi, des trois parties de l'histoire (*mythos*) qu'il distinguera, deux seulement, la péripétie et la reconnaissance, étroitement liées à la structure même du drame, seront étudiées de manière approfondie et systématique ; la troisième, l'événement pathétique (*pathos*), associée par nature au spectacle, connaît un traitement pour le moins ambigu. Dès sa définition, à la fin du chapitre 11, il est uni à la représentation sur scène. Le vers est dès lors dans le fruit, car comment défendre une conception épurée de la tragédie, libérée de tous les effets du spectacle – décrété étranger à l'art poétique : 1450b 18 *sq.* et 1453b 6 *sq.* –, et considérer le *pathos*, partie intégrante de l'histoire, comme moyen non négligeable de produire l'émotion tragique ? D'après le chapitre 14, la meilleure situation dramatique est celle où un personnage décide, à la suite d'une reconnaissance, de ne plus accomplir son geste meurtrier, geste qui avait été présenté au chapitre précédent comme l'élément indispensable à la plus belle des tragédies (1453a 22); la violence même de l'acte est ainsi évacuée; et ce schéma dramatique a le grand privilège aux yeux d'Aristote de provoquer l'émotion tragique, née de l'enchaînement des faits et de la surprise, sans nécessiter d'effets de scène trop grossiers dans leur facilité (*cf.* 1453b 6 *sq.*). Le début du même chapitre 14 fait le mieux apparaître cette volonté de désincarner, en quelque sorte, la tragédie : une bonne pièce – et on ne sera pas surpris de retrouver cité l'*Œdipe* de Sophocle – doit à la lecture produire les mêmes effets qu'à la représentation.

Manifestement, Aristote se tourne vers le passé; il prend pour modèles des pièces qui ont parfois plus d'un siècle. Cette attitude le conduit à adopter un point de vue abstrait, idéal, détaché des contingences de l'histoire littéraire de son temps : ce qu'il cherche à définir, c'est «la plus belle tragédie» (1452b 31; 1453a 23). Et les chapitres qui lui sont consacrés sont parmi les plus dogmatiques de tout le traité. Aristote y énumère une série de règles auxquelles le dramaturge devra se plier dans la composition de sa tragédie.

Première exigence fondamentale : le poète doit établir «l'idée générale» de sa pièce (1455b 2 *sq.*). La poésie qui – nous l'avons vu – tend au général, lui impose de construire un argument, une structure dramatique qui échappent au contingent pour dégager une situation dramatique et des rapports humains de portée universelle; vient ensuite le stade du développement qui s'accompagne d'un recours modéré aux épisodes, ces histoires secondaires permettant de donner à la pièce l'ampleur nécessaire. Si nous pouvons encore l'admettre pour la comédie (*cf.* 1451b 12), cette procédure est sans doute ce qu'il y a de plus étranger à la pensée moderne, habituée à envisager le drame en termes d'individualités. Le «héros» tragique n'existe pas pour Aristote, pas plus qu'il n'existait dans la conscience critique de son temps : le personnage éponyme ne meurt pas toujours dans le théâtre grec, et sa mort ne coïncide pas avec la fin de la pièce. Tout ce que l'on connaît, ce sont les figures héroïques de la mythologie, personnel traditionnel de la tragédie, que la Renaissance transformera en «héros» au sens moderne. Aristote analyse des situations dramatiques au chapitre 13; jamais il ne fera de psychologie; au mieux, il y dresse une typologie éthique des personnages; mais il préfère mettre au jour des structures : au chapitre 14 par exemple, il se demande quelle sorte d'événements – et non quelle sorte d'hommes – sont les plus susceptibles de produire l'effet pathétique. La situation dramatique est première en temps comme en importance; l'imposition des noms, qui ne vient qu'*a posteriori* (1451b 9), est secondaire, quasi anecdotique, puisqu'elle fait retomber la création poétique dans une certaine contingence, celle des histoires traditionnelles (1451b 24; 1453b 22), même si le dramaturge a le devoir de retravailler ce matériau (1453b 25).

Le deuxième impératif – conséquence du précédent, quoique présenté avant lui (1449b 24; 1450b 24 *sq.*) – est la cohérence interne de l'œuvre, assurée par son unité. La nécessité de cette unité s'appuie, on l'a dit, sur l'image organique du chapitre 7, celle d'un être vivant, ni trop petit pour interdire qu'on n'en distingue les parties, ni trop grand pour empêcher qu'on ne puisse le considérer dans sa totalité. La tragédie doit être «menée jusqu'à sa fin et former un tout» (1450b 24); or cette unité ne dépend pas du choix par l'auteur d'un personnage unique, mais là encore d'une action unique (1451a 28), qui, s'opposant à la pluralité des actions du monde sensible, les *praxeis* (voir début du chap. 9), est le fruit de la *mimèsis* : un ensemble sélectionné de *pragmata* (actes accomplis) forme la *praxis*, l'action unifiée (1451a 32); et il est agencé par le poète en vue de former une histoire (*mythos*, 1450a 4).

C'est autour de cette histoire que tout doit s'organiser. Elle est une partie de la tragédie plus importante que le spectacle (1450a 14 *sq.*), paradoxalement marginalisé comme on l'a vu; elle est «l'âme de la tragédie » (1450a 38), au point que le poète est explicitement défini, grâce à un jeu de mots permis par l'étymologie (voir note 8 du chap. 9), comme « poète d'histoires » (1451b 28) ; elle prime les caractères qui ne sont conçus qu'en fonction de l'action (1450a 21) – puisque la tragédie est imitation d'action plus que d'hommes en action. Les caractères ne doivent être choisis ou définis que pour permettre à l'histoire de parvenir à son terme. On peut écrire une tragédie sans caractère, imaginerait-on une tragédie sans action (1450a 23 *sq*.) ? D'où l'importance accordée par Aristote à deux de ses parties (1450a 34) : la péripétie et la reconnaissance, étudiées par le menu aux chapitres 11 et 16 ; d'où la préférence nettement affichée (1452a 29 ; 1452b 30) pour la tragédie complexe, étudiée en maints passages, car elle contient l'une ou l'autre, voire les deux (voir chap. 10). À travers les exemples nombreux qu'il en donne (1452a 24-8 ; 1453b 33-4 ; 1454a 5-8 ; 1454b 25 ; 1455a 4), on constate que les histoires les plus appréciées par Aristote sont celles où l'ignorance d'un fait particulier, ou de l'identité d'un personnage est essentielle, et celles pour lesquelles le moment crucial est le passage de l'ignorance à la reconnaissance.

Quatrième règle : dans l'agencement de ces histoires, le dramaturge devra toujours avoir pour pierre de touche le nécessaire ou le vraisemblable, puisque le domaine de la *mimèsis* est celui du possible, non du monde réel (1451a 36 ; 1451b 4). Enchaîner des histoires sans vraisemblance ni nécessité, c'est négliger la fin même de toute poésie, céder à l'anecdote pour complaire aux goûts du temps (1451b 33 *sq*.), et oublier que la tragédie doit aussi persuader son public. Or seul le possible « entraîne la conviction » (1451b 17). Apparue tout soudain à la fin du chapitre 7 (1451a 12), cette double exigence de vraisemblance et de nécessité sera par la suite rappelée par Aristote à tous les stades de son analyse, qu'il s'agisse de l'agencement des histoires ou, même des caractères (1454a 34), au point de devenir une formule, un véritable leitmotiv dans son propos, ainsi qu'il le reconnaît lui-même (1452a 23). Si l'habileté d'Homère le rend supportable dans l'épopée

(1460a 35), l'irrationnel doit être banni de la tragédie (1454b 6) : il viendrait briser la nécessaire adhésion du public au spectacle qu'il regarde.

En définitive – et c'est là le cinquième impératif – les efforts du poète tragique doivent tendre à ce que rien ne vienne entraver le plaisir du spectateur, procuré par la crainte et la pitié. Aristote fournit une définition des deux émotions tragiques : l'une fait trembler pour soi, l'autre pour autrui (1453a 4 *sq.*) ; mais comment le plaisir pourra-t-il résulter de l'imitation (1453b 12) de ces deux sentiments désagréables ? C'est tout le paradoxe de la *katharsis*, que nous verrons bientôt. Le début du chapitre 14 montre bien le lien étroit établi entre les troubles inscrits dans les actes accomplis sur scène et les émotions éprouvées quasi physiquement (1453b 5) par les spectateurs. Les émotions suscitées par l'agencement des faits – et non par les personnages eux-mêmes – doivent être ressenties par le public ; comme l'indiquent les exemples des chapitres 13 et 14, elles résultent le plus souvent d'un changement de fortune. Et le meilleur moyen de susciter ces émotions est encore l'effet de surprise (1452a 3) ; il doit amener un événement inattendu, mais qui fasse pressentir au spectateur l'action de la providence en rendant la punition du méchant, ou la reconnaissance, nécessaires et vraisemblables.

Ce couple formé par la crainte et la pitié, apparu tout à coup, au moment où Aristote livre sa définition de la tragédie (1449b 27), occupe une place prépondérante dans l'analyse du processus tragique (voir index). S'il les définit avec clarté, à aucun moment, en revanche, Aristote ne justifie son choix : pourquoi la crainte plutôt que l'effroi (1453b 14), la pitié plutôt que la sympathie (1452b 38) ? La production soudaine de ces deux ressorts émotionnels en un endroit du texte aussi stratégique, laisse supposer qu'à l'époque crainte et pitié étaient déjà généralement considérées comme telles.

À passer en revue l'ensemble de ces impératifs, le lecteur un peu au fait des théories dramatiques du XVIIe siècle français pourrait montrer sa surprise : qu'en est-il de la fameuse règle des trois unités ? Si la nécessité de l'unité d'action est affirmée avec conviction et clarté, il n'en va pas de même pour les deux autres. Un seul court passage du chapitre 5 concerne l'unité de temps, mais il n'a absolument rien d'impératif ; il trouve sa place au sein d'un développement qui oppose épopée et tragédie : alors que l'étendue dc l'épopée n'est pas limitée dans le temps, la tragédie « essaie autant que possible », de se dérouler « durant une seule révolution du soleil » (1449b 13) ; cette dernière expression, qui donnera lieu à d'innombrables commentaires à la Renaissance, est d'ailleurs ambiguë, puisqu'elle peut désigner les douze heures d'une journée plutôt que les vingt-quatre heures du jour astronomique. Quant à l'unité de lieu, aucun passage de la *Poétique* n'en fait une règle. On peut tout au plus en déduire la nécessité, d'un nouveau parallèle esquissé au chapitre 24 entre tragédie et épopée : alors que l'épopée peut juxtaposer plusieurs événements qui se déroulent en même temps dans des lieux différents, la tragédie ne peut représenter que « la partie de l'action jouée sur scène par les acteurs » (1459b 24-6). Mais à s'en tenir à la lettre du texte, rien n'interdit dans les propos d'Aristote de changer le lieu où se déroule l'action, d'un acte à l'autre, voire d'une scène à une autre. On le constate, il faudra toute la volonté régulatrice des hommes de la Renaissance pour lire en ces passages les règles qui constitueront la vulgate dramatique du siècle classique.

Ces impératifs nombreux, soigneusement présentés et justifiés au cours de ces seize chapitres, impliquent une conception de la tragédie qui trouve son expression la plus forte – sinon la plus claire – dans la définition du chapitre 6 (1449b 24 *sq.*), aussi célèbre que controversée. Qui aura parcouru comme nous les différentes étapes du traité, ne sera pas surpris de voir définie la tragédie comme une « imitation » : elle se rapproche par là des autres arts présentés au chapitre 1. Si Aristote précise ensuite le moyen de cette imitation, le langage, c'est pour établir la différence entre la tragédie et les autres arts mimétiques tels la danse, la musique ou les arts plastiques. Parmi les « assaisonnements » qui doivent relever le langage poétique, l'expression fera l'objet des développements des chapitres 20 à 22 ; quant au chant, il est – tout comme le spectacle – trop lié à la représentation théâtrale (puisqu'il concerne tous les passages lyriques où intervient le chœur) pour retenir longtemps l'attention d'Aristote (voir index).

Que la tragédie soit «imitation d'une action conduite jusqu'à son terme» ne surprendra guère davantage ; on sait que l'action cohérente et unifiée de la tragédie aura toujours aux yeux d'Aristote plus d'importance que les caractères. Et si l'objet de cette imitation est ici qualifié de «noble», c'est évidemment par opposition à la comédie, comme au chapitre 2, qui opposait les personnages d'exception de la tragédie aux personnages vils de la comédie, ou comme au début du chapitre 5 qui donnait la définition de la comédie. La perte du livre II de la *Poétique* nous prive à jamais d'un parallèle plus achevé entre les deux genres dramatiques ; il est tout juste esquissé à la fin du chapitre 13, lorsque l'*Odyssée* est présentée comme une préfiguration de la comédie. Intuition d'importance, puisque au chapitre 24 (1459b 15), Aristote opposera l'*Odyssée*, épopée de caractères (*éthikè*) à l'*Iliade*, épopée comportant des événements pathétiques (*pathètikos*). Le rapprochement des deux passages invite à placer Aristote à la source d'une longue tradition critique qui, durant l'Antiquité, a fait de la tragédie le domaine par excellence du *pathos*, et de la comédie, celui de l'*éthos*.

Le mode de représentation, la forme dramatique qui utilise des personnages en action et non un récit, a déjà été distingué du mode de représentation épique au chapitre 3 ; il oblige le théoricien à compter le spectacle au nombre des parties constitutives de la tragédie. Nous avons déjà évoqué l'apparition soudaine en ces lignes du couple fondamental formé par la crainte et la pitié. Jusque-là, rien que de clair et de logique dans cette définition.

L'énorme problème est évidemment posé par le terme et la notion de purgation, cette *katharsis* qui a fait couler tant d'encre depuis la Renaissance. Nous n'avons nulle prétention à résoudre ici cette véritable énigme, qui a résisté à des générations d'érudits et de critiques. Nous nous contenterons à son sujet de quelques remarques succinctes et renverrons pour une vision d'ensemble de la controverse aux pages synthétiques très éclairantes de S. Halliwell (Appendice 5, pp. 350-356).

Lorsque l'on aborde cette question, il faut toujours avoir à l'esprit que le mot *katharsis*, emprunté au vocabulaire médical, est employé dans le passage au sens figuré : il s'agit d'une métaphore. Or si nous possédons bien l'élément comparant – la purgation –, nous échappe totalement l'élément comparé : qu'est-ce qui dans le spectacle tragique peut ressembler à une purgation ? Deuxième point : la crainte et la pitié sont ailleurs définies par Aristote comme des émotions pénibles. La *katharsis* semble donc résider en partie dans cette faculté paradoxale de transformer des sentiments désagréables en plaisir. Et c'est sur ce passage du désagrément au plaisir que tous les commentateurs s'affrontent. Certains – les humanistes et les Classiques – ont voulu y voir une affirmation de la moralité du théâtre : le spectacle tragique plaçant sous les yeux du spectateur leurs conséquences ultimes et funestes, le «purgerait», le guérirait de ses passions mauvaises, quelles qu'elles soient, puisque l'on considérait alors que l'expression *toioutôn pathèmatôn* signifiait : «toutes les passions du même genre». D'autres, à partir du XIXᵉ siècle, oubliant la fonction métaphorique du terme, ont adopté un point de vue purement médical, et voient dans la *katharsis* une sorte de traitement homéopathique : la tragédie, en nous faisant éprouver des passions épurées par l'entremise de la *mimèsis*, nous en garantirait; et le plaisir – qui n'était plus qu'un moyen de rendre l'homme meilleur dans l'interprétation précédente – résulterait alors du soulagement quasi physique apporté par cette purgation.

La difficulté du passage est encore augmentée du fait que le terme de *katharsis* n'apparaît qu'ici, et nulle part ailleurs dans le traité. Heureusement, on le retrouve dans un autre texte du corpus aristotélicien, au livre VIII de la *Politique* (voir *infra*, appendice III). Dans cet autre passage, la *katharsis* est rapprochée de la musique, non plus de la poésie ; Aristote y classe les différents types de chants selon leur caractère et leur fin : l'enseignement, l'action ou l'enthousiasme. Le dernier type de mélodie peut déchaîner de violents troubles chez les auditeurs, mais leur apporter aussi un certain apaisement, qu'Aristote compare à un remède ou une *katharsis*. Ces chants deviennent par là même une source de plaisir ; et la musique semble comporter en elle les moyens d'effacer les troubles qu'elle peut provoquer : après la douleur éprouvée viendra le soulagement ; à la nocivité de la douleur succédera « une joie innocente ».

Dans les deux cas – métaphore ou comparaison –, la *katharsis* sert d'élément comparant ; le rapprochement des deux passages est donc tentant, d'autant plus qu'Aristote nous y invite explicitement dans la *Politique*. Il faut donc reporter ce phénomène d'apaisement plaisant des troubles propres à la musique, sur la tragédie, ou plutôt sur la *mimèsis*. Car si l'on admet avec R. Dupont-Roc et J. Lallot (p. 190) – même si le début du chapitre 14 (1453b 4-5) semble infirmer cette analyse – que la pitié et la crainte évoquées dans la définition ne désignent pas les effets de la représentation sur les spectateurs, mais des produits de la mimèsis, internes à l'œuvre, des incidents pathétiques ou effrayants, les choses sont plus claires. La tragédie donne un plaisir au public en lui livrant un spectacle pénible parce qu'elle est *mimèsis* ; au chapitre 4, Aristote avait en effet insisté sur l'étrange pouvoir de la représentation – Pascal s'en souviendra dans les *Pensées* –, capable de nous faire prendre plaisir à des « images » « dont la vue nous est pénible dans la réalité » (1448b 10). Confronté au théâtre à une histoire pitoyable ou effrayante, le spectateur éprouvera ces émotions sous une forme épurée, fruit du travail et de l'art du poète ; et ces émotions épurées, loin d'engendrer un malaise, susciteront le plaisir, fin du spectacle tragique. Voilà l'alchimie de la *katharsis*, qui parvient à substituer le plaisir à la gêne ; une notion que la majorité des critiques contemporains s'accordent désormais à considérer comme un concept d'ordre esthétique, bien plus que d'ordre éthique.

Ce trop bref survol aura permis, on l'espère, de prendre conscience de la richesse et de la profondeur de ce texte mutilé et trop longtemps ignoré. Et puisque T. Todorov a pu dire dans la préface de l'édition procurée par R. Dupont-Roc et J. Lallot que « l'histoire de la poétique coïncide, dans ses grandes lignes, avec l'histoire de la *Poétique* », il ne nous a pas paru inutile d'évoquer à grands traits les moments forts de sa fortune et de son influence.

II. LA FORTUNE DE L'ŒUVRE

Bien sûr, encore moins qu'ailleurs, nous ne saurions avoir ici la moindre prétention à l'exhaustivité. Traiter cet immense sujet qui par son étendue déborde par moments l'histoire de la théorie littéraire pour toucher à l'histoire de l'art à des époques aussi primordiales que la Renaissance ou l'Âge classique, nécessiterait plusieurs ouvrages ; nous nous contenterons de marquer quelques jalons, de montrer comment ce texte, resté marginal et méconnu durant des siècles, a peu à peu conquis une place prépondérante et durable dans le discours sur l'art.

1. L'Antiquité et le Moyen Âge

Tenter de découvrir l'accueil réservé à la *Poétique* durant l'Antiquité demeure une gageure. Les textes qui témoignent d'une réception du discours critique aristotélicien demeurent vagues, permettant rarement de distinguer s'il s'agit d'emprunts directs à la *Poétique*, ou bien à d'autres ouvrages d'Aristote aujourd'hui perdus : son dialogue *Sur les poètes*, ses *Problèmes homériques*. Certains de ses disciples, Théophraste ou Néoptolème de Parion ont assimilé ses théories. C'est peut-être grâce à l'influence de ce dernier que certaines conceptions aristotéliciennes ont pu trouver place dans l'*Art poétique* d'Horace (vers 16 ?). Le rapport entre Aristote et Horace a peu de chances d'avoir été direct, et il a sans nul doute été beaucoup moins étroit qu'on ne l'a cru à la Renaissance. Si certaines analyses convergent, deux impératifs horatiens capitaux – qui pèseront lourd sur le devenir de la réflexion poétique – sont totalement étrangers à la *Poétique* : l'impératif rhétorique et cicéronien de *decorum* (qui aboutira au concept classique des bienséances), et l'*utile dulci,* la nécessité de joindre l'utile – c'est-à-dire l'enseignement – à l'agréable.

« Il est très important d'observer si c'est un dieu qui parle, ou un héros, ou un vieillard mûri par le temps..., une dame de haut rang ou une nourrice empressée... Suivez, en écrivant, la tradition, ou bien composez des caractères qui se tiennent », conseillait Horace aux apprentis poètes. Cette nécessaire adéquation du caractère du personnage avec son essence et son statut social n'avait été qu'effleurée par Aristote (1454a 20 *sq.),* au moment où il évoquait « la femme virile ». À travers cette exigence, on perçoit la part prépondérante conquise dans la critique littéraire par la rhétorique durant la période hellénistique ; le *prepon* (version grecque du *decorum*) est en effet considéré comme l'un des fondements de la persuasion par tous les traités de rhétorique grecs. On voit aussi par là l'importance qu'accorde Horace aux attentes et aux exigences du public, qui deviendront la pierre de touche de la poétique renaissante.

La deuxième règle (« Les poètes veulent ou bien être utiles, ou bien charmer », dit un autre vers) donne une fin morale à l'activité artistique, ce qu'Aristote, même lorsqu'il réfutait Platon, se gardait bien de faire. Le glissement est d'importance puisque, avec Horace, on passe de considérations purement esthétiques (Aristote soulignait et saluait l'efficacité dramatique des histoires légendaires qui déclinent meurtres et incestes), à des impératifs éthiques : le spectacle tragique doit rendre l'homme meilleur ; au plaisir propre engendré par la tragédie va se substituer pour longtemps la nécessité d'un enseignement moral. L'on est néanmoins en droit de se demander si cette volonté de conférer une fin morale à la poésie, au théâtre en particulier, ne trouvera pas, des siècles durant, une sorte de légitimité dans le corpus aristotélicien lui-même : certains passages des *Problèmes* (voir Appendice IV, 27 et 29), œuvre longtemps attribuée à Aristote, présentent en effet l'ouïe comme le seul de nos sens capable «de produire un effet moral».

La fin de l'Antiquité et le Moyen Âge n'ont guère porté attention à notre texte : le petit nombre de copies, l'absence de commentaire grec ou latin, le fait qu'un des deux livres en ait été perdu, tout prouve cette déréliction. Les seuls faits marquants de la période sont le commentaire établi au milieu du XIIe siècle par Averroès (qui sera traduit en latin un siècle plus tard, puis imprimé à Venise en 1481) et la traduction latine réalisée en 1278, à partir du texte grec par l'un des rares Occidentaux à comprendre alors cette langue, G. de Moerbecke. Mais paradoxalement, malgré le prestige immense et inattaqué dont Aristote a joui à partir du XIIIe siècle, malgré la part prépondérante prise alors par son œuvre dans les universités, ces deux moyens d'accéder à la *Poétique* sont restés ignorés. Et l'on ne découvre que de rares témoignages sur l'étude du traité à la fin du Moyen Âge occidental.

Ce sont en effet Horace et à un moindre degré Platon qui dominent la réflexion poétique au XVe siècle. Connus, commentés, assimilés depuis longtemps, leurs textes constituent la base de tout discours critique. Il faut bien comprendre que dans ces conditions, la *Poétique* arrive tard, à un moment – la fin du XVe siècle – où la théorie littéraire est déjà bien arrêtée ; par ses perspectives nouvelles, elle produira certes une surprise, voire un choc ; mais elle aura bien de la peine à s'imposer, d'autant plus qu'elle paraît à un moment où le soleil d'Aristote, à son zénith au XIVe siècle, pâlit fort, et où le platonisme fait au contraire florès : que l'on songe au prestige de Marsile Ficin, qui par sa traduction latine (1483-1484) a pour la première fois révélé au monde occidental l'ensemble de l'œuvre de Platon.

2. La Renaissance italienne

Le texte original de la *Poétique* réapparut, comme tant d'autres ouvrages grecs, à partir de 1453, au moment où les Byzantins, fuyant l'avance turque, se

réfugient à Venise. Les copies manuscrites s'en multiplient; mais le traité ne figure pas encore dans les éditions des œuvres complètes d'Aristote publiées alors,
que c'en soit la traduction latine (Venise, 1483) ou
l'édition princeps en grec (Venise, 1495-1498). Il faudra
attendre 1498 pour que paraisse la première traduction
latine imprimée de la *Poétique*, due à Giorgio Valla; elle
était publiée au milieu d'autres œuvres du corpus aristotélicien, traduites par le même humaniste. Il avait réalisé là un travail appliqué et fort utile : étaient dès lors
adoptées les traductions qui deviendront canoniques
(*mimèsis* = *imitatio*, etc.); mais la version a été faite sur
un manuscrit fort défectueux; et de plus le traducteur
manque de culture : il ignore ce que recouvrent certains
termes techniques comme *peripeteia* ou *stasimon* et se
révèle incapable de cerner le sens d'*eikos* (vraisemblance). Certains passages demeurent ainsi très flous.

Dix ans plus tard, ce sera le texte grec, établi sur un
bien meilleur manuscrit, peut-être par le grand hellé-
niste J. Lascaris, qui sortira des prestigieuses presses
d'Alde Manuce, au sein du recueil des *Rhetores Graeci*
(Venise, 1508). À partir de cette date, la *Poétique* va
conquérir une audience qui progressivement s'élar-
gira. Sa diffusion au xvie siècle est un phénomène surtout italien; elle s'opère par trois canaux, qui par instants se confondent : les éditions ou les traductions
latines et italiennes; les commentaires; enfin les traités contemporains de poétique, ou les ouvrages de polémique littéraire.

Cependant, cette diffusion se fait très lentement au
début du siècle; il faut attendre près de quarante ans
pour voir publier une nouvelle traduction latine de la
Poétique, celle d'Alessandro Pazzi, achevée dès 1527
et publiée à Venise en 1536. Date importante, parce
que, pour la première fois, le traité est publié seul
(cette édition livre à la fois le texte original et sa version latine), mais surtout parce que la traduction latine
marque un net progrès dans la présentation (la ponctuation, le découpage des passages sont beaucoup plus
clairs) et dans la compréhension du texte. Ce sera sur
l'édition Pazzi, réimprimée douze fois pour le seul

xvie siècle, que travailleront les grands commentateurs du texte comme Robortello ou Maggi.

La première traduction en italien, renforçant sensiblement l'influence de la *Poétique*, sera l'œuvre de Bernardo Segni, qui publie en 1549 à Florence sa *Rettorica, Et Poetica d'Aristotile*. Sa reconnaissance appuyée envers le commentaire de Robortello, publié l'année précédente, confirme, s'il en était besoin, que Segni a malheureusement plus souvent traduit la version latine du commentateur que l'original grec : on découvre les mêmes lacunes dans les textes latin de 1548 et italien de 1549. Cependant, Segni a eu le mérite de regrouper les 270 fragments isolés de Robortello en 22 chapitres qui donnent au lecteur une meilleure appréhension de l'agencement du texte aristotélicien. En plus de la préface, qui rapproche naturellement *Rhétorique* et *Poétique*, Segni fait un court commentaire de chacun des chapitres qu'il a ainsi constitués ; et sa réflexion est souvent neuve : il est ainsi le premier de ses contemporains à admettre la disjonction opérée au chapitre 1 par Aristotc entre la poésie et les vers ; il voit, à la différence de beaucoup, en la *katharsis* un phénomène d'ordre moral, bien entendu, mais aussi d'ordre psychologique. Comme ses pairs, il rapproche Aristote d'Horace ou des théoriciens antiques, mais la brièveté de son commentaire fait qu'il est beaucoup plus centré sur le texte que sur la tradition des arts poétiques, ce qui lui donne tout son prix.

La philologie et l'érudition ne perdent pas leurs droits ; parallèlement à cette œuvre de vulgarisation, se poursuivent les efforts pour établir un texte grec sans cesse amélioré : Carlo Sigonio avec ses *Emendationum libri II* (1557) ou Cristoforo Rufo avec ses *Antexegemata* (1559), parviennent, dans leur approche très pointilliste du texte grec, à en éclairer certains passages demeurés obscurs, qu'ils en proposent une nouvelle lecture, ou qu'ils les éclairent par référence à d'autres textes antiques. Mais l'avancée décisive dans cette direction est due à Pietro Vettori, dont les *Commentarii* (1560), avant tout philologiques, présentent également le texte grec accompagné de sa traduction latine. Ses efforts pour établir la cohérence littérale et structurelle du texte, ses conjectures pour rétablir maints *loci desperati* forcent l'admiration : certaines des corrections qu'il a apportées sont encore conservées aujourd'hui par les éditeurs de la *Poétique*.

Les années 70 verront deux nouvelles traductions importantes en italien : celle qui accompagne le commentaire de Castelvetro (1570), et celle, excellente, due à Alessandro Piccolomini (1572). La version du premier est abrupte, car elle tente de conserver la densité de l'original ; celle de Piccolomini développe au contraire, substitue des phrases entières à des groupes de mots grecs ; mais elle rend par là même le sens beaucoup plus clair et, paradoxalement, se révèle plus fidèle au grec que la précédente. Il faudrait encore signaler une nouvelle traduction latine, publiée en 1579 par Antonio Riccoboni, à la suite du cours qu'il avait consacré à la *Poétique* devant ses étudiants de Padoue. Les traductions et les simples éditions du texte se font plus rares à mesure que l'on s'avance vers la fin du siècle : les réimpressions suffisent, et certains travaux, tels ceux de Vettori, sont insurpassables pour l'époque. On peut aussi voir dans cette stagnation du nombre d'éditions, la preuve qu'à la fin du siècle le texte est bien diffusé et bien connu en Italie.

Quant aux commentaires italiens de la *Poétique*, ils sont trop nombreux (qu'ils aient été imprimés ou soient demeurés manuscrits) pour que nous puissions les citer tous ici. Nous nous contenterons d'en présenter les principaux. Dans la première moitié du siècle, les citations du texte d'Aristote sont assez rares. Le premier humaniste italien à véritablement utiliser le traité est Giovanni Trissino dans la préface de sa tragédie italienne *La Sophonisba* (1524) et dans sa *Poetique* (1529 : 1re édition en IV livres). Mais c'est surtout – et de manière fort révélatrice – dans les commentaires pour lors fort nombreux de l'*Art poétique* d'Horace qu'il faut aller chercher des analyses consacrées au traité d'Aristote.

Tous les commentateurs d'Horace, Parrasio (1531), Pedemonte (1546), Maggi (1550), Grifoli (1550), G. Denores (1553), pour ne citer que les principaux, vont, par un mouvement bien naturel, chercher le connu dans l'inconnu et tentent d'éclairer Horace grâce à Aristote. Cela remet inévitablement à plus tard la découverte du véritable sens des analyses du Stagirite ; chaque passage retenu ne l'est en effet que dans une perspective horatienne, rhétorique, comme on l'a montré, assez étrangère au projet aristotélicien. Mais même au prix de ce gauchissement, cette mise en parallèle des deux œuvres (qui atteindra son acmé en 1554 avec le commentaire de F. Lovisini recensant chez Aristote plus de quarante passages dont Horace se serait inspiré), cette mise en parallèle, donc, a l'avantage de conférer au texte d'Aristote une autorité en matière de théorie poétique qui lui sera de moins en moins contestée.

L'année capitale de ce premier demi-siècle est 1548, année où paraissent les *In librum Aristotelis de arte poetica explicationes* de Francesco Robortello, premier commentaire quasi intégral de la *Poétique*. Comme nous l'avons signalé, il est précédé du texte grec, établi d'après un manuscrit inconnu par l'éditeur de 1508, et d'une traduction latine, qui corrige celle de Pazzi. Mais le commentaire surtout est important car il livre la première vue d'ensemble jamais publiée sur ce texte à plus d'un titre problématique. Humaniste, Robortello ne saurait renoncer à son héritage intellectuel au moment où il aborde ce texte neuf, et son approche est naturellement tributaire de sa culture. Ses présupposés sont, comme tous ceux de ses contemporains, des présupposés rhétoriques, reçus d'Horace et des théoriciens latins tardifs. Il va donc gauchir le texte et lui faire démontrer (par exemple à travers son interprétation de la *katharsis*) l'utilité morale de la poésie qui permet d'apprendre aux hommes à modérer leurs passions, à imiter la vertu. La poésie est conçue en vue d'un public qu'elle doit édifier ; elle doit produire sur lui un effet de persuasion. Aussi – et nous sommes dès lors fort loin d'Aristote qui aurait voulu arracher le dramaturge à l'influence des spectateurs – le public devient-il la pierre de touche de la vraisemblance, voire de la vérité d'une imitation : tout part de son attente.

Robortello paraît avoir lancé le mouvement, et à partir de 1548, les commentaires de la *Poétique* vont se succéder à un rythme soutenu. Deux années plus tard, sont publiées les *In Aristotelis librum de poetice communes explanationes*; «explications communes» car leur éditeur, Vincenzo Maggi, a joint ses propres notes de cours à celles laissées à sa mort par son collègue B. Lombardi, qui avait le premier en Italie dispensé un enseignement sur la *Poétique* devant les étudiants de Padoue, en décembre 1541. Ces deux séries de cours renouvellent l'approche du texte en ce qu'on y voit une tentative d'expliquer le texte grec par lui-même, dans sa structure propre, même si au bout des différentes analyses les autorités traditionnelles – dont Horace – sont convoquées pour appuyer le propos et viennent gauchir quelque peu l'interprétation initiale. C'est le cas pour l'explication purement morale de la *katharsis* : la tragédie a pour mission de purger l'âme humaine de tous ses troubles et de rendre ainsi les hommes plus tranquilles et meilleurs. Mais on découvre aussi en ces pages des intuitions très fines, une bonne interprétation, par exemple, de la nécessité envisagée comme un impératif et une relation internes au poème, ou bien la première répartition correcte des six parties constitutives de la tragédie selon les critères de différenciation de l'imitation (1450a 7; voir note 7 du chap. 6), que Robortello n'avait pas su trouver.

La décennie qui suit est à deux titres déterminante. Pour accompagner son commentaire de l'*Art poétique* d'Horace, publié parallèlement à ses *Explicationes* en 1548, Robortello avait rédigé une série de traités poétiques complémentaires traitant de la satire, de l'épigramme, de la comédie et de l'élégie. Dans le titre général du volume, il prétendait «avoir suivi la méthode d'Aristote». Cela n'est vrai qu'en partie : beaucoup des matériaux mis en œuvre sont déjà ceux utilisés par les théoriciens médiévaux, des textes grecs (Athénée, J. Pollux) ou latins (*De comoedia* du Pseudo-Donat) tardifs. Mais l'idée d'utiliser les analyses d'Aristote pour envisager des genres littéraires qu'il n'avait pas étudiés ou pas connus est de la plus haute importance : à partir de 1550, nombreux seront les théoriciens qui, pour définir des genres nouveaux, auront recours aux impératifs aristotéliciens de vraisemblance, d'unité de l'œuvre, ou à son étude sur les rapports entre histoire et poésie. Ainsi, G.-B. Pigna dans son traité *I Romanzi* (1554), cherchera les ressemblances entre le genre romanesque et les genres abordés dans la *Poétique*; en 1559 D. Atanagi utilisera le traité dans son *Ragionamento de la eccellentia, et perfettion de la Historia* pour déterminer la différence entre poésie et histoire et proclamer – à l'inverse d'Aristote – la supériorité de la seconde. En rapprochant le dialogue d'autres formes d'expression comme la poésie, l'art oratoire ou la dialectique, C. Sigonio pourra dans son *De Dialogo* (1562), analyser à l'aide d'outils aristotéliciens un mode d'expression pratiqué, mais non analysé par le Stagirite. Cette application des schèmes aristotéliciens à des genres nouveaux provoquera à terme, en Italie comme en France, une querelle des Anciens et des Modernes : un auteur contemporain peut-il s'écarter de la norme définie dans l'Antiquité ? selon qu'il répondra par la négative ou l'affirmative, il appartiendra à l'un ou l'autre camp. G. Giraldi Cinzio proclame ainsi la liberté de l'auteur de romans à l'égard d'Aristote et d'Horace ; son devoir est de suivre les meilleurs de ses contemporains (*Discorso intorno al comporre de i Romanzi*, 1554).

L'autre fait marquant des années 1550-1560 est que l'intérêt suscité par la *Poétique* va déborder le cercle universitaire des Maggi ou des Vettori pour gagner les Académies de Padoue, Florence ou Naples. Un nouveau public s'ouvre à elle, plus large, qui n'appartient plus au seul monde de l'érudition et de l'enseignement. Les beaux esprits du temps vont à leur tour découvrir le texte. Et les innombrables *Discorsi, Lezzioni* consacrés à la *Poétique* ou à certains points comme la *mimèsis*, prononcés devant les cercles académiques de toute l'Italie, préparent le terrain aux grands commentaires en langue vernaculaire des années 1570.

Avant de les évoquer, on ne saurait passer sous silence les importants *Commentarii in primum librum*

Aristotelis de Arte poetarum (1560) de P. Vettori, dont nous avons plus haut vanté le travail d'établissement du texte grec. Son approche est beaucoup plus philologique que celle de ses prédécesseurs; et la majorité de ses remarques – qui prennent en compte la totalité du texte atomisé en 220 fragments – sont exclusivement d'ordre linguistique. Cela rend son interprétation beaucoup plus attentive au discours aristotélicien, puisqu'il ne plaque pas sur lui, comme la plupart de ses contemporains, des analyses qui lui sont étrangères. Vettori fait bien sentir que la critique d'Aristote se fonde non sur une morale, mais sur des considérations d'ordre structurel, internes à l'œuvre ou au genre considéré. Le poids de la tradition demeure néanmoins sensible dans l'impossibilité où il se trouve de concevoir une poésie sans le support du vers, dans sa tendance à réduire la poétique à une sorte de rhétorique où domine l'effet à produire sur le public, ou enfin dans sa volonté de donner un but purement moral à la poésie.

1570 est une autre année phare dans ce lent processus d'assimilation du traité aristotélicien, celle de la publication du premier grand commentaire en langue italienne, dont le titre est à lui seul tout un programme : *Poetica d'Aristotele vulgarizzata, et sposta*. Son auteur, Lodovico Castelvetro, reprend la présentation classique des commentaires publiés en latin : un fragment du texte grec, une *particella*, est suivi de son résumé puis de sa traduction en italien; les remarques viennent en dernier. Mais à la différence de ses prédécesseurs, Castelvetro ne manifeste guère de respect pour la *Poétique*; Aristote n'est pas infaillible à ses yeux, et il remet souvent en cause ses analyses, qu'il s'agisse de l'impératif d'unité d'action – qui n'est pas pour lui une nécessité –, ou de la mise en parallèle de la poésie et de la peinture. Il affirme également que la poésie est beaucoup plus proche de l'histoire que ne l'a pensé Aristote et n'hésite pas à définir la poésie comme «une imitation de l'histoire».

Il considère le traité d'Aristote comme un recueil de notes, un pense-bête constitué, plus que rédigé, en vue de la composition d'un art poétique en règle, qui n'a

jamais été réalisé. Et c'est l'ambition qu'il affiche dans
sa préface : composer un traité en forme utilisant le
matériau laissé par Aristote, sans s'interdire des ajouts
ou des corrections. Alors qu'avant lui les commentateurs se sont contentés de faire des remarques anec-
dotiques ou d'éclairer les références littéraires ou les
allusions mythologiques, lui va « *far manifesta l'arte
poetica* » qui sous-tend le traité d'Aristote mais n'apparaît pas clairement à la lecture. Le texte de la *Poétique*
devient ainsi le point de départ de son exposé; il va
l'adapter parfois; le plus souvent le contredire pour lui
substituer ses propres vues.

À la différence d'Aristote, Castelvetro fonde sa
réflexion sur le public; mais ce n'est plus ce public
d'élite naguère envisagé par Robortello, dont la finesse
ne saurait supporter une tragédie à double dénouement
(*cf.* 1453a 30 *sq.*). Son public manque absolument
d'imagination; il ne faut lui proposer que des sujets et
des personnages qu'il connaît déjà pour répondre à son
attente. C'est un public vulgaire, sans culture, qui ne
peut admettre les conventions propres au théâtre
antique. Comment lui faire croire, par exemple, que
plusieurs jours se sont écoulés entre deux scènes, alors
que ses sens lui prouvent le contraire ? Ainsi s'imposent les règles de l'unité de temps (à peine mentionnée
par Aristote, voir *supra* p. 39) et de lieu; puisque là aussi
le spectateur ne peut admettre que les personnages se
déplacent d'un lieu à un autre en l'espace de quelques
heures. Castelvetro déclare explicitement douter du
pouvoir d'illusion du théâtre; et l'impact du spectacle
mimétique, qui avait une telle importance chez
Aristote, lui est totalement étranger. C'est qu'il ne
considère pas que l'œuvre d'art ait un statut indépen-
dant du monde réel. Dans ses conceptions poétiques,
les œuvres littéraires ne sont envisagées et analysées que
comme parties intégrantes de notre réalité.

Le deuxième grand commentaire vernaculaire, les
Annotationi nel libro della Poetica d'Aristotele
d'Alessandro Piccolomini, paraît cinq ans plus
tard : le mouvement s'accélère, et la *Poétique* « *vulgarizzata* » échappe sans cesse davantage aux cercles

humanistes pour toucher un public qui lit et goûte la littérature nationale, non plus les œuvres antiques. La place dès lors accordée dans les commentaires et les traités poétiques aux pères fondateurs de la littérature en langue vulgaire (Dante, Pétrarque, Boccace) ou à leurs successeurs contemporains comme l'Arioste, est un signe qui ne trompe pas. Il faut lire là l'influence des académies ; cette influence a aussi pour effet de diminuer la part prise auparavant par Horace ou Platon dans le débat littéraire, du temps où il était l'affaire quasi exclusive des humanistes : la *Poétique* devient le bréviaire de nouvelles générations de lettrés férus de littérature italienne et qui ont pris leurs distances à l'égard des productions antiques.

Le travail de Piccolomini, comme celui de Castelvetro, possède une dimension polémique certaine. Mais au lieu de contredire Aristote, le nouveau commentateur s'en prendra à ses prédécesseurs : Robortello, Vettori, Maggi – même s'il reprend le découpage que ce dernier avait effectué du texte de la *Poétique*. Son esprit s'aiguise dans la controverse, et ses pages les plus pénétrantes sont celles où il réfute les analyses antérieures pour livrer sa propre lecture du passage en discussion. Ses commentaires marquent souvent une avancée dans la compréhension du texte aristotélicien. Son ouvrage se présente en fait comme une précieuse synthèse des réflexions dominantes de l'époque sur la poésie ; pour le théâtre, par exemple, sa théorie réunit tous les usages du spectacle dramatique envisagés avant lui. La fin de la poésie est, comme chez Aristote, le plaisir, mais un plaisir qui doit être utile à l'homme ; elle doit faire l'éloge de la vertu et blâmer les vices.

Le public de Piccolomini demeure, comme celui de Castelvetro, un public fruste ; mais il conserve cependant son imagination : il sait bien que ce qu'il regarde n'est pas la réalité. Piccolomini réintroduit ainsi la nécessité d'un certain irréalisme propre à toute production artistique ; et il défend le vraisemblable contre le vrai. Son commentaire marque donc, par rapport à celui de Castelvetro, un net retour à l'orthodoxie aristotélicienne : dans un important *Proemio*, il expose une théorie poétique beaucoup moins originale et autonome que celle de son prédécesseur ; il accepte ainsi la séparation opérée par Aristote entre la poésie et le vers (même s'il affirme que le vers est constitutif de la meilleure poésie), mais surtout – ce qui ne sera pas sans conséquence pour la littérature nationale – admet l'usage de la prose dans les comédies, voire dans les tragédies modernes.

Si Piccolomini avait en italien réalisé la synthèse des avancées dans l'appréhension du traité d'Aristote, Antonio Riccoboni, par ses différents ouvrages en latin (traduction de la *Poétique*, 1579 ; paraphrase, 1585 ; *Compendium*, 1591 ; comparaison d'Horace et d'Aristote, 1599) illustre les derniers efforts de l'humanisme érudit. Il entend répondre aux critiques lancées par Castelvetro contre Aristote, car à ses yeux, dans sa densité, ce court texte contient toutes les réponses possibles à tous les problèmes que peut poser l'art poétique. Sa paraphrase de 1585 est le plus court des commentaires ici évoqués, car Riccoboni a écarté toute remarque d'ordre philologique et la majorité des notes historiques pour concentrer son attention sur le texte, dans son sens et sa structure. Il entend bien repousser les constructions et les subtilités de Castelvetro pour revenir à l'essentiel, la pensée d'Aristote. On le voit ainsi donner pour fin à la tragédie non plus l'utilité et l'enseignement, mais l'histoire elle-même, ce qui lui permet de redécouvrir la finalité interne à toute œuvre poétique, définie comme «*fabulosa delectatio*».

Par ce contact renouvelé avec le texte, Riccoboni frayait la voie à Francesco Buonamici, qui, avec ses huit *Discorsi poetici nella Accademia Fiorentina in difesa d'Aristotile* (1597) donnait sans doute l'un des travaux majeurs du siècle consacrés à Aristote. Comme Riccoboni, il contredit les thèses de Castelvetro sur la prétendue imperfection de la *Poétique*, et soutient que ce traité n'est ni confus ni incomplet ; il n'est pas un ouvrage consacré aux poètes, mais à la poésie en général, envisagée dans ses aspects fondamentaux. Cette approche très pénétrante, beaucoup plus philosophique

que philologique, le conduit à dégager une esthétique qui est sans doute le reflet le plus fidèle qu'on ait donné jusque-là de la pensée d'Aristote. Par exemple, il refuse d'envisager le public comme pierre de touche pour la composition d'un poème, et revient à la conception aristotélicienne de l'universalité de la poésie. Il rejette les règles arbitraires de ses prédécesseurs, comme l'unité de lieu et de temps, et parvient à mettre au clair les concepts de *mimèsis* et de vraisemblance, dans un sens bien proche des interprétations modernes.

Le nombre des ouvrages de valeur présentant ou commentant la *Poétique* est grand, indice de l'intérêt qu'elle suscite ; la lecture des traités généraux d'art poétique publiés au même moment peut en fournir un indice supplémentaire. Nous avons plus haut évoqué la *Poetica* de Trissino comme l'un des premiers textes à citer et à utiliser le traité d'Aristote ; cependant, même si l'édition augmentée de 1562 dénote sur certains points un sensible passage de la doctrine d'Horace à celle d'Aristote, la pensée du philosophe grec y est trop souvent mal interprétée ou mal mise en application.

Le premier traité auquel le texte aristotélicien est pour la première fois intégré en son entier, est le *De Poeta* d'Antonio Minturno (1559). Cependant les analyses aristotéliciennes sont fondues au sein de cette œuvre touffue, à celles d'autres théoriciens antiques (Platon, Horace, Quintilien) ; car son éclectisme conduit Minturno à utiliser les informations de la *Poétique* plus qu'à suivre son esthétique ou sa méthode. L'influence prégnante de la rhétorique cicéronienne sur l'ensemble de ses conceptions fait du public, de ses attentes et de ses exigences, le fondement même de sa réflexion poétique.

Nous nous attarderons plus longuement sur le traité de Jules-César Scaliger, publié deux ans plus tard car c'est à travers lui que la France va découvrir – ou croire découvrir – la *Poétique* d'Aristote. En effet si, comme tous les autres humanistes évoqués jusqu'ici, Scaliger est né en Italie, il s'est installé en France vers 1524 ; et c'est à Lyon que ses *Poetices libri VII* furent publiés en 1561.

Avec cet ouvrage, nous possédons la poétique la plus étendue et la plus complète qui sera jamais mise en chantier ; une œuvre ambitieuse qui envisage la poésie sous tous les angles, historique, esthétique, critique et même technique, puisqu'elle contient un traité fort complet de métrique latine. Cet ouvrage conçu comme un manuel est très dogmatique et en un sens rétrograde car entièrement tourné vers la production latine, antique et contemporaine : Scaliger n'y jette pas un regard sur les poésies vernaculaires italiennes ou françaises. Ce traité innove cependant ; Scaliger y prétend en effet aborder – tout comme Aristote – la poétique en philosophe ; et il est sûr qu'il reprend dans ses chapitres la terminologie, mais aussi les catégories aristotéliciennes. Il a par exemple recours aux trois critères définis par Aristote au chapitre 1 pour différencier les différents modes de l'imitation : mais il les systématise et les développe à l'échelle de trois livres (l. II à IV de sa *Poétique*), auxquels il adjoint un quatrième critère de différenciation : la fin de l'imitation, qui est de rendre la vie des hommes plus ordonnée.

L'influence d'Horace – on le voit avec ce dernier exemple – est profonde encore en ces pages ; et Scaliger est trop cicéronien pour ne pas envisager également la poésie en termes rhétoriques. Ses premières pages, consacrées à l'apparition et à l'utilisation du langage en donnent la preuve éclatante. Mais cette approche rhétorique de la chose poétique peut avoir des conséquences plus surprenantes : Scaliger décrète que Virgile est «une autre nature», plus belle que la nature elle-même, car ordonnée – on peut voir là un écho des analyses aristotéliciennes sur les vertus généralisantes du poème ; cependant, Scaliger invite l'apprenti poète à recueillir les exemples qu'il imitera, dans cette autre nature plutôt que dans la réalité. On est donc en droit de se demander si cette métamorphose du texte virgilien n'a pas pour but de suggérer un traitement rhétorique de la *mimèsis*, redevenue simple *imitatio* d'un modèle littéraire, telle que l'enseignaient tous les manuels classiques d'art oratoire, en particulier celui de Quintilien (*Inst. Or.,* X, 2). Si Aristote est présent chez

Scaliger, c'est donc un Aristote fortement «latinisé».
Nous avons pu décrire l'apothéose d'Homère dans le
traité d'Aristote; c'est Virgile qui triomphe en ces pages,
«le roi des poètes», à qui Scaliger dresse un autel à la
fin de son livre VI. Autre preuve, encore plus frappante :
après avoir cité *in extenso* en grec la définition de la tragédie tirée du chapitre 6 (1449b 24 *sq.*), il lui substitue
la sienne propre, directement inspirée de la définition
traditionnelle, héritée des grammairiens latins, tout en
affirmant que le terme *katharsis* ne rime à rien.

Comme Minturno, Scaliger est avant tout un éclec-
tique; et sa volonté d'originalité, proclamée dès la préface (où il renvoie dos à dos Aristote et Horace pour
incomplétude et superficialité), est trop forte pour qu'il
puisse se satisfaire d'une analyse plutôt que d'une autre,
ou suivre Aristote et Hermogène plutôt qu'Horace et
Quintilien. La publication de cette œuvre magistrale
signifiait avant tout la remise en cause du principe
d'autorité en matière de poétique : Castelvetro enten-
dra bien la leçon. L'exploitation qu'on en fit est une
tout autre histoire : les Français, encore profondément
marqués par les tout horatiens «arts de seconde rhétorique», la crurent un peu vite purement aristotélicienne, parce qu'italienne; le traité de Scaliger, lu et
annoté par les plus grands (Ronsard, le Tasse, Ben
Jonson), souvent réédité, sera l'agent de diffusion de
la pensée d'Aristote dans l'Europe du Nord, surtout
après que les Jésuites l'auront élu pour manuel dans
leurs collèges; mais cela n'ira pas sans méprise, puisqu'il
est impossible de retrouver sous la plume de Scaliger
l'ensemble de la doctrine aristotélicienne; il est par
exemple le premier à avoir clairement énoncé la règle
des trois unités (d'action, de lieu, de temps), si étrangère à l'esprit du traité grec.

Parmi les ouvrages de poétique redevables à Aristote,
il faudrait encore citer ceux de G.-A. Viperano (*De
Poetica libri III*, 1579) et de F. Patrizzi (*Della Poetica*,
1586); malgré des critiques à son encontre, ces deux
auteurs sont profondément influencés par le Stagirite.

Cependant, la *Poétique* est utilisée dans un autre type
de publications dont le nombre va sans cesse croissant

à partir de 1580 : les ouvrages de polémique littéraire. Grâce à l'impressionnant travail d'établissement, de présentation et d'annotation de son texte, Aristote est en effet devenu une autorité en matière de poésie ; et les deux camps – les Anciens et les Modernes pour parler vite – l'invoquent souvent tous deux comme garant, de même qu'ils ont tous deux recours au concept de nature, alors dominant, pour justifier leurs blâmes ou leurs éloges.

Cette fin de siècle est animée par de vastes débats autour de la littérature vernaculaire. Le grand modèle en est Dante, avec sa *Divine Comédie* ; la polémique fut engagée à son sujet par un texte qui ne sera publié qu'en 1608, mais qui, dès sa rédaction en 1572, a circulé manuscrit sous le pseudonyme de Castravilla : *Discorso nel quale si mostra l'imperfettione della comedia di Dante*. Son auteur, qui n'a jamais été clairement identifié, utilise les analyses et les critères aristotéliciens pour démontrer l'imperfection du poème de Dante, que B. Varchi avait osé placer au-dessus d'Homère dans son *Hercolano* (1570) ; la *Divine Comédie* ne saurait rivaliser avec l'*Iliade* ou l'*Odyssée* : elle n'est ni véritablement un poème, puisqu'elle est dépourvue d'unité d'action ; ni un poème épique, puisque le héros en est Dante lui-même, un personnage qui n'a rien de noble et appartiendrait plutôt au personnel de la comédie. Les réponses à ces critiques, fort nombreuses jusqu'à la fin du siècle, et qui culminent dans le volumineux compendium de Jacopo Mazzoni (*Della difesa della Comedia di Dante,* 1587), va se concentrer sur l'interprétation du texte d'Aristote : Castravilla l'a-t-il correctement compris ? Ses adversaires vont aussi se demander s'il est légitime d'appliquer des théories antiques à un texte moderne : les lois de la poésie sont-elles immuables ? Ne devraient-elles pas plutôt s'adapter aux goûts et aux mœurs de chaque époque ? En ces années s'engage une véritable querelle des Anciens et des Modernes ; les arguments échangés à propos d'autres œuvres qui à leur tour dérangent par leur nouveauté, celle de l'Arioste (*Roland furieux,* 1516-1532) ou du Tasse (*La Jérusalem délivrée,* 1582) souvent associées ou opposées, seront identiques : une grande bataille va se livrer autour de l'autorité des théoriciens antiques au royaume de la poésie moderne. Un contemporain peut-il s'affranchir des normes définies par Aristote (Horace est étrangement absent du débat ; serait-il dès lors oublié ?), pour créer les conditions de sa propre réussite artistique ? Ou bien doit-il avant tout s'y soumettre, comme l'a fait et le proclame le Tasse ?

Face à ses détracteurs – dont Orazio Lombardelli, qui en 1586 avait violemment critiqué *La Jérusalem* – le Tasse soutient la richesse et l'utilité de la *Poétique* pour la poésie dans son ensemble et défend la valeur des distinctions qu'elle introduit entre les genres (*Delle Differenze poetiche*, 1587). À ses yeux, la poésie est avant tout imitation du vraisemblable, qui n'est qu'une sorte de vérité plus universelle que celle de l'historien (*Apologia*, 1585) ; cette fidélité aux présupposés aristotéliciens l'autorise à faire l'apologie du merveilleux chrétien, reflet de la providence divine, qui par là conserve une part de vraisemblance. Mais le manifeste le plus éclatant d'orthodoxie aristotélicienne est sans aucun doute donné par ses *Discorsi dell'arte poetica* (1587) ; le Tasse y affirme le caractère immuable de la beauté poétique et justifie ainsi l'application des schémas tirés de la *Poétique* à la production nationale contemporaine ; sur des bases purement aristotéliciennes, il élabore une théorie complète de l'art poétique, tout en s'opposant à deux tentations de l'époque : faire de la poésie un simple instrument de l'éthique ; admettre que dans la poésie moderne en langue vulgaire encore en gestation, tout puisse arriver. Il s'oppose ainsi à la contamination des genres, au mélange des opposés (actions nobles de personnages du commun), qui aboutissent en ces années à la création de la tragi-comédie et de la pastorale.

Ces deux genres encore au berceau constituent la nouvelle lice où s'affrontent partisans et adversaires de l'innovation. Mais, on l'a vu, ici le Tasse est du côté des conservateurs, attaquant à mots couverts le *Pastor fido* (achevé dès 1585) dans son traité de 1587. Battista Guarini, en butte à d'innombrables critiques avant même la publication du texte définitif de sa pastorale

(1590), contre-attaque avec *Il Verato* (1588) puis *Il Verato secondo* (1593); il y affirme à juste titre que la théorie d'Aristote ne recèle aucune implication morale : seul compte en définitive le plaisir que l'œuvre littéraire procure au lecteur ou au spectateur. Mais il se refuse à croire que seuls les genres envisagés par le philosophe grec sont permis à ses contemporains : ce serait enserrer l'art dans un terrible carcan, lui qui au contraire se caractérise par sa capacité à se développer, à évoluer en permanence; la création de genres nouveaux lui apparaît comme une nécessité.

La querelle se poursuivra à l'orée du XVIIᵉ siècle italien; elle a son importance pour la France car les prises de position qu'elle a provoquées seront de nouveau adoptées en 1636, lors de la controverse autour du *Cid* : Richelieu lui-même, annotant les *Sentiments de l'Académie sur le Cid*, n'établira-t-il pas le parallèle entre les deux querelles?

Au tournant du siècle, ce sont en définitive les ouvrages de polémique qui prennent le relais des éditions et des commentaires savants du traité d'Aristote : la *Poétique* est définitivement assimilée à la tradition critique au même titre – voire mieux – que l'*Art poétique* d'Horace qui lui avait au début porté fort ombrage. L'activité des académies bat son plein; les longs et patients travaux érudits (mis en gerbe par Riccoboni dans ses différents ouvrages) fournissent désormais des arguments aux partisans de l'un et l'autre camp : le règne de la *Poétique* commence alors, puisque le XVIIᵉ siècle français ne fera que prolonger ces débats.

La France va ainsi devenir la fille aînée de l'aristotélisme poétique : Shakespeare – pour notre bonheur, sans doute – a bien plus lu le théâtre de Sénèque que la *Poétique*; quant à Calderon ou Lope de Vega, leur force d'inspiration les dispensera de se soumettre aux règles.

3. Le XVIIᵉ siècle français

La connaissance qu'auront de la *Poétique* les critiques et les écrivains de l'Âge classique en France est presque toujours indirecte : la première traduction française, celle de Norville, ne sera pas publiée avant 1671, à un moment où la norme classique s'est depuis longtemps imposée : l'*Art poétique* de Boileau qui, plus que l'incitateur, est l'attentif témoin de ce mouvement, paraît quatre ans plus tard. Et la version française la plus lue, la plus célèbre, celle de Dacier, n'est publiée qu'à la fin du siècle, en 1692. Les hellénistes aussi doués qu'un Racine sont alors rares ; c'est donc par le truchement des traducteurs et des commentateurs italiens que le traité d'Aristote pénètre en France.

À Scaliger et Castelvetro, les plus lus, les plus cités, les plus célébrés, il faut cependant joindre un humaniste hollandais, Daniel Heinsius, qui publie en 1611 son *De Tragoediae constitutione*. Son titre complet le proclame, ce traité prétend « exposer très clairement l'opinion d'Aristote sur la tragédie ». Le fait qu'Heinsius concentre son attention sur les chapitres centraux de la *Poétique* et ne considère plus que la seule tragédie, préfigure une attitude courante dans les années qui suivent : malgré les efforts de Chapelain pour acclimater le genre épique en France, le traité d'Aristote y deviendra avant tout le bréviaire des auteurs de tragédies, et des doctes qui les jugeront. Les prétentions affichées sur la page de titre ne sont du reste pas outrecuidantes : les analyses d'Heinsius sont sans doute parmi les plus fidèles à la lettre et à l'esprit du texte aristotélicien. Il expose par exemple fort bien les implications de la *katharsis* ; et plutôt que d'en donner, comme la majorité des commentateurs, une interprétation moralisatrice, il la rattache à la théorie générale des émotions qui se dégage de l'ensemble de l'œuvre du philosophe.

Point de trace non plus sous sa plume de la règle des trois unités ; comme pour Aristote, seule compte à ses yeux l'unité d'action ; et il n'étudie qu'elle. On aurait de même du mal à trouver chez lui des définitions de la vraisemblance ou des bienséances telles que les entendront les critiques français au milieu du siècle ; Heinsius n'a rien à en dire : il n'envisage la vraisemblance qu'au sein du couple constitué par Aristote (vraisemblance/nécessité), comme un moyen pour la poésie d'aboutir à des vérités générales. Quant au *decorum*, fondement des bienséances, il est, par sa perspective rhétorique, un pur concept horatien. On le voit, Heinsius n'est pas l'héritier ou le continuateur de Scaliger qu'on a trop souvent voulu voir en lui. Il est beaucoup plus attentif que lui aux singularités des analyses aristotéliciennes ; et l'on peut regretter que tous les Classiques ne l'aient pas aussi bien assimilé que Racine, car ils seraient parvenus à une lecture beaucoup plus fidèle de la *Poétique*.

On ne saurait trop souligner le paradoxe : alors que le traité d'Aristote est proclamé par un Rapin « l'unique source d'où il faut prendre les règles », nombre de ces règles ont été définies et instituées par les critiques italiens du Cinquecento, influencés, nous l'avons dit, par Horace et la tradition latine tardive voire médiévale, plus que par le Stagirite. Aristote devient une référence, un garant qui doit forcer le respect en matière de critique littéraire ; son nom répété à l'envi par les critiques et les auteurs envahit les préfaces des œuvres dramatiques comme les traités des doctes. Mais nul d'entre ces derniers ne semble se souvenir qu'il a lu Riccoboni ou Scaliger, et non la *Poétique* elle-même ; chacun oublie qu'il applique leurs préceptes plutôt que ceux du philosophe grec. Ne voit-on pas l'Abbé d'Aubignac dans sa *Pratique du théâtre* (1657), appuyer la règle des trois unités sur l'autorité d'Aristote ? et y affirmer qu'il « nous apprend » que la vraisemblance « doit toujours être la principale règle, sans laquelle toutes les autres deviennent déréglées », alors que s'il existe une règle constitutive de la théorie aristotélicienne, c'est, d'une façon incontestable, l'unité d'action.

Invoquer Aristote est devenu une obligation, à la fois reconnaissance de la nécessité des règles et aveu de soumission à elles.

À l'inspiration platonicienne, il sied mieux désormais de préférer la *technè* aristotélicienne : la composition poétique doit obéir à des principes rigides et rationnels. Ne voit-on pas La Fontaine dans la préface des six premiers livres de ses *Fables*, faire énoncer par Aristote des principes concernant la composition des apologues qu'il n'a jamais émis, dans le seul but d'aller au-devant des critiques? On comprend ici toute la distance entre la renommée pour longtemps immense et incontestable du traité aristotélicien, et son influence véritable. Proclamer qu'on a lu un ouvrage ne signifie pas toujours qu'on l'ait effectivement lu; affirmer qu'on en a appliqué les préceptes est plus souvent un moyen d'éloigner les censeurs qu'une déclaration sincère.

Les règles (trois unités, vraisemblance, bienséances) s'imposent dans les années qui voient la fondation des premiers théâtres permanents à Paris. Ce n'est rien moins qu'un hasard : l'orientation générale des conceptions dramatiques est bien celle que nous avons discernée chez les Italiens; la préoccupation principale du dramaturge doit être l'effet qu'il produit sur le public. Le culte des règles, cependant, conduit à magnifier la figure du critique, qui est supposé savoir mieux que le poète lui-même comment atteindre la perfection; il amène aussi le critique à se moquer du goût populaire : le poète compose pour l'élite. La préface de la *Poétique* de La Mesnardière (1639) révèle sans doute le mieux jusqu'où pouvait aller le mépris des doctes pour le public des théâtres.

Ce mépris pour les goûts des spectateurs – qui peut s'autoriser d'Aristote : 1453a 33 *sq.* – se trouve en 1637 à l'origine de la querelle du *Cid*; trente-six libelles publiés en cinq mois viennent témoigner de son âpreté. Pour Georges de Scudéry, qui cache mal son dépit devant l'accueil enthousiaste réservé à la tragi-comédie de son confrère et rival, le succès remporté par Corneille avec *Le Cid* ne saurait prouver que sa pièce soit bonne; le peuple « a été pris par les yeux »; la cour et la ville lui ont emboîté le pas. Les *Sentiments de l'Académie* ne diront pas autre chose : la vogue d'une pièce, le plaisir qu'y prend le peuple ignorant ne peuvent être considérés comme des critères valables pour conclure à son excellence. Une chose était sûre en effet pour les doctes : *Le Cid* violait les règles, et à ce titre méritait d'être censuré.

Et Scudéry comme Chapelain, le rédacteur des *Sentiments*, jugent *Le Cid* au nom des règles : l'unité d'action n'y est pas réalisée à cause de l'intervention de l'Infante; l'action se déroule en plusieurs endroits, ou du moins les indications de lieux sont si confuses que la pièce semble enfreindre la règle de l'unité de lieu; il est malséant, même si c'est la vérité historique, qu'«une fille d'honneur épouse le meurtrier de son père», dit le premier, alors que le second reprend en écho : «toutes les vérités ne sont pas bonnes pour le théâtre»; bref, Corneille aurait dû «réduire la matière historique aux termes de la bienséance», et ne «lui laisser rien qui soit incompatible avec les règles de son art». On voit s'imposer ici la vraisemblance; non pas l'*eikos* aristotélicien, mais l'impératif établi par exemple par Riccoboni : «Il n'y a donc que le vraisemblable qui puisse raisonnablement fonder, soutenir et terminer un poème dramatique», s'écriera d'Aubignac en 1657 après avoir banni de la scène le «vrai» et le «possible».

Cette querelle est l'occasion pour les doctes de rappeler au public qui prend plaisir aux représentations du *Cid*, que le théâtre possède une fin morale. Là encore, le message véritable de la *Poétique* semble oublié; c'est paradoxalement Corneille – au moment même où il se recommande de Térence – qui s'en montre le plus respectueux en affirmant que son «premier but doit être de plaire à la cour et au peuple» (préface de *La Suivante*, 1637); pour ne pas indisposer les «savants», l'auteur de théâtre pourra toujours «y ajouter les règles»; et le dramaturge à qui Richelieu a imposé le silence dans la Querelle, d'ajouter non sans fierté ni perfidie : «Peut-être que pour faire maintenant réussir une pièce, ce n'est pas assez d'avoir étudié les livres d'Aristote et d'Horace.»

Ce parti pris hédoniste, qui l'oppose à la grande majorité des théoriciens de son temps, sera toujours le sien. N'ouvre-t-il pas le premier des *Trois Discours sur le poème dramatique* par ce rappel : «Bien que selon Aristote (1453b 10-1), le seul but de la poésie dramatique soit de plaire au spectateur...»? Nous sommes alors en 1660; et Corneille, en tête de chacun des trois volumes de la septième édition collective de ses œuvres, place un discours («D. de l'utilité et des parties du poème dramatique»; «D. de la tragédie et des moyens

de la traiter selon le vraisemblable ou le nécessaire »;
« D. des trois unités d'action, de jour et de lieu »). La
majorité de ses plus grandes créations (*Horace, Cinna,
Polyeucte*) est déjà derrière lui; l'échec de *Pertharite*,
en 1651, l'a profondément affecté; il confie alors : « Je
commence à m'apercevoir que je suis trop vieux pour
être encore à la mode. » Mais la publication par l'Abbé
d'Aubignac de sa *Pratique du théâtre* où les louanges
à son adresse cachaient mal d'assez vives critiques,
décide Corneille à défendre son esthétique dramatique.

Ces trois discours portent donc un regard rétrospectif
sur l'œuvre accomplie; on ne saurait cependant surestimer leur caractère polémique : contraint au silence par
Richelieu, Corneille trouve enfin l'occasion de justifier
ses choix. Fort de ses succès, il peut montrer aux doctes
qu'il ne les a pas non plus négligés et que son théâtre
est plus régulier qu'ils n'ont bien voulu le reconnaître.
Les *Discours* se présentent comme une relecture par
Corneille de sa propre production, à la lumière de la
Poétique, parangon de l'orthodoxie dramaturgique. À
l'échelle de tout son théâtre, il retrouve l'élan qui
l'avait conduit en 1648 – Richelieu une fois mort – à
prendre enfin la défense du *Cid* dans un important
« avertissement ». Contrairement à ce qu'ont pu en
dire par trop à la légère ses défenseurs, lors de la
Querelle, *Le Cid* n'a pas « péché » « contre les grandes
et souveraines maximes d'Aristote »; mais il faut
s'entendre : « ce grand homme », « bien loin de s'amu-
ser au détail des bienséances », « a été droit aux mouvements de l'âme »; son seul et réel souci a été de définir « les conditions » et « les moyens » de susciter les
émotions tragiques. Quant aux unités de temps et de
lieu, au nombre des actes, toutes questions soumises à
la conjoncture, il les a négligées. On sent à quel point
le dramaturge, l'homme de terrain et d'expérience, a
mieux compris le sens de la *Poétique* que bien des
doctes, dont l'appréhension du texte était condition-
née par leurs *a priori*, fruits de la lecture des grands
commentaires italiens.

En 1660, les *Discours* prouvent de même que
Corneille a relu de très près la *Poétique*, avec un souci

de fidélité et d'exactitude manifeste, pour peu que l'on songe aux déformations que ses contemporains font subir au traité. On peut même avancer – leurs titres, donnés plus haut, le montrent – que ces discours sont un commentaire suivi de l'ouvrage d'Aristote. À travers de nombreux exemples exclusivement empruntés à son théâtre, il indique avec méthode de quelle manière il a interprété et surtout suivi ses règles, même si, comme il le reconnaît au terme du parcours, il ne sait « point mieux accorder les règles anciennes avec les agréments modernes » ; par ces mots, il révèle la dimension polémique et apologétique de son minutieux travail. Ainsi dans le premier discours, sa conception hédoniste du théâtre est vite refoulée sous la pression de la tradition moralisatrice ; et il se fait un devoir de définir l'utilité du spectacle dramatique (qu'il ne peut cependant se garder de subordonner à la notion de plaisir), de découvrir quatre moyens de susciter un enseignement moral, tout en précisant bien, avant de se lancer dans cette présentation de l'utilité du théâtre, « qu'Aristote dans tout son traité n'a jamais employé ce mot une seule fois ».

Cette utilité peut se manifester de quatre manières : par les « sentences et instructions morales », tout d'abord, qui édifient directement ; ensuite, par la « naïve peinture des vices et des vertus » ; puis par les dénouements qui exaltent la vertu tout en punissant le crime et l'injustice ; le dernier moyen, la *katharsis,* est abordé dans le second discours. Fidèle aux interprétations du temps, Corneille la présente comme « la purgation des passions par le moyen de la pitié et de la crainte » : l'exemple des malheurs provoqués par les passions pousse le spectateur à souhaiter éviter cette infortune, et donc à s'en purger. Mais le dramaturge souligne bientôt que sa perspective mène à une aporie : dans le cas d'Œdipe ou de Thyeste, il s'avoue incapable de « voir quelle passion ils nous donnent à purger ». Son scepticisme éclate quant au bien-fondé d'une telle théorie ; et s'il ne va pas jusqu'à remettre en cause la validité des commentaires du texte aristotélicien, sa perspicacité devant cette impasse annonce celle de Goethe.

S'appuyant sur une interprétation erronée
d'Aristote, Corneille aborde ensuite la question du
vraisemblable et du nécessaire ; auparavant, il a déjà
affirmé préférer emprunter ses sujets à l'histoire plutôt
qu'à la « fable » ; puisqu'il choisit, contre l'avis
d'Aristote, le vrai plutôt que le vraisemblable, il n'est
guère étonnant qu'il place le nécessaire au-dessus du
vraisemblable, duquel il n'a pas hésité à s'affranchir,
comme on le lui a reproché pour *Le Cid*.

Dans le troisième discours, à la suite d'Aristote, il
souligne la nécessité de l'unité d'action. Il s'affranchit
de la contrainte de l'unité de temps, en allongeant la
durée de l'action ; quant à l'unité de lieu, il la réfute
purement et simplement puisque Aristote ne l'a pas for-
mulée ; il en vient à souhaiter la création d'un lieu théâ-
tral conventionnel, où tous les personnages pourraient
se trouver sans violer vraisemblance ni bienséances.

En chemin, Corneille n'hésite cependant pas à s'écarter du credo aristotélicien. Il préfère des héros tout
méchants ou tout bons (comme des saints) aux personnages définis par Aristote (1453a 7 *sq.*) ; parmi les
quatre situations dramatiques présentées par le Stagirite,
il élit celle que ce dernier écarte (1452b 34 *sq.*) : la
situation du juste tombant dans le malheur, car c'est
précisément celle de Polyeucte. Des quatre types de rapports envisagés entre personnages tragiques (1453b 15
sq.), il préfère celui qu'Aristote considère comme le
pire : c'est le cas de Chimène, de Cinna, de Prusias dans
Nicomède ; et il découvre « dans cette quatrième
manière d'agir qu'Aristote rebute (1453b 38), une
espèce de nouvelle tragédie plus belle que les trois qu'il
recommande ». N'oublions pas aussi qu'en plus de la
crainte et de la pitié arrêtées par Aristote et déclinées
à l'envi depuis le XVIe siècle, Corneille inventera une
nouvelle émotion tragique, l'admiration, dont
Nicomède (1651) est la plus parfaite illustration.

À lire ces trois discours, un sentiment domine : si
Corneille tente bien de faire entrer *a posteriori* tout son
théâtre dans le cadre des règles (dont il a d'ailleurs
contribué à établir les plus importantes, comme l'unité
d'action), il ne paraît guère convaincu que la *Poétique*,

même correctement interprétée, puisse être un guide réel, efficace et infaillible pour la composition d'un poème dramatique. Si l'occasion l'a poussé à se faire doctrinaire, il demeure au fond un créateur, un empirique donc; il sera toujours prêt à innover lorsqu'il aura le sentiment que ses sujets le réclament : l'originalité de son *Agésilas* (1666), revendiquée dans la préface, en administre encore la preuve.

L'attitude de Racine, qui compose ses tragédies juste après cette période décisive (1630-1650) pour la dramaturgie classique, où s'élaborent et se fixent les règles, est bien différente. Non seulement il a lu et étudié les commentateurs d'Aristote (on conserve encore un exemplaire de l'ouvrage d'Heinsius lui ayant appartenu), mais il a aussi étudié le texte de la *Poétique* de près; il en a même traduit certains chapitres (6-9, 12, 13-16, 26) dans les marges d'une réédition (1573) du travail de Vettori. Cette traduction souvent fidèle, parfois proche d'une paraphrase quand le texte lui a paru trop concis (c'est le cas du passage sur la *katharsis*), nous est précieuse, jusque dans ses contresens : les écarts, voire les erreurs de Racine révèlent plus que tout les préoccupations du futur dramaturge.

Car plus que son prédécesseur et bientôt rival, Racine tente avec beaucoup de constance de construire son propre art dramatique à l'aide des préceptes qu'il a lus, ou cru lire, chez Aristote. En témoignent la plupart de ses préfaces. Sa conception du héros tragique «ni tout à fait bon, ni tout à fait méchant» (préface d'*Andromaque*), «ni tout à fait coupable ni tout à fait innocent» (préface de *Phèdre*), s'autorise du chapitre 13 de la *Poétique* (1453a 7 *sq.*), passage qu'il avait justement traduit de grec en français. Chaque fois que dans une pièce il s'est montré fidèle à Aristote, il le souligne dans la préface rédigée quelque temps plus tard, lors de la publication; il est d'ailleurs symptomatique qu'au moment où il s'écarte le plus de la conception antique de la tragédie en faisant de l'amour le sujet central de *Bérénice*, il se sente obligé dans la préface d'invoquer la *Poétique* et de rassurer ses spectateurs sur son orthodoxie : «qu'ils se reposent sur nous de la fatigue d'éclaircir les difficultés de la *Poétique* d'Aristote ; qu'ils se réservent le plaisir de pleurer et d'être attendris » ; symptomatique également qu'il reproche alors à ses détracteurs « de n'avoir même jamais rien lu de la *Poétique* que dans quelques préfaces de tragédies ».

Seule la connaissance intime du texte du Stagirite peut l'autoriser à se montrer aussi péremptoire. *Bérénice* soulevait un autre problème : l'extrême simplicité de son sujet, qui pouvait apparaître comme une entorse à l'interprétation dominante de la *Poétique* depuis Corneille : en référence aux chapitres 10 et 11, on considérait qu'Aristote avait exprimé sa préférence pour les tragédies « implexes » (1452b 31), comportant reconnaissance et péripétie. La réfutation apportée par Racine à cette objection sera encore très aristotélicienne ; il aurait pu invoquer l'impératif d'unité de l'action (quoi de plus unifié qu'une action simple comme celle de *Bérénice* ?) ; il préfère ne pas répondre directement à ses critiques, et en appelle au plaisir comme à la règle suprême : il invite les spectateurs qui ont fait le succès de sa pièce – contre celle de Corneille ! – à ne pas « croire qu'une pièce qui les touche et leur donne du plaisir puisse être absolument contre les règles. La principale règle est de plaire et de toucher. »

Au balancement horatien (*placere et docere*), leitmotiv des préfaces et des traités contemporains, Racine substitue un doublet beaucoup plus proche de la pensée d'Aristote : le but de la tragédie est avant tout le plaisir, et toutes les autres règles ne sont faites que pour concourir à celle-ci. Pour justifier la création du personnage d'Ériphile qui, contrairement à la légende, sera sacrifiée à la place d'Iphigénie, Racine, de nouveau, n'a de meilleur argument que le « plaisir » qu'il a « fait au spectateur ». Seule la préface de *Phèdre* retombe dans l'ornière horatienne et moralisatrice ; mais après la cabale contre cette pièce (1677), Racine sent la nécessité de faire quelques concessions. Nicole avait dix ans plus tôt traité « le poète de théâtre » « d'empoisonneur public » ; et Racine fait allusion à cette condamnation à la fin de sa préface ; auparavant, il aura bien entendu souligné la portée morale du théâtre, mais en recourant à l'exemple des tragédies grecques, « écoles où la vertu n'était pas moins bien enseignée que dans les écoles des philosophes » ; et il ajoute : « Aussi Aristote a bien voulu donner les règles du poème dramatique. » On ne peut qu'admirer avec quelle habileté Racine invoque ici Aristote, non pour lui faire dire ce qu'il n'a pas dit – il connaît trop bien la *Poétique* – mais comme une autorité susceptible de désarmer les critiques les plus acharnés.

Outre un certain conformisme critique, une cause plus profonde invite sans doute Racine à cet aristotélisme aussi affirmé que scrupuleux : il est le dramaturge qui a le plus imité les tragiques grecs, de *La Thébaïde* (1664) à *Phèdre* (1677) en passant par *Iphigénie* (1674) ; bien plus que pour Corneille, Euripide est une de ses principales sources ; et il ne laisse pas de rappeler dans la préface d'*Iphigénie* le jugement d'Aristote à son sujet (« Euripide est le plus tragique des poètes » : 1453a 29), qu'il prolonge par une défense très circonstanciée de son *Alceste*, trop méprisée des doctes ; aveu implicite que, en dépit de ses affirmations, « le goût de Paris » ne se trouvait pas sans doute alors assez « conforme à celui d'Athènes ».

Dans ces préfaces on lit cependant toujours le désir de concilier le matériau emprunté à Euripide et les impératifs issus de son interprétation de la *Poétique*. Eriphile s'est imposée à lui – et à son public – pour des raisons de vraisemblance : les spectateurs de Versailles ou de l'Hôtel de Bourgogne auraient-ils admis l'intervention finale de la déesse (voir note 7 du chap. 11), « qui serait trop absurde ou trop incroyable » ? Sensible à la tension qui s'exerce au sein même de la *Poétique* entre les exigences rationnelles de la vraisemblance et les données religieuses du mythe, Racine a tenté de les résoudre à sa manière ; mais sa préface témoigne encore, s'il en était besoin, de la profondeur et de la précision de son analyse du texte aristotélicien. Sur les rapports de l'histoire et de la vraisemblance, la position de Racine est encore celle d'Aristote. On a vu qu'au début du chapitre 9, sa conception de la poésie « philosophique » poussait ce dernier à privilégier le

vraisemblable au détriment du vrai, le mythe – voire
une intrigue inventée – ayant une portée générale, au
détriment de l'histoire, trop particulière. Racine partage ces analyses. En effet, il ne faut pas se laisser trop
influencer par ses préfaces, textes polémiques, rédigées
a posteriori pour répondre aux critiques essuyées à la
suite des premières représentations. S'il emplit ses préfaces d'*Alexandre* (1666), de *Britannicus* (1670), de
Mithridate (1673) de références historiques à Quinte-
Curce, Tacite, Plutarque ou Appien, c'est pour masquer
une évidence : à la différence de Corneille, il s'est souvent écarté de la vérité historique pour conserver la vraisemblance et ne pas choquer son public. Comme le
conseillait son guide, il «s'est mis les choses sous les
yeux» (1455a 24) et a préféré la cohérence au respect
de l'Histoire : s'il avait écrit *Le Cid*, il n'aurait sans
doute pas conduit Chimène et Rodrigue à l'autel...

Chez Racine se manifeste avec éclat un aristotélisme
non seulement proclamé, comme pour le Corneille des
Trois Discours, mais aussi intériorisé et dominé.

«La raison règne ; Aristote gouverne.» Cette boutade
a longtemps servi à caractériser le Siècle de Louis XIV
en matière de littérature. Il est sûr qu'à partir des
années 1660 le principal garant de l'orthodoxie classique est Aristote ; et l'on ne prête qu'aux riches, si bien
qu'il passe pour le créateur de la totalité des règles, alors
que certaines d'entre elles sont étrangères à la lettre
comme à l'esprit de la *Poétique* (unités de temps et de
lieu, bienséances). Deux publications viendront, avant
les turbulences de la Querelle des Anciens et des
Modernes, conforter encore ce règne sans partage : *Les
Réflexions sur la Poétique d'Aristote* (1674) du père
René Rapin – qui fut l'intime de Boileau et Racine –,
et surtout la traduction française de la *Poétique* par
André Dacier, suivie d'importantes remarques critiques, publiée en 1692. Ce travail majeur sera traduit
et publié anonymement en Grande-Bretagne en 1705 ;
il y donnera une nouvelle force au courant néo-
classique qui s'y développe alors en réaction contre
le théâtre élisabéthain. Dacier affirme dès sa préface
sa conviction que les règles sont indispensables :

« La Poésie est un art, mais cet art est trouvé, et les règles sont si certainement celles qu'Aristote nous donne, qu'il est impossible d'y réussir par un autre chemin ». L'équation est clairement posée : les règles, c'est Aristote. En cette fin de siècle, nous sommes loin des discussions ou des remises en cause cornéliennes ; Dacier va jusqu'à exiger le rétablissement du chœur, meilleur moyen à ses yeux, dont dispose le dramaturge pour « fonder la vraisemblance de la tragédie », et réaliser surtout sa mission d'édification morale du public.

Un tel rigorisme stérilise la création ; Saint-Évremond ne manque pas de le souligner avec perfidie : « On n'a jamais vu tant de règles pour faire de belles tragédies – il vise ici l'abbé d'Aubignac et sa *Pratique du théâtre* –, et on en fait si peu qu'on est obligé de présenter toutes les vieilles ». Une telle superstition ne tarde pas à provoquer des réactions, sans doute encouragées par le culte de la raison qui marque aussi l'époque, on l'a vu. Dès 1641, Guez de Balzac affirmait ainsi : « Notre raison ne doit obéir qu'à la raison, et l'autorité est un joug que la religion seule a le droit d'imposer à l'esprit de l'homme ». Si le culte de la raison et celui d'Aristote se sont longtemps confondus chez un Chapelain ou un La Mesnardière par exemple, on en vient peu à peu à considérer que c'est la raison seule qui doit fonder les règles et leur conférer leur autorité, et non la parole du maître, fût-il celui du Lycée. Et à la fin du siècle, Saint-Évremond, l'un des premiers, lance le signal de la retraite : « Il faut convenir que la *Poétique* d'Aristote est un excellent ouvrage ; cependant il n'y a rien d'assez parfait pour régler toutes les nations et tous les siècles. Descartes et Gassendi ont découvert des vérités qu'Aristote ne connaissait pas. Corneille a trouvé des beautés pour le théâtre qui ne lui étaient pas connues... Nos poètes ont vu des défauts dans sa *Poétique* » (*De la tragédie ancienne et moderne*).

Si, au XVIIIe siècle, Voltaire, fidèle continuateur des classiques, cite encore « la *Poétique* immortelle » dans les préfaces de ses tragédies ou dans ses riches *Commentaires* du théâtre de Corneille, le Siècle des

Lumières est plus réservé à l'égard du traité d'Aristote; trop attaché à la tragédie classique qu'il a vivifiée de ses rayons, le soleil de la *Poétique* décline doucement, alors qu'apparaissent des formes dramatiques nouvelles comme le drame ou la comédie larmoyante. Le traité devient plutôt l'affaire des pédagogues qui l'exploitent pour l'enseignement des humanités, de l'abbé Batteux qui le traduit et le publie au sein de son recueil des *Quatre Poétiques* (1771), à La Harpe («Analyse de la *Poétique* d'Aristote», in *Le Lycée*), en passant par Marmontel qui le commente dans ses *Éléments de littérature* (1787).

L'apparition du Romantisme ne ramènera pas, bien entendu, l'attention vers l'œuvre d'Aristote, à jamais compromise avec un monde – celui des règles – qui doit disparaître. Même si l'on peut découvrir dans la préface de *Cromwell* (1827) des analyses parentes de celles d'Aristote, sur l'unité d'action en particulier, le ton de Hugo est trop polémique à l'égard du théâtre classique pour que l'on puisse s'y arrêter; le classicisme, ses pères fondateurs comme ses épigones doivent sombrer dans l'oubli : l'Allemagne avait déjà montré le chemin.

4. L'Allemagne pré- et post-romantique

Au milieu du xixᵉ siècle, l'un des biographes de Lessing a pu affirmer qu'il «devenait le second régulateur des arts, de la poésie en particulier, après Aristote». C'est sans doute quelque peu surestimer l'influence du *Laocoon*; publié à Berlin en 1766, il resta méconnu, voire inconnu en France jusqu'en 1802, date de sa traduction française; mais il n'y sera guère lu. Il est cependant certain que la culture immense de Lessing, sa perspicacité et la précision de ses concepts ont permis de mettre de l'ordre dans la confusion des idées, l'anarchie théorique du xviiiᵉ siècle.

Régnait alors en maître, même si elle avait été battue en brèche par des critiques aussi différents que l'abbé Dubos, J. Harris ou Diderot, la doctrine de l'*Ut pictura poesis* : la poésie et la peinture étaient envisagées comme des arts jumeaux. Nous l'avons dit (voir *supra* pp. 29-30), ce qui avait fini par prendre la force d'une évidence remontait à la Grèce antique, à certains passages de la *Poétique* en particulier (voir index). Aristote identifiait en effet par instants peinture et poésie ; mais c'était dans un but purement didactique, par la volonté de rendre plus évident le rôle de la poésie (représenter la nature humaine en action) ou son objet central (l'histoire). Il se trouve que ces illustrations, assorties là encore de citations de l'*Art poétique* d'Horace – d'où provient l'expression latine (vers 361) –, ont servi de références aux théoriciens modernes des arts jumeaux. Ici encore, on se demande avec surprise comment la pensée d'Aristote a pu être isolée de son contexte (tout comme le vers d'Horace d'ailleurs), et comment cette interprétation erronée a pu avoir force de loi durant plus de deux siècles. Au despotisme des règles des trois unités ou de la bienséance qui régissent la création théâtrale, correspond le despotisme de canons esthétiques dérivés de la poésie, qui, tout en étant étrangers à elle, informent la production picturale – Aristote, qui n'en peut mais, étant dans les deux cas invoqué comme garant. Si la peinture est une poésie muette, elle doit, comme l'a démontré la *Poétique*, représenter une action humaine idéalisée et s'attacher avant tout aux sujets « historiques » (mythologiques, bibliques, ou proprement historiques), sujets qui pourront le mieux – et l'on retrouve Horace – livrer un enseignement moral.

Lessing s'insurge contre cette tradition critique. Il oppose les deux arts : l'un, la peinture, est un art de la simultanéité dans l'espace ; l'autre un art de la succession dans le temps. Et il va tirer toutes les conséquences de cette opposition fondamentale. Cependant, s'il rejette les interprétations abusives qui ont pu en être faites, il ne rejette pas Aristote pour autant. Ainsi, il privilégiera toujours la représentation humaine, seule occasion pour le peintre de véritablement manifester son génie ; la beauté humaine, par opposition aux formes animales, végétales ou minérales, est en effet la seule à ses yeux susceptible d'être idéalisée : on sent là l'influence des analyses d'Aristote lorsque, au début du chapitre 9, il opposait histoire et poésie.

Son attitude à l'égard d'Aristote restera identique dans une autre œuvre majeure, son recueil d'articles critiques publiés en 1767-1768, réunis sous le titre de *La Dramaturgie de Hambourg*. Alors qu'il attaque sans ménagement aucun la dramaturgie classique française, de Corneille à Voltaire, qu'il flétrit les interprétations erronées de la *Poétique* dues aux théoriciens français et qu'il dénonce les abus auxquels elles ont mené, il affirme avec conviction que «dût-on se moquer de lui en ce temps de lumières», il considère le traité d'Aristote «aussi infaillible que les éléments d'Euclide».

Ces articles représentent un salutaire retour aux sources, après plus de deux siècles durant lesquels les commentateurs s'étaient «entreglosés» plus souvent qu'ils n'avaient affronté le texte aristotélicien. À travers une analyse serrée et implacable des pièces de Corneille et de Voltaire – quand il ne s'en prend pas au «correct Racine» – Lessing démontre sans ambages que les Classiques français sont loin de s'être soumis, comme ils l'ont prétendu, aux règles de la *Poétique*. Et il lutte de toute son énergie pour arracher le théâtre national contemporain à ce modèle qui s'imposait alors à tous les créateurs allemands : trop longtemps déjà ils ont eu l'illusion qu'«imiter les Français, c'était travailler d'après les règles des Anciens». La dramaturgie des XVIIe et XVIIIe siècles français perd son statut de paradigme et devient sous sa plume un contre-exemple : elle montre avec éclat tout ce qu'il ne faut pas faire en matière de création théâtrale. Plutôt Euripide que Voltaire, *Œdipe roi* que *Rodogune*!

Ce rejet sans appel du modèle français s'accompagne d'une attention redoublée aux sources et aux règles antiques. *La Dramaturgie de Hambourg* se présente comme une relecture fort remarquable et profonde de la *Poétique*. Pour prouver que les Classiques d'outre-Rhin n'avaient pas su appliquer les règles aristotéliciennes, Lessing va rappeler ou livrer le sens véritable de l'œuvre. Il insiste par exemple beaucoup, comme dans le *Laocoon*, sur le caractère général de la poésie, et épingle Voltaire en assurant qu'une de «ses faiblesses» est justement «de vouloir être historien très profond». Avec Aristote, Lessing réaffirme qu'il faut libérer la poésie de la contrainte du fait, qu'il faut l'affranchir du joug de la réalité matérielle. Cette nécessité n'avait que trop échappé aux Classiques; et les contradictions de Castelvetro sur l'usage poétique de sujets historiques ne les avaient guère guidés vers la vérité.

Si son explication de la *katharsis* trouve sans doute sa source chez Heinsius, elle va plus loin; car, pour la première fois, elle fait clairement le départ entre les implications éthiques – seulement indirectes, il y insiste – de la purgation de la crainte ou de la pitié (et non plus de toutes les passions indistinctement, comme on l'avait cru), et la foi en la valeur morale de la poésie, à quoi la *katharsis* avait trop souvent été assimilée. Lessing ne nie pas la fin morale de la poésie, mais ce n'est pas pour lui le chapitre 6 de la *Poétique* qui l'affirme ou encore moins l'impose.

La profonde intelligence qu'il possède du texte pousse cependant Lessing à le déformer quelque peu. Le concept de crainte s'efface progressivement derrière celui de pitié; cette fusion permet d'agréger les analyses aristotéliciennes à sa propre théorie du *Mitleid* (la compassion), notion fondamentale de son esthétique dramatique. La tragédie devient ainsi «un poème qui suscite la compassion»; et le poème qui saura réellement fondre ensemble les deux émotions tragiques définies par Aristote parviendra à une profondeur et une intensité de sentiments que les Français n'ont jamais su atteindre.

Par ces textes qui renouvellent tant l'approche du traité d'Aristote, «les droits de l'originalité s'établirent à la place du joug de la correction», comme le dira Mme de Staël. Le seul grand génie dramatique qui puisse servir de modèle aux dramaturges allemands est désormais Shakespeare; mais un Shakespeare dont l'imitation ne doit pas signifier l'abandon de toute règle. Ses critiques ardentes et incisives ont fait de Lessing l'un des pères du drame classique allemand; cependant, cette ultime incitation au respect des règles fondamentales – dont l'unité d'action – ne sera pas toujours entendue, loin s'en faut, de Goethe ou de Schiller.

En 1827, il est vrai, Goethe lit encore (ou plutôt de nouveau?) la *Poétique*; ses notes de lecture ont été jointes aux *Kleine Schriften*; elles prouvent une étude attentive et compréhensive du texte. Goethe y propose même une nouvelle traduction de la définition de la tragédie du chapitre 6, assortie d'une interprétation non moralisatrice de la *katharsis*: elle est envisagée comme « un accomplissement apaisant », propre à toute œuvre poétique, mais qui ne saurait rendre le public, ou le lecteur, meilleur. Ce retour tardif à Aristote ne peut cependant faire oublier que le drame romantique allemand s'est avant tout constitué contre les règles classiques, et contre Aristote, un peu vite considéré – Lessing avait pourtant démontré le contraire – comme leur source.

On découvre sans doute le meilleur exemple de ce brutal rejet dans les *Cours sur l'art dramatique et la littérature* (1808-1809) de A. W. Schlegel. Il y refuse de prendre la *katharsis* en considération; mais il va beaucoup plus loin en insinuant que la *Poétique* révèle chez Aristote une incompréhension fondamentale de la poésie: le philosophe prétend s'attaquer aux mystères de la création poétique, en livrer une analyse rationnelle, alors que la poésie est une affaire de beauté, d'imagination, de sensation. S'il admet la nécessité de l'unité d'action, Schlegel trouve la façon dont Aristote la présente bien trop étroite et contraignante; il milite pour une unité de l'œuvre d'art « beaucoup plus profonde, plus intrinsèque, plus mystérieuse ». Tout comme Lessing, ses préférences vont aux Tragiques grecs et à Shakespeare.

La *Poétique,* c'est certain, avait peu à offrir à l'école romantique; ses valeurs essentielles comme le génie, l'imagination, la subjectivité ne pouvaient guère y trouver légitimité ou confirmation, avec leur coloration bien plus platonicienne qu'aristotélicienne. Et en un temps où l'on préfère méditer sur le caractère tragique de la vie de l'homme plutôt qu'analyser les caractéristiques du genre tragique, en un temps où la poésie lyrique connaît un développement inconnu jusqu'alors, le fait qu'Aristote soit resté résolument muet à ce sujet (voir *supra*, p. 29) a conforté les Romantiques dans le sentiment que ce traité, source et justification d'une esthétique surannée, ne pouvait plus leur être d'aucun secours. Le succès d'un autre genre, le roman, démontrait, en dépit des objurgations de Lessing, qu'Aristote ne pouvait servir de base unique et infaillible à toute réflexion critique sur la littérature. Comment envisager le roman dans une perspective et en des termes aristotéliciens?

Durant le XIXᵉ siècle, la *Poétique* perd ainsi son autorité et son prestige; elle n'est plus le sujet et le garant d'une pensée théorique, mais un objet d'étude pour la philologie – allemande et anglaise surtout. Des savants comme J. Bernays ou J. Vahlen en éclairent magistralement le sens; scrupuleusement expliquée, elle devient l'une des sources majeures pour aborder l'histoire littéraire de la Grèce ancienne : elle sert désormais à renseigner les hellénistes sur la tragédie grecque – son évolution, son organisation –, ou sur l'épopée, non plus à guider la main ou l'esprit des dramaturges du moment.

Avec le temps, les passions s'apaisent; les anathèmes s'évanouissent; et nous voyons ainsi Hegel utiliser la *Poétique* pour son *Esthétique*, lors des cours qu'il consacre à la poésie, qu'il y traite de l'épopée ou du théâtre. Tantôt il suit Aristote dans ses analyses et l'approuve – à propos des émotions tragiques, par exemple, même s'il élargit considérablement la perspective aristotélicienne; tantôt il le contredit, comme dans la section sur le héros tragique; mais alors, il ne cite pas le nom du philosophe grec, se contentant de réfuter ses analyses : moins de passion, plus de raison.

Même attitude – et cela est plus surprenant – chez un Nietzsche; il a beaucoup puisé dans la *Poétique* pour son premier ouvrage; comme il le confiait à un correspondant en 1869, il entendait «faire un pas au-delà du Laocoon de Lessing» avec *La Naissance de la tragédie* (1872). Mais on ne trouve plus trace en ces pages de l'aristotélisme militant du modèle qu'il a élu. Si son traité fournit une part non négligeable du matériau historique – le travail de Nietzsche se veut une contribution à la science philologique allemande –, Aristote est somme toute peu cité ; jamais avec enthousiasme, même au chapitre 22, qui salue pourtant le lien judicieusement tissu par le Stagirite, à travers le concept de *katharsis*, entre esthétique et pathétique. Les critiques sont elles aussi modérées. Ainsi, au chapitre 14, Nietzsche reproche à Sophocle d'avoir enclenché le processus de marginalisation du chœur, ce chœur qui « l'embarrasse » ; c'est une décision délétère aux yeux de Nietzsche, puisqu'elle allait entraîner, avec celle de la musique, la disparition du sens fondamental de la représentation tragique, et à terme, la fin de la tragédie ; mais il se contente, sans plus, de signaler qu'Aristote a donné son approbation (1456a 25) à la conception sophocléenne du chœur, qui est ainsi privé de son rôle central, essentiel, pour ne plus équivaloir qu'à un acteur parmi d'autres. Nietzsche semble réserver ses sarcasmes et sa violence à Socrate ; et même lorsqu'il contredit les analyses d'Aristote, le ton reste calme.

Cette distance à l'égard d'un texte qui si longtemps n'a pu être envisagé qu'avec passion, ne signifiait pas que la *Poétique* disparaissait totalement de l'horizon intellectuel des créateurs allemands. Sa présence dans le débat littéraire est encore attestée au milieu de notre siècle par les *Écrits sur le théâtre* de B. Brecht. Bien entendu, Brecht se sert de la *Poétique*, trop rapidement assimilée au classicisme, comme d'un repoussoir ; mais le fait qu'il place là la définition entière de la tragédie – « point capital » du traité, comme il le dit ailleurs – dans la bouche d'un des interlocuteurs de *L'Achat du cuivre*, prouve qu'il a le texte à l'esprit. À la différence de Lessing, il se refuse à dissocier le sens réel du traité, de l'exploitation qui a pu en être faite au cours des temps ; et comme pour la génération romantique, la *Poétique* représente en gros pour lui une tradition – qui s'est prolongée jusque dans le théâtre naturaliste – qu'il faut combattre et rejeter ; elle est le bréviaire de ceux qui osent encore parler des « lois éternelles » de la création théâtrale, et, à ce titre, doit sombrer dans l'oubli. Au « Théâtre dramatique », théâtre de la *katharsis* – de « l'identification au comédien », autrement dit –, doit succéder une «dramaturgie non aristotélicienne», le «Théâtre épique» fondé sur la distanciation. Cependant, la fougue et la hargne avec lesquelles il combat la *Poétique* peuvent être lues comme un hommage indirect à ce texte, qui, vieux de plus de vingt-trois siècles, influence encore à l'en croire la majorité des créateurs contemporains.

*
* *

Le Tasse et Racine… N'aurait-elle pour seul titre de gloire que d'avoir servi de guide à de tels génies créateurs, d'avoir favorisé l'apparition de leurs chefs-d'œuvre, nous devrions déjà beaucoup à la *Poétique*.

Mais son influence déborde largement la Renaissance italienne ou le Siècle de Louis XIV – même si elle ne va pas aussi loin que sa renommée pourrait le laisser supposer. Nous aurions ainsi pu retenir d'autres époques pour illustrer la prégnance des analyses d'Aristote sur la théorie littéraire et artistique à partir du Cinquecento; l'Angleterre de la Restauration par exemple, où Milton, Th. Rymer et S. Dryden tentent, après le passage de l'ouragan shakespearien, de mettre sur pied un théâtre classique, en défendant la validité et l'utilité des règles héritées d'Aristote.

Un fait est sûr : jusqu'à l'époque romantique, on ne peut guère envisager de réflexion critique sur la poésie qui ne soit, d'une façon ou d'une autre, une prise de position par rapport aux analyses aristotéliciennes. Ainsi, ce texte dont la diffusion initiale avait été si difficile et si problématique, grâce à sa profondeur et à sa richesse, grâce à son ambiguïté aussi parfois, qui a suscité maintes interprétations abusives, a progressivement conquis une place si prépondérante dans la théorie poétique occidentale, qu'aujourd'hui encore où son règne est achevé, le prestige immense qui fut le sien nous contraint de l'étudier et de le méditer à notre tour.

Bibliographie

Pour notre traduction et pour nos commentaires surtout, nous avons sans cesse eu en mains les deux éditions suivantes, aux notes fort stimulantes :

– *Aristotle, Poetics, Introduction, commentary and appendices* by D. W. Lucas. Oxford, Clarendon Press, 1968, xxviii-313 p.

– *Aristote, La Poétique. Le texte grec avec une traduction et des notes de lecture* par R. Dupont-Roc et J. Lallot. Paris, Le Seuil, 1980, 469 p.

Pour l'interprétation du texte grec, nous avons aussi utilisé les ouvrages suivants :

– Hardy J. éd., Aristote, *La Poétique*, Paris, Les Belles Lettres, 1932, 101 p.

– Montmollin (D. de) éd., *La Poétique d'Aristote. Texte primitif et additions ultérieures*, Neuchâtel, H. Messeiller, 1951, 375 p.

– Somville (P.), *Essai sur la Poétique d'Aristote*, Paris, Vrin, 1975, 191 p.

– Else (G. F.), *Plato and Aristotle on Poetry. Edited with introduction and notes by P. Burian*, Chapell Hill, North Carolina U. P., 1986, xxii-221 p.

– Halliwell (S.), *Aristotle's Poetics*, Chapell Hill, North Carolina U. P., et Londres, Duckworth, 1986, ix-369 p.

Sur la fortune de la *Poétique*, outre les chapitres iv de l'ouvrage de P. Somville (pp. 133-173) et 10 de celui de S. Halliwell (pp. 286-323), nous avons souvent eu recours à ces deux ouvrages :

– Bray (R.), *La Formation de la doctrine classique en France*, Lausanne, Payot, 1931 (1re éd. 1927), v-389 p.

– Weinberg (B.), *A History of literary criticism in the italian Renaissance*, Chicago U. P., 1961, 2 vol., 1184 p.

Note sur la traduction

Nous avons traduit le texte grec de l'édition procurée par D. W. Lucas (voir notre bibliographie), qui reprend le texte de l'édition Kassel, publiée dans la Collection des Oxford Classical Texts. Le texte de l'éd. Kassel est sensiblement différent de celui établi par J. Hardy pour la Collection Budé, mais nous l'avons toujours respecté, nous contentant parfois d'en modifier la ponctuation.

Devant ce texte difficile et mutilé, notre parti pris a été celui de la modestie et de la simplicité. Nous n'avons ni tenté de combler les lacunes, ni essayé de forcer le sens des passages obscurs. L'introduction a montré à quel point ce texte a été le sujet d'erreurs d'interprétation au cours des siècles ; nous avons donc cherché à livrer au lecteur une version qui reproduise le plus possible l'original, jusque dans son vocabulaire souvent vague (avec en particulier l'emploi des pronoms neutres), jusque dans ses lourdeurs et ses répétitions. Il nous a en effet souvent semblé que la pensée d'Aristote fonctionnait en ces pages par retours continuels sur elle-même, par des reprises permanentes de termes identiques en des contextes légèrement différents qui permettent en définitive à l'analyse de progresser. D'où un certain embarras dans l'expression, qui n'est, nous l'espérons, que le reflet de la structure grammaticale parfois étrange du texte grec.

Les renvois au texte grec de l'édition de référence sont portés dans la marge de notre traduction. Ils comportent la mention de
- *la page :* **1447** *à* **1462**,
- *la colonne :* **a** *et* **b**,
- *la ligne :* 1 *à* 38.

La mention **1447** *équivaut à* **1447 a** ; *et la mention qui suit :* **b**, *à* **1447 b**.

Poétique

I

Nous allons traiter de l'art poétique lui-même
et de ses espèces, de l'effet propre à chacune
d'entre elles, de la manière dont il faut agencer
les histoires si l'on souhaite que la composition
soit réussie ; nous traiterons en outre du nombre 10
et de la nature des parties qui la constituent et
pareillement de toutes les questions qui appartiennent au même domaine de recherche, en
commençant d'abord par ce qui vient d'abord,
suivant l'ordre naturel.

L'épopée, et la poésie tragique comme aussi la
comédie, l'art du poète de dithyrambe[1] et, pour
la plus grande partie, celui du joueur de flûte et
de cithare, se trouvent tous être, d'une manière 15
générale, des imitations[2]. Mais ils diffèrent les
uns des autres par trois aspects : ou bien ils
imitent par des moyens différents, ou bien ils
imitent des objets différents, ou bien ils imitent selon
des modes différents, et non de la même manière.

Car si certains – les uns grâce à l'art, les
autres grâce à l'habitude[3] – imitent par des
couleurs et des figures nombre d'objets en repro-
duisant leur image, si d'autres le font grâce à la 20
voix, il en est également ainsi dans les arts dont
nous avons parlé : tous réalisent l'imitation par
le rythme, le langage et la mélodie – que ces
derniers soient employés séparément ou combinés
entre eux. Par exemple, l'art du joueur de flûte
et de cithare (même si certains autres se trouvent
être comparables dans leur effet, comme l'art de 25
la syrinx[4]) n'utilise que la mélodie et le rythme,
alors que l'art des danseurs imite par le rythme
seul, sans mélodie. C'est en effet aussi à travers
des rythmes figurés par les pas de danse que les
danseurs imitent caractères, émotions et actions.

Cependant, l'art qui n'imite que par la prose
ou les vers – qu'il combine entre eux différents
b types de vers ou n'en utilise qu'un seul – n'a
pas jusqu'à présent reçu de nom. En effet, nous
ne saurions désigner par un terme commun les
10 mimes de Sophron et de Xénarque[5], et les dialogues socratiques[6], pas plus que les imitations
que l'on peut faire à l'aide de trimètres, de mètres
élégiaques ou d'autres mètres du même genre[7];
du reste, les gens accolent au nom du mètre le
verbe *poiein* [faire] et nomment les uns *elegeio-
poioi* [faiseurs d'élégies] et les autres *epopoioi*
[faiseurs d'épopée], les appelant poètes non parce
15 qu'ils imitent, mais d'un commun accord parce
qu'ils ont recours au mètre. En effet, pour peu
que quelqu'un expose un sujet de médecine ou
d'histoire naturelle à l'aide de mètres, les gens
ont coutume de l'appeler ainsi; rien de commun
pourtant entre Homère et Empédocle[8] si ce n'est
le mètre : aussi est-il juste d'appeler poète le
premier, et le second naturaliste plutôt que poète.
20 Et de la même façon, même si un homme
réalisait une imitation en combinant tous les
mètres, comme l'a fait Chérémon avec son *Centaure*, rhapsodie combinant tous les mètres, il
faudrait aussi le nommer poète[9]. Voilà donc les
distinctions à faire sur ces sujets.

Il existe certains arts qui utilisent tous les
25 moyens déjà évoqués – je veux par exemple
parler du rythme, du chant et du mètre –, comme
la poésie dithyrambique et le nome[10], la
tragédie et la comédie ; mais ils diffèrent en ce que
les uns utilisent tous ces moyens ensemble, les
autres alternativement.

Voilà donc les différences, portant sur les moyens
de réaliser l'imitation, que j'établis entre les arts.

II

1448 Puisque ceux qui imitent, imitent des gens en
action et que ces gens sont nécessairement nobles

ou bas (les caractères correspondent en effet presque toujours à ces deux seuls types, puisque, pour tout le monde, c'est le vice ou la vertu qui fait la différence entre les caractères), et en vérité soit meilleurs, soit pires, soit pareils que nous, comme le font les peintres – Polygnote repré- 5 sentait ses modèles en mieux, Pauson en pire et Dionysios à l'identique[1] –, il est évident que chacune des imitations déjà évoquées présentera aussi ces différences et sera différente parce qu'elle imitera des objets différents du point de vue que je viens d'indiquer.

En fait, ces dissemblances peuvent aussi appa- raître chez le danseur, le joueur de flûte et de 10 cithare, ainsi que dans les dialogues et la poésie sans accompagnement musical : Homère a par exemple représenté ses personnages en mieux, Cléophon à l'identique, Hégémon de Thasos, le premier à avoir composé des parodies, et Nico- charès, l'auteur de la *Deiliade*, en pire[2]. Et de même dans les dithyrambes et les nomes, on pourrait réaliser une imitation comme *** Timo- 15 thée et Philoxène ont représenté leurs *Cyclopes*[3]. C'est la même différence qui permet à la tragédie de se distinguer de la comédie : l'une entend en effet imiter des hommes pires, l'autre meilleurs que les contemporains.

III

Entre ces arts, il existe encore une troisième différence : le mode selon lequel on imite chacun 20 de ces objets. Il est en effet possible d'imiter les mêmes objets par les mêmes moyens, tantôt en racontant (que l'on adopte une autre identité – et tel est le mode de composition d'Homère –, ou que l'on reste le même, sans change- ment[1]) ou bien ceux qui imitent, imitent tous les gensen train d'agir et de réaliser quelque chose.

Comme nous le disions en commençant[2], tels 25 sont donc les trois critères de différenciation de l'imitation : les moyens, les objets et le mode de cette imitation. De sorte qu'en un sens Sophocle[3] serait un imitateur semblable à Homère (ils imitent en effet tous deux des gens nobles) et qu'en un autre, il serait un imitateur semblable à Aristophane[4] : ils imitent tous deux des gens qui agissent et font quelque chose [*drôntas*]. Voilà pourquoi, selon certains, ces œuvres sont aussi appelées drames [*dramata*] : elles imitent des gens qui font quelque chose [*drôntas*]. C'est

30 encore la raison pour laquelle les Doriens[5] revendiquent l'invention de la tragédie et de la comédie (la comédie est revendiquée par les Mégariens, ceux d'ici[6] qui prétendent qu'elle est apparue du temps où ils étaient en démocratie, et ceux de Sicile : le poète Épicharme[7], bien antérieur à Chionidès et Magnès[8], était en effet originaire de leur cité ; la tragédie est revendiquée par quelques

35 Doriens du Péloponnèse) ; ils en veulent pour preuve les termes employés ; ils disent en effet qu'ils appellent *kômai* les bourgades, alors que les Athéniens les appellent « dèmes » et que les comédiens ne tirent pas leur nom du verbe *kômazein* [9] mais du fait que, chassés avec mépris de la ville, ils erraient de *kômè* en *kômè* ; ils allèguent aussi que pour dire « faire », ils emploient

b le verbe *dran*[10], tandis que pour les Athéniens, c'est *prattein*.

Sur les critères de différenciation de l'imitation – leur nombre et leur nature – voilà ce qu'il y avait à dire.

IV

À l'origine de l'art poétique dans son ensemble,
5 il semble bien y avoir deux causes, toutes deux naturelles.

Imiter est en effet, dès leur enfance, une tendance naturelle aux hommes – et ils se différencient des autres animaux en ce qu'ils sont des êtres fort enclins à imiter et qu'ils commencent

à apprendre à travers l'imitation –, comme la
tendance commune à tous, de prendre plaisir
aux représentations; la preuve en est ce qui se
passe dans les faits: nous prenons plaisir à
contempler les images les plus exactes de choses 10
dont la vue nous est pénible dans la réalité,
comme les formes d'animaux les plus méprisés
et des cadavres. Une autre raison est qu'apprendre est un grand plaisir non seulement pour
les philosophes, mais pareillement aussi pour les
autres hommes – quoique les points communs
entre eux soient peu nombreux à ce sujet. On se
plaît en effet à regarder les images car leur 15
contemplation apporte un enseignement et permet de se rendre compte de ce qu'est chaque
chose, par exemple que ce portrait-là, c'est un
tel; car si l'on se trouve ne pas l'avoir vu
auparavant, ce n'est pas en tant que représentation que ce portrait procurera le plaisir, mais en
raison du fini dans l'exécution, de la couleur ou
d'une autre cause de ce genre.

L'imitation, la mélodie et le rythme (car il est 20
évident que les mètres sont une partie des rythmes)
nous étant naturels, ceux qui à l'origine avaient
les meilleures dispositions naturelles en ce
domaine, firent peu à peu des progrès, et à partir
de leurs improvisations, engendrèrent la poésie.
Mais la poésie se divisa suivant le caractère
propre à chacun; ceux qui avaient une âme noble 25
imitaient les belles actions et celles de leurs
pareils, ceux qui étaient plus vulgaires imitaient
les actions des hommes bas, en composant d'abord
des blâmes, tout comme les autres composaient
des hymnes et des éloges.

Des prédécesseurs d'Homère, nous ne pouvons
citer aucun poème de ce genre, quoiqu'ils aient
été probablement nombreux à en composer;
mais à partir d'Homère, cela est possible: le
Margitès[1] par exemple, d'Homère lui-même, et 30
les poèmes de ce genre où apparut aussi, en
harmonie avec le sujet, le mètre iambique (c'est

pour cette raison qu'on l'appelle encore *iambeion*
de nos jours[2]) parce qu'on utilisait ce vers pour
échanger des railleries. Et parmi les anciens, il y
eut des poètes qui les uns composaient en vers
héroïques[3], les autres en iambes. Quant à Homère,
s'il a été le poète par excellence pour les sujets
35 élevés (il est en effet unique, non parce qu'il a
bien composé, mais parce qu'il a composé des
imitations dramatiques), il a également été le
premier à montrer les traits principaux de la
comédie en donnant une forme dramatique non
au blâme, mais au comique ; en effet, le rapport
que l'*Iliade* et l'*Odyssée* entretiennent avec les
1449 tragédies est analogue au rapport qu'entretient le
Margitès avec les comédies.

Une fois apparues la comédie et la tragédie,
ceux que leur nature propre portait vers l'une ou
l'autre composition poétique, devinrent, pour les
uns, auteurs de comédies – et non plus de
poèmes iambiques – et, pour les autres, auteurs
5 de tragédies – et non plus d'épopées – parce
que ces nouvelles formes avaient plus d'ampleur
et de dignité que les précédentes[4]. Quant à examiner si dès lors, dans ses différentes espèces[5],
la tragédie a connu un développement suffisant,
le juger en soi ou par rapport aux représentations
théâtrales, c'est une autre question.

Étant donc à l'origine née de l'improvisation
10 (la tragédie elle-même, tout comme la comédie ;
la première remonte à ceux qui conduisaient le
dithyrambe[6], la seconde à ceux qui conduisaient
les chants phalliques[7] aujourd'hui encore en honneur dans bien des cités), la tragédie fut peu a
peu amplifiée parce que l'on développait tout ce
qui apparaissait en elle ; puis après de nombreux
15 changements, elle se fixa, une fois entrée en
possession de sa nature propre.

Eschyle[8] fut le premier à porter de un à deux
le nombre des acteurs, à diminuer les interventions du chœur et à donner le premier rôle au
dialogue. Avec Sophocle[9], il y eut trois acteurs et

des décors peints sur la scène. La tragédie gagna
encore en ampleur après avoir abandonné –
puisque, tirant son origine du drame satyrique[10], 20
elle a connu une évolution – les histoires brèves
et le langage comique; longtemps après, on lui
conféra toute sa gravité, et au tétramètre[11] se
substitua le mètre iambique[12]; tout d'abord en
effet on avait utilisé le tétramètre parce que la
poésie était liée au drame satyrique et plus proche
de la danse; mais quand les échanges parlés
furent introduits, la nature trouva d'elle-même le
mètre approprié: le mètre iambique est en effet 25
de tous celui qui convient le mieux aux échanges
parlés. En voici la preuve: lorsque nous conver-
sons les uns avec les autres, nous prononçons un
grand nombre de mètres iambiques, mais très
rarement des hexamètres[13] et seulement lorsque
nous quittons le ton de la conversation.

Il y eut encore le nombre des épisodes[14] et
d'autres éléments; ce qu'on rapporte concernant 30
la mise en ordre de chacun d'entre eux, tenons-
le pour dit, car ce serait sans doute un gros
travail d'en faire l'examen détaillé.

V

La comédie est, comme nous l'avons dit[1], une
imitation d'hommes sans grande vertu – non
qu'elle traite du vice dans sa totalité, puisque le
comique n'est qu'une partie du laid. Le comique
tient en effet à un défaut et à une laideur qui 35
n'entraînent ni douleur ni dommage: ainsi par
exemple un masque comique[2] peut être laid et
difforme sans exprimer de douleur.

Si les transformations de la tragédie et ceux
qui en sont les auteurs sont donc bien connus[3],
on ne connaît pas la comédie à ses débuts du fait
qu'elle n'était pas prisée alors; c'est tardivement **b**
en effet que l'archonte[4] accorda un chœur de
comédiens, auparavant il s'agissait de volontaires.
Et c'est alors que la comédie avait déjà certaines

formes déterminées, que l'on voit mentionnés les
poètes de renom. À qui l'on doit les masques, les
5 prologues ou le nombre des acteurs, on l'ignore
ainsi que tous les autres détails de ce genre. Mais
l'idée de composer des histoires est due à Épicharme et Phormis[5] : elle est tout d'abord venue
de Sicile ; parmi les Athéniens, Cratès[6], renonçant
à la forme iambique, fut le premier à traiter de
sujets généraux, à composer des histoires.

L'épopée est conforme à la tragédie jusque
10 dans le fait qu'elle est l'imitation d'hommes
nobles dans un récit versifié ; mais le fait qu'elle
emploie un mètre uniforme[7] et qu'elle est une
narration, les rend différentes. Et elles le sont
aussi par leur étendue : puisque l'une essaie
autant que possible de se dérouler durant une
seule révolution du soleil ou de ne guère s'en
écarter alors que l'épopée n'est pas limitée dans
15 le temps, il y aussi cette différence – quoique à
l'origine les poètes en aient usé dans les tragédies
tout comme dans l'épopée[8]. Et pour ce qui est
des parties, certaines sont communes aux deux,
d'autres sont propres à la tragédie[9]. Voilà pourquoi celui qui sait dire si une tragédie est bonne
ou mauvaise, saura aussi le faire à propos d'une
épopée ; car les éléments que contient l'épopée
appartiennent à la tragédie, mais ceux que contient
la tragédie ne se retrouvent pas tous dans l'épopée.

VI

20   De l'art d'imiter en hexamètres et de la comédie,
nous parlerons plus tard[1] ; parlons de la tragédie
en reprenant la définition de son essence même,
qui découle de ce que nous avons dit[2]. La tragédie
est donc l'imitation d'une action noble, conduite
25 jusqu'à sa fin et ayant une certaine étendue, en
un langage relevé d'assaisonnements dont chaque
espèce est utilisée séparément selon les parties
de l'œuvre ; c'est une imitation faite par des

personnages en action et non par le moyen d'une narration, et qui par l'entremise de la pitié et de la crainte, accomplit la purgation[3] des émotions de ce genre. Par «langage relevé d'assaisonnements[4]», j'entends celui qui comporte rythme, mélodie et chant, et par «espèces utilisées séparément», le fait que certaines parties ne sont 30 exécutées qu'en mètres[5], d'autres en revanche à l'aide du chant.

Puisque ce sont des personnages en action qui font l'imitation, comme partie de la tragédie il y aura nécessairement tout d'abord l'organisation du spectacle; puis la composition du chant et l'expression; c'est en effet grâce à eux que l'on fait l'imitation. J'appelle «expression» l'agencement même des mètres; quant à «composition 35 du chant», le sens en est tout à fait clair.

Puisque d'autre part, il s'agit de l'imitation d'une action et qu'elle est accomplie par certaines personnes qui agissent, lesquelles ont nécessairement telle ou telle disposition de caractère et de pensée (c'est en effet par référence à **1450** ces dispositions que nous disons que les actions sont telles ou telles – il y a deux causes naturelles des actions: la pensée et le caractère – et c'est au cours de ces actions que tous les hommes réussissent ou échouent), l'histoire est l'imitation de l'action – j'appelle en effet «histoire» l'agencement des actes accomplis[6] –, les caractères 5 sont ce qui nous permet de dire que les personnages en action sont tels ou tels, et la pensée réside dans toutes les paroles qu'ils prononcent pour faire une démonstration ou énoncer une maxime.

Pour toute tragédie, il y a donc nécessairement six parties qui font qu'elle est telle ou telle; ce sont l'histoire, les caractères, l'expression, la pensée, le spectacle et le chant. On compte en 10 effet deux parties qui fournissent les moyens de l'imitation, une seule qui en est le mode, trois qui en sont les objets[7], et aucune autre en dehors

de celles-là; ce sont donc ces parties – ces
éléments spécifiques pour ainsi dire[8] – qu'ont
utilisées bon nombre d'auteurs.

De fait, le spectacle englobe tout: caractères,
histoire, expression et chant, ainsi que la pensée.
15 Cependant, la plus importante de ces parties est
l'agencement des actes accomplis[9], puisque la
tragédie imite non des hommes, mais l'action, la
vie[10] (le bonheur et le malheur résident eux aussi
dans l'action, et la fin que nous visons est une
action, non une qualité; c'est en fonction de leur
caractère que les hommes sont tels ou tels, mais
c'est en fonction de leurs actions qu'ils sont
20 heureux ou pas). Bien loin d'imiter des caractères
grâce à des personnes en action, les auteurs
conçoivent au contraire les caractères à travers
les actions. Ainsi, ce sont bien les actes accomplis
et l'histoire qui sont la fin de la tragédie; or la
fin est de tout, la chose la plus importante.

De plus, sans action, il ne saurait y avoir de
tragédie, alors qu'il peut y en avoir sans carac-
25 tères. Les tragédies de la plupart des auteurs
modernes sont en effet dépourvues de caractères,
et d'une façon générale, c'est le cas de nombreux
poètes; c'est de même aussi parmi les peintres,
le cas de Zeuxis par rapport à Polygnote[11], car si
Polygnote est un bon peintre de caractères, la
peinture de Zeuxis ne laisse aucune place aux
caractères.

De plus, si l'on place bout à bout des tirades
qui campent des caractères, d'une composition
30 irréprochable dans l'expression et la pensée, on
ne réalisera pas ce qui est l'effet de la tragédie[12];
une tragédie beaucoup moins bien composée
sous ces rapports, mais qui comporte une histoire
– un agencement des actes accomplis – le fera
bien mieux. Ajoutons que ce qui séduit le plus
dans la tragédie, ce sont des parties de l'histoire:
les péripéties et les reconnaissances[13]. Voici encore
35 une preuve: ceux qui débutent en poésie sont
capables d'exactitude dans l'expression et les

caractères, avant de savoir agencer les actes accomplis, comme ce fut aussi le cas de presque tous les poètes archaïques. Le principe, l'âme pour ainsi dire, de la tragédie est donc l'histoire; en second lieu viennent les caractères. De fait, c'est encore à peu près comme en peinture: si **b** quelqu'un appliquait sans ordre les plus belles teintes, il charmerait moins que s'il réalisait en grisaille une esquisse de son sujet. La tragédie est imitation d'action et à travers cette dernière précisément, imitation d'hommes en action.

En troisième lieu vient la pensée; c'est la faculté de dire les paroles nécessaires et conve- **5** nables[14], ce qui dans les discours est précisément le rôle de la politique et de la rhétorique. En effet, les poètes anciens faisaient parler leurs personnages comme des citoyens, et les contemporains les font parler comme des rhéteurs[15].

Le caractère est ce qui est de nature à déterminer un choix, le parti que l'on choisit ou que l'on évite lorsque l'on est dans l'indétermination (aussi n'y a-t-il pas de caractère dans les paroles **10** qui ne montrent absolument pas ce que choisit ou évite celui qui parle). La pensée, c'est le processus par lequel on démontre qu'une chose existe ou qu'elle n'existe pas ou par lequel on formule quelque idée générale.

La quatrième partie, qui a trait au langage, est l'expression; j'affirme, comme il a été dit plus haut[16], que l'expression est la manifestation de la pensée à travers les mots; et elle a les mêmes **15** effets dans les vers et dans la prose.

Parmi les autres parties, le chant est le principal assaisonnement. Quant au spectacle, s'il exerce une séduction, il est totalement étranger à l'art et n'a rien de commun avec la poétique, car la tragédie réalise son effet même sans concours[17] et sans acteurs. En outre, pour la réalisation du spectacle, l'art du décorateur a plus de poids que **20** celui des poètes.

VII

Une fois posées ces définitions, disons maintenant quel doit être l'agencement des actes accomplis, puisque c'est bien là le premier point, et le plus important[1], pour la tragédie.

Nous avons établi[2] que la tragédie est imitation d'une action menée jusqu'à sa fin et formant un
25 tout, ayant une certaine étendue; car il se trouve des choses qui forment un tout, mais n'ont aucune étendue. Forme un tout, ce qui a commencement, milieu et fin. Est commencement ce qui de soi ne suit pas par nécessité une autre chose, et après quoi existe ou apparaît naturellement une autre chose. Au contraire, est fin ce qui de soi vient naturellement après autre chose, par nécessité ou dans la plupart des cas, et après quoi il n'y a rien. Est milieu ce qui de soi succède à autre chose, et après quoi vient autre
30 chose. Ainsi les histoires bien agencées ne doivent ni commencer au hasard ni finir au hasard, mais se conformer aux principes que l'on vient d'énoncer.

En outre, puisqu'il faut que ce qui est beau –
35 un être vivant aussi bien qu'un objet résultant de l'agencement de parties – non seulement ait des éléments placés dans un certain ordre, mais aussi possède une étendue qui ne soit pas le fruit du hasard (la beauté réside en effet dans l'étendue et dans l'ordre; aussi un bel être vivant ne saurait-il être ni très petit – car la vision est confuse lorsqu'elle s'exerce durant un temps presque imperceptible –, ni très grand – car il
1451 n'y a pas de vision d'ensemble; l'unité et la totalité qui résultent de la vision échappent aux regards: qu'on imagine par exemple un être qui mesurerait dix mille stades[3]...), il s'ensuit que, de même que les corps et les êtres vivants doivent avoir une certaine étendue, mais que le regard puisse aisément embrasser, de même les histoires
5 doivent avoir une certaine longueur, mais que la mémoire puisse aisément retenir.

La limite qu'il faut fixer à la longueur en considération des concours[4] et de la compréhension des spectateurs ne relève pas de l'art ; car s'il fallait lors d'un concours représenter cent tragédies, on le ferait contre la clepsydre[5], comme cela a parfois été le cas, dit-on. Il y a cependant une limite qu'implique la nature même de l'objet : pour ce qui est de l'étendue, le plus long est 10 toujours le plus beau, tant que l'ensemble demeure parfaitement clair ; pour fixer rapidement une limite, l'étendue qui permet le passage du malheur au bonheur ou du bonheur au malheur[6] à travers une série d'événements se succédant selon la vraisemblance ou la nécessité, offre une limite 15 satisfaisante.

VIII

L'histoire n'est pas unique pour peu qu'elle concerne un personnage unique, comme certains le croient ; dans la vie d'un seul homme survient en effet un grand nombre, voire une infinité d'événements dont certains ne constituent en rien une unité ; et de même un grand nombre d'actions est accompli par un seul homme, qui ne constituent en rien une action unique. Aussi semblent-ils bien être dans l'erreur tous ces 20 poètes qui ont composé une *Héracléide*[1], une *Théséide*[2] et des poèmes de ce genre ; ils s'imaginent en effet que, puisque Héraclès en est le héros unique, il s'ensuit que l'histoire est elle aussi une.

Là encore Homère, incomparable sous d'autres aspects, semble bien avoir vu juste, grâce à son art ou grâce à son génie : en composant l'*Odys-* 25 *sée*, il n'a pas mis en vers l'ensemble des événements survenus dans la vie d'Ulysse, comme la blessure qu'il reçut sur les pentes du Parnasse[3] ou la folie qu'il simula alors que les Grecs se rassemblaient[4], parce que l'existence de l'un de ces événements n'entraînait ni par nécessité, ni

par vraisemblance l'existence de l'autre ; mais
c'est autour d'une action une, au sens où nous
l'entendons, qu'il a agencé l'*Odyssée,* tout comme
l'*Iliade.*

30   Aussi, de même que dans les autres arts d'imitation, l'unité d'imitation résulte de l'unité de
l'objet, de même l'histoire – puisqu'elle est
imitation d'action – doit être imitation d'une
action une et formant un tout ; et les parties
constituées des actes accomplis doivent être
agencées de façon que, si l'on déplace ou sup-
prime l'une d'elles, le tout soit troublé et boule-
35 versé. Car ce qui s'ajoute ou ne s'ajoute pas sans
résultat visible, n'est en rien partie du tout.

IX

De ce qui a été dit[1] résulte clairement que le
rôle du poète est de dire non pas ce qui a
réellement eu lieu mais ce à quoi on peut s'attendre, ce qui peut se produire conformément à
la vraisemblance ou à la nécessité. En effet, la
b différence entre l'historien et le poète ne vient
pas du fait que l'un s'exprime en vers ou l'autre
en prose (on pourrait mettre l'œuvre d'Hérodote
en vers, et elle n'en serait pas moins de l'histoire
en vers qu'en prose[2]) ; mais elle vient de ce fait
que l'un dit ce qui a eu lieu, l'autre ce à quoi
5 l'on peut s'attendre. Voilà pourquoi la poésie est
une chose plus philosophique[3] et plus noble que
l'histoire : la poésie dit plutôt le général, l'histoire
le particulier. Le général, c'est telle ou telle chose
qu'il arrive à tel ou tel de dire ou de faire,
conformément à la vraisemblance ou à la nécessité ; c'est le but visé par la poésie, même si par
10 la suite elle attribue des noms aux personnages[4].
Le particulier, c'est ce qu'a fait Alcibiade[5], ou ce
qui lui est arrivé.

Pour la comédie, cela est d'emblée manifeste :
c'est en effet seulement après avoir agencé leur
histoire avec des faits vraisemblables que les

auteurs lui donnent pour appui des noms pris au hasard ; ils ne composent pas au sujet d'un homme en particulier, comme les poètes iambiques[6]. Pour la tragédie au contraire, on s'attache aux noms d'hommes qui ont existé ; la raison en est que le possible entraîne la conviction ; or les événements qui n'ont pas eu lieu, nous ne croyons pas encore qu'ils soient possibles, alors que ceux qui ont eu lieu sont évidemment possibles : s'ils étaient impossibles, ils n'auraient pas eu lieu.

Néanmoins, dans certaines tragédies, seuls un ou deux noms font partie des noms bien connus, les autres étant inventés ; et dans certaines, il n'y en a pas un seul, comme c'est le cas dans l'*Anthée* d'Agathon[7] où les actes accomplis et les noms sont pareillement inventés sans que cela en diminue le charme. Ainsi, il ne faut pas chercher dans tous les cas à s'en tenir aux histoires traditionnelles dont traitent les tragédies. Il est même ridicule de le faire puisque les événements connus ne sont connus que d'un petit nombre, mais charment néanmoins tous les spectateurs.

Il est donc clair d'après cela que le poète doit être poète[8] d'histoires plutôt que de vers, d'autant qu'il est poète en raison de l'imitation et qu'il imite des actions. Et au cas où il compose un poème sur des événements qui ont eu lieu, il n'en est pas moins poète ; car rien n'empêche que certains événements qui ont eu lieu soient de nature telle qu'il est vraisemblable qu'ils aient lieu ; c'est pour cette raison qu'il en est le poète.

Parmi les histoires ou les actions simples[9], les pires sont celles à épisodes[10]. J'entends par « histoire à épisodes » celle où les épisodes succèdent les uns aux autres sans vraisemblance ni nécessité. Les mauvais poètes composent de pareilles histoires parce que leur nature les y pousse, et les bons poètes parce que les acteurs les y poussent. En effet, comme ils composent des pièces pour les concours et qu'ils étirent l'histoire au-delà du

possible, ils sont souvent obligés de gauchir la
1452 suite des événements.

Puisque l'imitation a pour objet non seulement
une action menée jusqu'à sa fin, mais aussi des
événements qui suscitent crainte et pitié; puisque
ces sentiments naissent surtout lorsque ces événements, tout en découlant les uns des autres,
ont lieu contre notre attente (l'étonnement sera
5 ainsi plus fort que s'ils avaient eu lieu spontané-
ment ou par hasard, parce que parmi les coups
du hasard, paraissent les plus étonnants ceux qui
semblent s'être produits comme à dessein – tel
le cas par exemple, de la statue de Mitys à Argos
qui tua l'homme coupable de la mort de Mitys[11]
en tombant sur lui au moment où il regardait un
spectacle : de tels événements ne semblent
10 pas avoir lieu par hasard), il s'ensuit que les histoires de ce genre sont nécessairement les plus
belles.

X

Parmi les histoires, les unes sont simples, les
autres complexes, puisque les actions – dont les
histoires sont les imitations – sont d'elles-mêmes
douées de ces caractères. Par « action simple »,
j'entends une action qui se déroule, selon nos
15 définitions[1], cohérente et une, où le renversement de fortune a lieu sans péripétie ni reconnaissance[2]; par « complexe », une action où le
renversement a lieu avec reconnaissance ou péripétie – voire les deux; or ces dernières doivent
découler de l'agencement même de l'histoire, de
sorte qu'elles résultent des événements qui ont
eu lieu auparavant et qu'elles ont lieu par néces-
20 sité ou selon la vraisemblance. Car il y une grosse
différence entre le fait que ceci ait lieu *à cause*
de cela et le fait que ceci ait lieu *à la suite de*
cela[3].

XI

La péripétie est, comme on l'a dit[1], le retournement de l'action en sens contraire ; et cela, pour reprendre notre formule, selon la vraisemblance ou la nécessité. Ainsi, dans *Œdipe*[2] l'homme 25
qui arrive dans l'espoir de réjouir Œdipe et de le délivrer de ses craintes à propos de sa mère, fait tout le contraire en lui dévoilant son identité ; et dans *Lyncée*[3], alors que l'on conduit un personnage à la mort et que Danaos l'accompagne pour le tuer, le déroulement de l'action fait que c'est Danaos qui périt, et l'autre qui est sauvé.

La reconnaissance – son nom même l'indique – est le retournement qui conduit de l'ignorance 30
à la connaissance, ou qui conduit vers l'amour ou bien la haine des êtres destinés au bonheur ou bien au malheur. La reconnaissance la plus belle est celle qui s'accompagne d'une péripétie, comme celle qui prend place dans *Œdipe*[4]. Il y a encore d'autres reconnaissances ; ce qu'on vient de dire peut en effet survenir à propos d'objets 35
inanimés[5], même banals ; savoir si un homme a accompli ou pas une action, peut aussi être matière à reconnaissance[6].

Mais celle qui convient le mieux à l'histoire, et qui convient le mieux à l'action est celle dont nous avons parlé ; car une reconnaissance de ce genre – assortie d'une péripétie – suscitera pitié ou crainte ; or, par principe, la tragédie est **b**
imitation d'actions suscitant de tels sentiments. Et c'est en outre lors d'événements de ce genre que surviendront le malheur ou le bonheur.

Quand donc la reconnaissance est une reconnaissance de personnes, tantôt il y a reconnaissance de l'une par l'autre, lorsque l'identité de cette dernière est manifeste, tantôt il faut une 5
reconnaissance mutuelle : Iphigénie par exemple est reconnue par Oreste à la suite de l'envoi de la lettre, mais une autre reconnaissance, d'Oreste par Iphigénie, est nécessaire[7].

Voilà donc deux parties de l'histoire : la péri-
10 pétie et la reconnaissance ; il y en a une troisième : l'événement pathétique[8]. On a déjà parlé
de la péripétie et de la reconnaissance, quant à
l'événement pathétique, c'est une action qui provoque destruction ou douleur, comme les ago-
nies présentées sur la scène, les douleurs très
vives, les blessures et toutes les choses du même
genre.

XII

Nous avons parlé auparavant[1] des parties de la
tragédie qu'il faut considérer comme ses élé-
15 ments constitutifs ; voici les parties distinctes en
quoi la tragédie se divise lorsqu'on la considère
dans son étendue : le prologue, l'épisode, l'exode,
le chant du chœur qui se divise à son tour en
parodos et stasimon ; ces parties sont communes
à toutes les tragédies, mais les chants venant de
la scène[2] et les kommoi sont propres à certaines
d'entre elles.

Le prologue est la partie de la tragédie formant
un tout qui précède la parodos[3] chantée par le
20 chœur ; l'épisode est une partie de la tragédie
formant un tout qui se trouve entre les chants du
chœur formant un tout[4] ; l'exode est une partie
de la tragédie formant un tout qui n'est pas suivie
par un chant du chœur. Parmi les chants du
chœur, la parodos est la première expression du
chœur au complet ; la stasimon[5] est un chant du
chœur ne comportant ni vers anapestiques[6] ni
vers trochaïques ; le kommos est un chant de
lamentation commun au chœur et aux acteurs
25 sur scène[7].

Nous avons parlé auparavant des parties de la
tragédie qu'il faut considérer comme éléments
constitutifs ; voilà maintenant énoncées les parties distinctes en quoi la tragédie se divise lorsqu'on la considère dans son étendue.

XIII

À la suite de ce qui vient d'être dit, il va falloir parler du but à viser, des erreurs à éviter lorsque l'on agence des histoires, ainsi que du moyen de produire l'effet propre à la tragédie[1].   30

Puisqu'il faut que dans la plus belle des tragédies l'agencement ne soit pas simple, mais complexe[2], et puisque cette tragédie doit de plus imiter des événements qui suscitent crainte et pitié (car c'est là le propre d'une imitation de ce genre[3]), il est manifeste, tout d'abord, qu'on ne saurait y voir ni des hommes justes passer du bonheur au malheur (car cela ne suscite ni   35 frayeur ni pitié mais la répulsion), ni des méchants passer du malheur au bonheur (car c'est de toutes les situations, la plus éloignée du tragique : elle ne suscite ni sympathie, ni pitié, ni crainte), ni **1453** d'autre part un scélérat tomber du bonheur dans le malheur (ce genre d'agencement pourra peut-être susciter la sympathie, mais ni pitié, ni crainte) car l'une – c'est la pitié – s'adresse à l'homme qui est dans le malheur sans l'avoir mérité, et l'autre – c'est la crainte – s'adresse à notre   5 semblable, si bien que ce cas-là ne suscitera ni pitié ni crainte[4]).

Reste par conséquent le cas intermédiaire ; c'est le cas d'un homme qui, sans être incomparablement vertueux et juste, se retrouve dans le malheur non à cause de ses vices ou de sa méchanceté, mais à cause de quelque erreur –   10 l'un des hommes qui jouissent d'une grande réputation et d'un grand bonheur, comme Œdipe[5], Thyeste[6] et les membres illustres des familles de ce genre. Pour être belle, il faut donc que l'histoire soit simple[7], plutôt que double comme le disent certains, que le retournement de fortune se fasse non pas du malheur vers le bonheur, mais au contraire, du bonheur vers le malheur,   15 et qu'il soit provoqué non par la méchanceté mais par une erreur grave du personnage qui, ou

bien possédera les qualités qu'on a dites, ou bien
sera bon plutôt que mauvais. J'en veux pour
preuve ce qui se produit actuellement : au début,
les poètes prenaient en compte des histoires
trouvées au hasard, alors qu'aujourd'hui, les
plus belles tragédies sont agencées autour d'un petit
nombre de maisons, autour par exemple d'Alc-
20 méon[8], d'Œdipe[9], d'Oreste[10], de Méléagre[11], de
Thyeste[12], de Télèphe[13] et tous les autres héros à
qui il est arrivé de subir ou de causer de terribles
malheurs. Voilà donc selon les règles de l'art,
l'agencement qui permettra de composer la plus
belle tragédie.

Aussi commettent-ils précisément la même
erreur, ceux qui blâment Euripide de procéder
25 ainsi dans ses tragédies et de donner à beaucoup
d'entre elles un dénouement malheureux, car
cette pratique est bonne, comme cela a été dit[14].
En voici une preuve très solide : à la scène et
lors des concours[15], les œuvres de ce genre, pour
peu que leur composition respecte les règles,
sont manifestement les plus tragiques, et Euripide, s'il a peu de bonheur dans l'organisation
30 d'ensemble, est manifestement le plus tragique
des poètes[16].

Ne vient qu'au second rang la tragédie placée
par certains au premier, celle qui, comme l'*Odyssée*, comporte une double ordonnance des faits
et s'achève de façon opposée pour les bons et les
méchants[17] ; ce n'est que la faiblesse de jugement
du public qui la fait considérer comme supérieure, car les poètes se règlent sur les specta-
35 teurs et composent pour répondre à leurs vœux.
Mais ce n'est pas là le plaisir que doit procurer
une tragédie ; c'est plutôt le plaisir propre à la
comédie ; dans celle-ci en effet, les personnages qui, dans la légende, soit les pires ennemis, comme Oreste et Égisthe[18], s'en vont à la
fin, réconciliés, et personne n'est tué par personne.

XIV

La crainte et la pitié peuvent bien sûr naître b
du spectacle, mais elles peuvent naître aussi de
l'agencement même des faits accomplis, ce qui
est préférable et d'un meilleur poète. Il faut en
effet agencer l'histoire de telle sorte que, même
sans les voir, celui qui entend raconter les actes
qui s'accomplissent, frissonne et soit pris de pitié 5
devant les événements qui surviennent – ce que
l'on ressentirait en écoutant raconter l'histoire
d'Œdipe[1]. Produire cet effet au moyen du spectacle ne relève guère de l'art[2] et ne demande que
des moyens de mise en scène[3]. Quant à ceux qui
au moyen du spectacle ne provoquent pas de
frayeur mais produisent seulement du monstrueux, ils n'ont rien à voir avec la tragédie[4]; car 10
il ne faut pas chercher n'importe quel plaisir
dans la tragédie, mais celui qui lui est propre. Et
puisque le poète doit susciter le plaisir qui vient,
à travers l'imitation, de la pitié et de la crainte il
est manifeste qu'il doit composer de manière à
faire naître ce plaisir des actes accomplis.

Parmi les événements, voyons donc lesquels
provoquent l'effroi, lesquels appellent la pitié[5]. 15
Par nécessité, des actions de ce genre sont
accomplies par des hommes qui entretiennent
entre eux des relations d'alliance, de haine ou
d'indifférence. Une haine réciproque ne suscitera
– que le personnage agisse ou s'en tienne aux
intentions – aucun sentiment de pitié, sauf au
moment où surviendra l'événement pathétique
lui-même; l'indifférence n'en suscitera pas
davantage. Mais les cas où l'événement pathétique survient au sein d'une alliance, par exemple 20
l'assassinat, l'intention d'assassiner ou toute autre
action de ce genre entreprise par un frère contre
son frère, par un fils contre son père, par une
mère contre son fils ou par un fils contre sa
mère, ce sont ces cas qu'il faut rechercher.

Sans doute n'est-il pas permis de modifier les

histoires traditionnelles – je parle par exemple
de Clytemnestre mourant de la main d'Oreste[6],
ou d'Ériphyle mourant de celle d'Alcméon[7] ; mais
25 le poète doit trouver aussi comment faire un bon
usage des données traditionnelles. Ce que nous
entendons par «bon usage», disons-le plus clairement. L'action peut en effet se dérouler, comme
chez les anciens poètes, alors que les personnages
connaissent et identifient leurs victimes : c'est
ainsi qu'Euripide a composé le personnage de
Médée tuant ses enfants[8]. Il est possible égale-
30 ment que des personnages accomplissent l'acte
terrible, mais l'accomplissent sans le savoir, et
par la suite reconnaissent leur alliance avec la
victime, comme l'Œdipe de Sophocle[9] ; cet acte
se déroule donc hors du drame, mais il peut
trouver place dans la tragédie elle-même, comme
c'est le cas de l'Alcméon d'Astydamas[10] ou de
Télégonos dans l'*Ulysee blessé*[11]. Outre celle-ci,
il y a encore une troisième possibilité : alors
35 qu'en pleine ignorance il a l'intention de commettre un des actes irrémédiables, le personnage
reconnaît sa victime avant d'agir. En dehors de
ces trois possibilités, il est impossible de faire
autrement[12] : car nécessairement on agit, ou l'on
n'agit pas, et c'est en sachant ou en ne sachant pas.

De ces situations, celle où le personnage a
l'intention d'agir en pleine connaissance mais ne
le fait pas, est la plus faible : elle suscite la
répulsion et n'est pas tragique faute d'événement
pathétique. C'est pourquoi personne ne compose
1454 de cette manière – ou rarement : dans *Antigone*,
Hémon est dans cette situation face à Créon[13].
Une situation un peu moins mauvaise est celle
où le personnage agit[14] ; meilleure encore est
celle où il agit en pleine ignorance et reconnaît
sa victime après avoir agi[15] : aucune répulsion ne
s'y attache, et la reconnaissance produit un effet
de surprise[16]. Mais la dernière situation est la
5 meilleure ; je parle par exemple de celle de
Mérope dans *Cresphontès*[17], qui a l'intention de

tuer son fils, mais ne le tue pas et le reconnaît, dans *Iphigénie*, de la situation de la sœur par rapport à son frère[18], et dans *Hellé*[19], de celle du fils, qui ayant l'intention de livrer sa mère, la reconnaît.

On voit bien ici la raison pour laquelle les tragédies – on l'a dit auparavant[20] – n'ont pas trait à un grand nombre de familles: comme ce 10
n'est pas aux règles de l'art, mais au hasard que les poètes doivent d'avoir trouvé au cours de leurs recherches le moyen de ménager dans les histoires des situations de ce genre, ils se voient contraints de recourir aux maisons au sein desquelles des événements funestes de ce genre sont survenus. Sur l'agencement des actes accomplis et pour savoir si les histoires doivent être telles ou telles, en voilà assez. 15

XV

Pour ce qui est des caractères, il y a quatre buts à viser; l'un d'entre eux – et le premier –, c'est qu'ils soient bons. Comme cela a été dit[1], il y aura caractère si les paroles ou l'action rendent manifeste un choix; et le caractère sera bon si le choix est bon. Et cela est possible pour chaque genre de personnage: une femme tout comme 20
un esclave, même si le premier genre est assez inférieur, et le second tout à fait bas. Le deuxième but à viser est la convenance: un caractère peut être viril, mais être virile ou trop intelligente ne convient pas à une femme. Le troisième est la ressemblance[2]; c'est autre chose que de composer un caractère bon ou convenable, au sens où 25
on les a définis. Le quatrième est la cohérence; car même si celui qui fait l'objet de l'imitation est incohérent et suppose un caractère de ce genre, il faut néanmoins que ce caractère soit incohérent d'une manière cohérente. Or l'on trouve des exemples de méchanceté non nécessaire comme le Ménélas d'*Oreste*[3]; de caractère

30 sans conformité ni convenance: les lamentations d'Ulysse dans Scylla[4] ou la tirade de Mélanippé[5]; d'incohérence: *Iphigénie à Aulis*[6], car Iphigénie suppliante ne ressemble en rien à ce qu'elle sera dans la suite.

Dans les caractères, comme dans l'agencement des actes accomplis, il faut également toujours chercher soit le nécessaire, soit le vraisemblable,
35 de sorte qu'il soit nécessaire ou vraisemblable que tel personnage dise ou fasse telle chose, nécessaire ou vraisemblable qu'après ceci, ait lieu cela.

Il est donc manifeste que la résolution[7] des
b histoires doit aussi résulter des histoires elles-mêmes, et non d'une intervention de la machine[8], comme dans *Médée*[9] ou dans l'*Iliade*[10] au moment du rembarquement; la machine au contraire ne doit être utilisée que pour des événements extérieurs au drame, qu'ils aient eu lieu auparavant – et un homme ne peut les connaître[11] –, ou qu'ils aient lieu ensuite – et il faut qu'ils soient
5 prédits ou annoncés; car nous reconnaissons aux dieux le don de tout voir. Mais il ne doit rien y avoir d'irrationnel dans les actes accomplis; si c'est le cas, ils doivent avoir lieu en dehors de la tragédie, comme dans l'*Œdipe* de Sophocle[12].

Puisque la tragédie est imitation d'hommes meilleurs que nous, il faut imiter les bons por-
10 traitistes; car ceux-ci, pour restituer la forme propre, tout en composant des portraits ressemblants, peignent en plus beau. De même le poète, lorsqu'il imite des hommes violents, nonchalants, ou qui possèdent les autres traits de caractère de ce genre, doit les rendre remarquables, même s'ils ont ces défauts. Un exemple de dureté: l'Achille d'Agathon[13] et d'Homère.

15 Voilà à quoi il faut veiller avec soin, comme en outre, à ce qui peut aller à l'encontre des sensations nécessairement produites par l'art du poète: là aussi, on peut souvent se tromper. Mais il en a suffisamment été question dans les ouvrages publiés[14].

XVI

On a dit auparavant[1] ce qu'est la reconnaissance ; voici maintenant les espèces de reconnaissances : la première, qui est la plus étrangère 20
à l'art poétique et à laquelle les auteurs ont par
indigence le plus souvent recours, est la reconnaissance par les signes distinctifs. Parmi ces
signes, les uns sont innés, comme « la lance que
portent les Fils de la Terre[2] » ou les étoiles que
Carcinos a introduites dans *Thyeste*[3] ; les autres
sont acquis, certains se trouvant sur le corps,
comme des cicatrices, d'autres en étant séparés, 25
comme les colliers ou encore dans *Tyro*[4], les
signes que fournit la nacelle. On peut d'ailleurs
avoir recours à ces signes avec plus ou moins de
bonheur : grâce à sa cicatrice, Ulysse est ainsi
reconnu de façon différente par sa nourrice[5] et
par les porchers[6] ; les reconnaissances destinées
à établir la confiance sont plus étrangères à l'art,
alors que celles qui résultent d'une péripétie –
comme dans la scène du bain – sont plus 30
heureuses.

Viennent ensuite les reconnaissances imaginées par le poète, pour cette raison étrangères à
l'art ; dans *Iphigénie*, par exemple, Oreste qui se
fait reconnaître pour Oreste ; de fait, Iphigénie
est reconnue grâce à la lettre, alors qu'Oreste dit
de lui-même ce qu'exige le poète, et non l'histoire[7] ; aussi est-on bien près de l'erreur déjà 35
dénoncée[8], puisque Oreste aurait pu aussi bien
porter sur lui quelque signe de reconnaissance.
Pareille erreur : la voix de la navette dans le
Térée de Sophocle[9].

Vient en troisième place la reconnaissance
amenée par le souvenir : la vue d'un objet provoque chez le personnage une prise de conscience,
comme dans les *Cypriens* de Dicéogénès[10], où un **1455**
personnage se met à pleurer en contemplant le
tableau ; de même lors du récit chez Alcinoos : il

entend le cithariste, il se souvient et fond en
larmes[11]; c'est ainsi que sont reconnus ces personnages.

    Vient en quatrième place la reconnaissance
issue d'une déduction, telle celle des *Choéphores*,
5 à savoir : il est venu quelqu'un qui me ressemble[12]; or personne ne me ressemble sinon
Oreste; c'est donc bien lui qui est venu. Telle est
encore la reconnaissance imaginée par Polyidos
le Sophiste à propos d'Iphigénie : il est en effet
vraisemblable qu'Oreste rapproche le fait que sa
sœur a été sacrifiée, du fait qu'il va bientôt
l'être[13]; de même dans le *Tydée* de Théodecte[14],
l'idée que, venu pour trouver son fils, il soit mis
10 à mort; ou encore dans les *Phinéïdes*[15] : en
contemplant l'endroit, elles raisonnent sur leur
sort et en déduisent que leur sort est de mourir
en cet endroit, puisque c'est là qu'elles ont été
exposées. Il existe encore une reconnaissance;
elle repose sur un raisonnement faux du public,
comme dans *Ulysse le faux messager*[16] : le fait
qu'Ulysse – et personne d'autre – bande l'arc
est une donnée imaginée par le poète, et c'est la
base d'un raisonnement; mais si de plus, précisément, Ulysse a affirmé pouvoir identifier l'arc
sans l'avoir vu, imaginer une reconnaissance par
15 le biais de cette déclaration sous prétexte qu'il
va reconnaître l'arc, c'est là un faux raisonnement[17].

    De toutes les reconnaissances, la meilleure est
celle qui résulte des actes accomplis eux-mêmes
car l'effet de surprise se produit selon les lois de
la vraisemblance, comme dans l'*Œdipe* de
Sophocle[18] et dans *Iphigénie*[19], où il est vraisemblable qu'Iphigénie désire confier une lettre.
Seules les reconnaissances de ce genre se dérou-
20 lent sans ces inventions – signes distinctifs ou
colliers. Sont à placer au deuxième rang les
reconnaissances issues d'une déduction.

XVII

Il faut agencer les histoires et grâce à l'expression leur donner leur forme achevée en se mettant le plus possible les situations sous les yeux; car en les voyant ainsi très clairement, comme si l'on était sur les lieux mêmes de l'action, on pourra trouver ce qui convient et éviter la moindre 25 contradiction interne; à preuve, le reproche adressé à Carcinos[1]; son Amphiaraos remontait en effet du sanctuaire, détail qui pouvait échapper à quelqu'un qui n'aurait pas vu la pièce représentée; mais à la scène, la pièce tomba, les spectateurs ayant mal pris la chose[2]. Il faut encore autant que possible donner une forme achevée aux histoires en ayant recours aux gestes[3]; en effet à égalité de dons naturels, ceux qui vivent 30 les passions sont les plus persuasifs: celui qui est dans le désarroi représente le désarroi avec le plus de sincérité, celui qui est en colère représente l'emportement avec le plus de sincérité. Voilà pourquoi l'art poétique est l'affaire de gens naturellement doués ou en proie au délire[4]: les uns sont malléables, les autres sont capables de sortir d'eux-mêmes.

Qu'il s'agisse d'arguments déjà composés ou 35 d'arguments que le poète compose lui-même, il doit en établir l'idée générale, puis alors seule- **b** ment y introduire des épisodes et développer[5]. Voici la manière dont j'entends qu'il pourrait se représenter cette idée générale, celle de l'*Iphigénie*[6], par exemple: une jeune fille a été sacrifiée et a disparu à l'insu des sacrificateurs; elle a été transportée dans un autre pays où l'usage est de sacrifier les étrangers à la déesse; or c'est elle 5 qui a été investie de ce sacerdoce. Plus tard survient l'arrivée du frère de la prêtresse (l'ordre que le dieu lui a donné de se rendre là-bas pour un motif sans rapport avec l'idée générale, et le but de ce voyage n'ont aucun rapport avec l'histoire); il arrive; il est pris et sur le point d'être

sacrifié, il se fait reconnaître (de la façon imaginée par Euripide[7]; ou bien de la façon imaginée
10 par Polyidos[8] : Oreste qui selon toute vraisemblance dit que ce n'était donc pas seulement sa
sœur, mais aussi lui-même qui devait être sacrifié), ce qui assure son salut.

Ceci fait, il faut alors – non sans avoir donné
leur nom aux personnages – introduire les
épisodes, de façon à ce qu'ils soient bien appro-
priés à l'histoire, tels par exemple dans le cas
d'Oreste, la folie qui permet son emprisonnement
15 et le salut que lui apporte la purification[9]. Or
dans les drames, les épisodes sont brefs, alors
que ce sont eux qui font la longueur de l'épopée.
L'argument de l'*Odyssée* n'est pas long en effet :
un homme erre loin de son pays durant de
nombreuses années, surveillé de près par Poséidon et dans la solitude ; de plus, les choses vont
chez lui de telle manière que ses biens sont
20 dilapidés par les prétendants et son fils en
proie à leurs complots ; il arrive alors plein de
désarroi, et après s'être fait reconnaître de
quelques-uns et être passé à l'attaque, il est lui-
même sauvé et tue ses ennemis. Voilà ce qui
appartient en propre au sujet ; le reste n'est
qu'épisodes.

XVIII

Pour toute tragédie, il existe une partie qui est
le nœud, et une autre qui est la résolution[1]; les
25 faits qui se déroulent en dehors de la tragédie et
souvent une partie des faits qui se déroulent en
elle, constituent le nœud ; le reste constitue la
résolution. J'appelle «nœud» ce qui va du début
jusqu'à la partie – la dernière – à partir de
laquelle survient le retournement qui conduit au
bonheur ou au malheur ; et résolution, ce qui va
du début de ce retournement jusqu'à la fin. Ainsi,
dans le *Lyncée* de Théodecte[2], le nœud comprend
30 les actes accomplis auparavant, l'enlèvement de

l'enfant et en outre leur ***, et le dénouement va de l'accusation de meurtre jusqu'à la fin.

Il y a quatre espèces de tragédies (de fait c'est aussi le nombre des parties dont on a parlé[3]): la tragédie complexe, dont l'ensemble est occupé par la péripétie et la reconnaissance[4]; la tragédie comportant un événement pathétique, comme les *Ajax*[5] et les *Ixion*[6]; la tragédie de caractère, **1456** comme les *Femmes de Phtie*[7] et *Pelée*[8]; la quatrième étant le spectacle[9], comme les *Phorcides*[10], *Prométhée*[11] et tout ce qui se passe chez Hadès[12].

Il faut faire tout son possible pour qu'une tragédie possède toutes les parties[13], ou du moins les plus importantes[14] et la plupart d'entre elles, vu surtout les calomnies aujourd'hui lancées **5** contre les poètes; en effet, comme il y a eu des poètes qui ont excellé dans une partie en particulier, on exige qu'un seul poète surpasse chacun de ceux-ci dans la partie où ils ont excellé.

Par ailleurs, pour pouvoir légitimement affirmer qu'une tragédie est différente d'une autre ou qu'elle est la même, rien ne vaut l'histoire: la deuxième affirmation est vraie pour les tragédies qui ont même intrigue et même résolution. De nombreux auteurs, après avoir bien noué l'intrigue, la résolvent mal; or il faut que les deux **10** choses aillent de conserve.

Il faut se rappeler ce qui a été dit plusieurs fois[15], et ne pas faire d'un agencement d'épopée une tragédie (j'appelle un agencement épique celui qui comporte plusieurs histoires[16]), comme si l'on faisait de l'ensemble de l'*Iliade* une seule histoire. Là en effet, grâce à la longueur de l'œuvre, les parties reçoivent l'étendue qui leur convient, alors que dans les drames le résultat est loin d'être ce qu'on avait conçu. La preuve en est que tous ceux qui ont composé une histoire **15** du sac de Troie dans son entier[17], et non par parties comme Euripide[18], ou bien la légende de Niobé tout entière au lieu de le faire comme Eschyle[19], soit échouent, soit perdent les concours, puisque ce fut même la seule cause d'échec pour Agathon[20].

Avec les péripéties et les actions simples, les
20 poètes recherchent les effets de surprise désirés ; c'est en effet cela qui fait naître le tragique
et la sympathie ; et c'est le cas chaque fois
qu'un personnage habile mais méchant, comme
Sisyphe[21], est trompé ou qu'un personnage brave,
mais injuste, est vaincu. Comme le dit Agathon[22],
cela est vraisemblable ; car il est vraisemblable
qu'aient lieu bien des événements contraires à la
25 vraisemblance.

Le chœur[23] doit être considéré comme l'un des
acteurs, doit faire partie de l'ensemble et concourir à l'action, non comme chez Euripide, mais
comme chez Sophocle[24]. Or chez la plupart des
auteurs, les parties chantées n'ont pas plus de
rapport avec l'histoire qu'avec une autre tragédie ; aussi chante-t-on des intermèdes dont Aga-
30 thon a été l'initiateur[25]. Et cependant, quelle
différence y a-t-il entre chanter des intermèdes et
adapter à une pièce une tirade ou un épisode
entier empruntés à une autre ?

XIX

Il a déjà été question des autres parties ; reste
à parler de l'expression et de la pensée[1]. Ce qui
concerne la pensée, qu'on aille le trouver dans
35 les ouvrages de rhétorique[2], car cela est plutôt
propre à cette étude. Appartient au domaine de
la pensée tout ce qui doit être produit par les
paroles[3] on y trouve comme parties : démontrer,
réfuter, produire des émotions comme la pitié,
b la crainte, la colère et toutes les autres de ce
genre, ou encore amplifier et réduire. Il est
évident que dans la présentation des actes accomplis, il faut aussi y avoir recours en partant des
mêmes principes, chaque fois qu'il s'agit de produire des effets de pitié, de crainte, de grandeur
ou de vraisemblance. La différence est qu'ici[4] les

effets doivent se manifester sans raisonnement, 5
alors que les effets attachés aux paroles doivent
être produits par celui qui parle et naître de ses
paroles. En effet, à quoi servirait-il qu'un personnage parle, si sa pensée se manifestait de manière
satisfaisante, mais si ce n'était pas à travers ses
paroles ?

Les modes de l'expression[5] constituent l'un des
aspects de l'étude concernant l'expression ; les
connaître relève de l'art de l'acteur et du spécia- 10
liste qui possède à fond un art de ce genre : c'est
par exemple savoir ce qu'est un ordre, ce qu'est
une prière, un récit, une menace, une question,
une réponse et tout ce qui peut exister d'autre
de ce genre. Que le poète connaisse ou ignore
ces règles, on ne peut pour autant adresser
aucune critique digne d'attention à son art ; car
qui pourrait accepter la critique de Protagoras[6], 15
qu'Homère ait commis une faute parce que tout
en croyant adresser une prière, il donne un ordre
lorsqu'il dit : « Chante, déesse, la colère[7]... » ?
Selon lui, en effet, inviter à faire ou ne pas faire
une chose, c'est donner un ordre. Aussi, laissons
cela de côté comme étant l'objet d'étude d'un
autre art et non de la poétique.

XX

Voici maintenant les parties de l'expression 20
prise dans son ensemble : la lettre[1], la syllabe, la
conjonction, le nom, le verbe, l'article[2], la flexion
et l'énoncé.

La lettre est un son indivisible, non pas n'importe lequel, mais celui qui par nature concourt
à la formation d'un son composé ; car chez les
bêtes, on trouve aussi des sons indivisibles, mais
je ne donne à aucun d'eux le nom de lettre. Voici
les différentes sortes de lettres : la voyelle, la 25
semi-voyelle et la muette. La voyelle est la lettre
qui a un son audible sans qu'il y ait rapprochement de la langue ou des lèvres ; la semi-voyelle

est la lettre qui a un son audible avec ce rapprochement – le *S* et le *R* par exemple ; et la muette
est la lettre qui avec ce rapprochement n'a par
elle-même aucun son et ne devient audible qu'as-
30 sociée aux lettres qui ont un son, – le *G* et le *D*
par exemple. Ces lettres diffèrent suivant la forme
prise par la bouche, suivant l'endroit où se
produit le rapprochement, suivant la présence ou
l'absence d'aspiration, suivant leur longueur ou
leur brièveté, et suivant l'intonation aiguë, grave
ou intermédiaire. Il convient d'étudier chacun
de ces points en détail dans des ouvrages de
métrique.

35 La syllabe est un son sans signification, composé
d'une muette et d'une lettre ayant un son ; car le
son *GR* est une syllabe sans *A* aussi bien qu'associé au *A : GRA*. Mais ici encore l'étude de ces
distinctions-là appartient à la métrique.

La conjonction est un son sans signification qui
1457 n'empêche ni ne provoque la formation à l'aide
de plusieurs sons, d'une seule expression signifiante[3] *** aux extrémités ou au milieu ; et qui
ne peut se placer au début d'une phrase, isolé-
ment : *Men, ètoi, dè*[4] par exemple. Ou bien c'est
un son sans signification qui, à partir de plusieurs
sons eux-mêmes signifiants, provoque par nature
5 la formation d'une seule expression signifiante.

L'article est un son sans signification qui indique
le début, la fin de la phrase ou une division en
elle *** par exemple *amphi, péri*[5] etc. ; ou un son
sans signification qui n'empêche ni ne provoque
la formation, à partir de plusieurs sons, d'une
expression signifiante et qui se place par nature
10 aux extrémités ou au milieu.

Le nom est un son composé et signifiant qui
n'indique pas le temps, dont aucune partie n'est
signifiante par elle-même ; dans les noms doubles
en effet, on n'emploie pas chaque partie comme
si elle était par elle-même signifiante : par exemple
dans *Theodôros, dôron* n'est pas signifiant[6].

Le verbe est un son composé signifiant, qui

indique le temps, dont aucune partie n'est signifiante par elle-même, comme pour les noms; 15
ainsi *homme* ou *blanc* n'indiquent pas le moment,
alors que *il marche* ou *il a marché* ajoute au sens
l'indication du temps présent ou passé.

La flexion[7] est propre au nom ou au verbe;
elle indique une relation d'appartenance, d'attribution et toutes les relations de ce genre, ou bien
le singulier ou le pluriel – comme *hommes* ou 20
homme – ou encore les modalités qui sont
exprimées par les personnages comme l'interrogation ou l'ordre; *a-t-il marché?* ou *marche* sont
des flexions du verbe en vertu de cette distinction.

L'énoncé est un son composé signifiant dont
certaines parties ont par elles-mêmes un sens
(tout énoncé, en effet, ne se compose pas de 25
verbes et de mots[8], mais on peut avoir au contraire
– comme dans le cas de la définition de l'homme[9]
– un énoncé sans verbe; il devra néanmoins
toujours contenir une partie signifiante): *Cléon*
par exemple dans l'énoncé *Cléon marche*. L'énoncé
peut être un de deux manières, soit en signifiant
une chose unique, soit en étant constitué de
plusieurs éléments liés ensemble; c'est ainsi que
l'*Iliade* est une par la liaison de ses parties, et la
définition de l'homme parce qu'elle signifie une 30
chose unique.

XXI

Quant aux espèces du nom, il y a le nom simple
(j'appelle «simple» celui qui n'est pas composé
de parties signifiantes, tel *gè*) et le nom double,
qui est tantôt composé d'une partie signifiante et
d'une partie non signifiante (mais ce n'est pas
dans le nom qu'elles sont ou non, signifiantes),
tantôt de parties signifiantes[1]. On peut encore
trouver des noms triples, quadruples ou mul-
tiples[2], comme la majorité des noms des Marseil- 35
lais: *Hermocaïcoxanthe*[3].

b   Par ailleurs, tout nom est soit un nom courant,
soit un nom rare, une métaphore, un ornement,
un nom inventé par un auteur ou bien allongé,
écourté, altéré par lui. J'appelle «courant» un
nom dont se sert chacun d'entre nous, «rare»
celui dont se servent d'autres hommes que nous,
si bien que, manifestement, le même nom peut
5   être rare et courant, mais pas pour les mêmes
hommes; ainsi *sigynon*[4] est-il un nom courant
pour les Chypriotes, mais rare pour nous.

La métaphore est l'application à une chose
d'un nom qui lui est étranger par un glissement
du genre à l'espèce, de l'espèce au genre, de
l'espèce à l'espèce, ou bien selon un rapport
d'analogie[5]. Par «du genre à l'espèce», j'entends
10   par exemple: «voici ma nef arrêtée[6]», puisque
être mouillé est un façon d'être arrêté; par «de
l'espèce au genre»: «Assurément, Ulysse a
accompli dix mille exploits[7]», car *dix mille* signifie beaucoup, et l'auteur l'a ici employé à la place
de beaucoup; par «de l'espèce à l'espèce»: «de
l'airain ayant puisé sa vie» par exemple et «ayant
coupé, de l'inusable airain», car dans le premier
15   cas, *puiser* veut dire *couper*, dans le second,
couper veut dire *puiser*, et tous deux sont des
façons d'ôter[8].

J'entends par «analogie» tous les cas où le
deuxième terme entretient avec le premier le
même rapport que le quatrième avec le troisième; le quatrième sera mis à la place du
deuxième, ou bien le deuxième à la place du
quatrième – et l'on ajoute parfois le terme à la
place duquel est mis celui qui entretient ce
20   rapport avec lui. Je veux dire, par exemple,
qu'une coupe entretient avec Dionysos le même
rapport qu'un bouclier avec Arès[9]; on dira donc
que la coupe est «le bouclier de Dionysos», et
que le bouclier est «la coupe d'Arès»; ou encore,
la vieillesse entretient avec la vie le même
rapport que le soir avec la journée, on dira
donc que le soir est «la vieillesse du jour»,

et la vieillesse – comme l'a dit Empédocle – «le soir de la vie» ou «le crépuscule de la 25 vie[10]».

Dans certains cas, il n'existe pas de nom établi pour désigner l'un des éléments de l'analogie, mais pour autant, on n'exprimera pas moins le rapport de similitude; ainsi, jeter le grain, c'est *semer*, mais pour désigner le mouvement des rayons depuis le soleil, il n'y a pas de terme; cependant, ce mouvement entretient avec le soleil le même rapport que *semer* avec le grain, voilà pourquoi on a dit: «semant les rayons créés par la divinité[11]». Il existe encore une autre manière 30 d'utiliser ce genre de métaphore: c'est, après avoir désigné une chose par un nom qui lui est étranger, de nier une des qualités qui s'attachent à ce dernier, comme si l'on disait que le bouclier est non pas «la coupe d'Arès», mais «la coupe sans vin[12]».

Est un nom inventé celui qui n'est employé par absolument personne et que le poète établit de son propre chef; certains noms semblent bien être de ce genre, tels *ernyges* pour désigner les 35 cornes et *arètèr* pour désigner le prêtre[13].

Il y a nom «allongé» ou «écourté» selon que **1458** dans le premier cas on a recours à une voyelle plus longue que la voyelle propre ou à une syllabe intercalée, selon que dans l'autre on l'a écourté en quelque chose; des exemples de noms allongés: *polèos* pour *poleôs*, *Pèlèiadeô* pour *Péleidou*[14]; exemples de noms écourtés: *kri*, *dô* et *mia ginetai* 5 *amphotérôn ops*[15].

Il y a nom «modifié» chaque fois que du nom usuel, on laisse une partie et que l'on invente l'autre, *dexitéron kata madzon*[16] par exemple, à la place de *dexion*.

Parmi les noms eux-mêmes, les uns sont masculins, les autres féminins, d'autres encore intermédiaires[17]; sont masculins tous ceux qui se terminent par *n*, *r*, par *s* et toutes les lettres composées avec le sigma (il y en a deux, psi et 10

xi) ; féminins tous ceux qui se terminent par celles des voyelles qui sont toujours longues – *è* et *ô* par exemple – et, parmi les voyelles qui peuvent s'allonger, par *a* ; si bien que le nombre de terminaisons possibles se trouve être le même pour les masculins et les féminins, puisque psi et xi sont composés[18]. Aucun nom ne se termine

15 par une muette ni par une voyelle brève ; trois seulement se terminent en *i* : *méli, kommi, pépéri*[19] ; et cinq par *y*. Quant aux noms intermédiaires, ils se terminent par l'une de ces lettres, ou par *n* ou *s*[20].

XXII

La qualité de l'expression, c'est d'être claire sans être plate ; or la plus claire est celle qui se compose de noms courants, mais elle est plate :

20 l'exemple en est la poésie de Cléophon[1], ou celle de Sthénélos[2]. L'expression noble et qui échappe à la banalité, est celle qui a recours à des termes étranges[3]. Par « terme étrange », j'entends un nom rare, une métaphore, un allongement et tout ce qui s'écarte de l'usage courant. Mais si un texte est entièrement composé avec des mots de ce genre, ce sera une énigme ou un galimatias[4] :

25 énigme s'il est composé de métaphores, galimatias s'il l'est de noms rares. Le principe même de l'énigme est en effet tout en parlant de la réalité, d'user de mots dont le rapprochement est impossible. On ne peut le faire en assemblant d'autres noms, mais cela est possible en assemblant des métaphores, par exemple : «j'ai vu un homme

30 coller du bronze avec du feu sur un homme[5]» et d'autres énigmes de ce genre. Quant aux textes composés de noms rares[6], c'est du galimatias. Ce qu'il faut donc, c'est en quelque sorte un mélange des deux, puisque le nom rare, la métaphore, l'ornement et les autres espèces de noms dont on a parlé, permettront d'éviter la banalité et la platitude, tandis que le nom courant assurera la clarté.

Ce qui pour une grande part rend l'expression
claire et non banale, ce sont les allongements, **b**
les raccourcissements et les altérations de noms ;
car ces termes, du fait qu'ils s'écartent de la
forme courante et habituelle, permettront d'évi- 5
ter la banalité, alors que la clarté subsistera par
ce qu'ils auront conservé de commun avec la
forme courante[7]. Aussi blâment-ils à tort, ceux
qui critiquent ce type de langage et qui raillent
le poète[8] dans leurs comédies, comme l'a fait
Euclide l'Ancien en prétendant qu'il est facile de
composer des vers si l'on vous donne le droit
d'allonger les syllabes à volonté ; il a d'ailleurs
composé des vers satiriques avec ce type même
d'expression : *« Epicharèn eidon Marathônade
badidzonta »* et *« ouk an geramenos ton ekeinou* 10
elleboron ». L'usage en quelque sorte trop visible
de ce type d'expression est comique, et la mesure
est une règle commune à toutes les parties de
l'expression. De fait, si pour viser des effets
comiques, on utilisait de propos délibéré métaphores, noms rares et autres formes de manière
déplacée, on atteindrait ce but-là même. Pour
juger combien l'expression qui convient diffère 15
de cette pratique, que l'on songe à des vers
épiques dans lesquels on aurait introduit des
noms courants. Et si aux noms rares, aux métaphores et aux autres formes, on substitue les
noms courants, on peut voir que nous disons
vrai. Ainsi, Eschyle et Euripide ont composé le 20
même vers iambique ; cependant, Euripide a
substitué un seul nom à un autre − un mot rare
à un nom courant et habituel −, si bien qu'un
des vers paraît beau, et l'autre commun. Dans
Philoctète[9], Eschyle avait en effet composé ce
vers : « le chancre qui mange les chairs de mon
pied » ; or Euripide y a substitué *festoie de* à
mange ; tout comme si dans le vers : « mais en
fait, c'est un misérable de nul prix et sans mérite 25
qui vient me[10]… » quelqu'un disait, en substituant
des noms courants aux autres : « mais en fait,

c'est un homme petit, faible et difforme qui vient
me...»; ou bien si au lieu de: «ayant placé un
siège inconvenant et une table misérable[11]» on
30 disait: «ayant placé un mauvais siège et une
petite table»; ou encore «le cri du rivage» au
lieu de: «le hurlement du rivage[12]».

Ajoutons que dans ses comédies, Ariphradès[13]
raillait les auteurs de tragédies sous prétexte
qu'ils ont recours à des tournures que personne
ne saurait utiliser dans la conversation, comme
dômatôn apo – et non *apo dômatôn* –, *sethen,*
1459 *egô dé nin, Achilléôs péri* – et non *péri Achill-
léôs*[14], et toutes les autres tournures de ce genre.
Or, du fait qu'elles ne se trouvent pas parmi les
termes courants, toutes les tournures de ce genre
font qu'il n'y a rien de banal dans l'expression –
ce qu'ignorait Ariphradès.

S'il est important d'utiliser de la manière qui
convient chacune des formes d'expression dont
5 on a parlé[15] – les noms doubles et les noms
rares en particulier – il est plus important
encore – et de beaucoup – de savoir créer des
métaphores; c'est en effet la seule chose qu'on
ne puisse emprunter à autrui, et c'est une preuve
de bonnes dispositions naturelles: créer de
bonnes métaphores, c'est observer les ressemblances.

Parmi les noms, ceux qui sont doubles conviennent surtout aux dithyrambes[16], les noms rares
10 aux vers héroïques[17] et les métaphores aux
iambes[18]. En outre, pour les vers héroïques,
toutes les formes dont on a parlé sont utiles, mais
pour les iambes, du fait qu'ils imitent au plus
près l'expression courante, ne conviennent que
les noms dont on peut user dans la conversation,
c'est-à-dire le nom courant, la métaphore et
l'ornement.

15 En voilà donc assez à nos yeux, sur la tragédie
et sur l'imitation à travers une action.

XXIII

Pour ce qui est de l'art d'imiter à travers un
récit mis en vers[1], il est clair qu'il faut y agencer
les histoires comme dans les tragédies, en forme
de drame[2], autour d'une action une, formant un
tout et menée jusqu'à son terme, ayant un
commencement, un milieu et une fin, pour que, 20
pareille à un être vivant qui est un et forme un
tout[3], elle procure le plaisir qui lui est propre ;
et clair que leur agencement ne doit pas être
semblable à celui des récits historiques dans
lesquels il est nécessaire de faire voir non une
action une, mais une seule époque comprenant
tous les événements qui se sont alors produits
pour un seul ou plusieurs hommes et dont chacun n'entretient avec un autre qu'un rapport
fortuit. C'est en effet à la même époque qu'eurent 25
lieu la bataille navale de Salamine et la bataille
des Carthaginois en Sicile qui n'avaient nullement la même fin[4] ; et de la même façon, lors
d'époques consécutives un événement se produit
parfois après un autre, desquels ne résulte nullement une fin une.

Or presque tous les poètes procèdent ainsi[5] ;
c'est pourquoi, comme nous l'avons déjà dit[6], 30
Homère peut paraître, à ce propos-là aussi, un
admirable poète, puisqu'il n'a pas entrepris de
traiter la Guerre de Troie comme un tout, bien
qu'elle ait eu un commencement et une fin (en
effet, l'histoire aurait été trop étendue et on
n'aurait pu l'embrasser d'un seul regard[7]) et
qu'en en modérant l'étendue, il n'en a pas fait
une composition dont la diversité stupéfie. Il n'a
en fait retenu qu'une seule partie de la guerre[8]
et s'est servi du reste sous forme d'épisodes, 35
comme le catalogue des vaisseaux[9] et autres
épisodes dont il parsème son poème. Les autres,
en revanche, composent le leur autour d'un
personnage unique, d'une époque unique et d'une

b action unique, mais constituée de plusieurs parties, comme l'a fait l'auteur des *Chants Cypriens*
et celui de la *Petite Iliade*[10]. Voilà donc pourquoi
à partir de l'*Iliade* et de l'*Odyssée*, on compose
une tragédie – ou deux seulement – de chacune[11], alors qu'on en compose un grand nombre
à partir des *Chants Cypriens*[12] et plus de huit[13] à
5 partir de la Petite Iliade, par exemple : *Le Choix
des armes*[14], *Philoctète*[15], *Néoptolème*[16], *Eurypyle*[17], *Le Mendiant*[18], *Les Lacédémoniennes*[19],
Le Sac de Troie[20], *Le Retour de l'escadre*[21], *Sinon*[22]
et *Les Troyennes*[23].

XXIV

De plus, l'épopée doit comporter les mêmes
espèces que la tragédie ; elle doit en effet être
simple, complexe, construite autour des caractères ou d'un événement pathétique[1] ; et ses
10 parties, à l'exception du chant et du spectacle,
sont les mêmes[2] ; car il y faut aussi péripéties,
reconnaissances et événements pathétiques,
comme des bonheurs de pensée et d'expression ;
toutes choses à quoi Homère a eu recours – le
premier[3] et à la perfection. Chacun des deux
poèmes a en effet un agencement qui lui est
propre, l'*Iliade* est un poème simple comportant
un événement pathétique, l'*Odyssée*, un poème
15 complexe (car elle est d'un bout à l'autre reconnaissance[4]) et de caractères. En outre, Homère
l'emporte sur tous les poètes par l'expression et
la pensée.

En revanche, l'épopée diffère de la tragédie par
la longueur de la composition et par le mètre.
Pour la longueur, la limite définie plus haut[5] est
la bonne : il faut pouvoir embrasser le commencement et la fin d'un seul regard. Ce serait le cas,
si les compositions étaient plus courtes que celles
20 des poèmes anciens[6] et approchaient, pour la
quantité des vers, de l'ensemble des tragédies

présentées en une seule audition[7] – L'épopée possède une caractéristique importante qui lui permet d'accroître son étendue: alors que dans la
tragédie on ne saurait imiter plusieurs parties de
l'action qui se déroulent en même temps, mais 25
seulement la partie jouée sur scène par les acteurs,
dans l'épopée, du fait qu'elle est un récit, il est
possible de composer plusieurs parties de l'action
qui s'accomplissent en même temps, et qui, pour
peu qu'elles soient appropriées au sujet, ajoutent
à l'ampleur du poème: l'épopée a donc là un
bon moyen de donner de la majesté à l'œuvre,
de procurer à l'auditeur le plaisir du changement
et d'introduire des épisodes dissemblables; le 30
semblable, en effet, provoquant rapidement la
saturation, cause l'échec des tragédies.

Pour ce qui est du mètre, c'est, à l'expérience,
le mètre héroïque[8] qui convient. En effet, composer une imitation à travers un récit en utilisant
un autre mètre, ou plusieurs, semblerait déplacé,
car le mètre héroïque est le plus posé et le plus
ample de tous (et pour cette raison accueille 35
très facilement les noms rares et les métaphores[9],
puisque l'imitation à travers un récit a plus
d'ampleur que les autres), alors que l'iambe[10] et
le tétramètre[11] sont tout en mouvement, ce dernier convenant à la danse, le premier à l'action. **1460**
Et il serait plus absurde encore de mélanger ces
mètres, comme l'a fait Chérémon[12]. Voilà pourquoi personne n'a créé de composition longue
en un autre mètre que l'héroïque; comme nous
l'avons dit[13], la nature elle-même nous apprend
à choisir le mètre qui lui convient.

Bien des mérites rendent Homère digne de 5
louanges, et celui-ci surtout qu'il est le seul
d'entre les poètes à ne pas ignorer ce que doivent
être ses interventions personnelles. Le poète doit
en effet parler le moins possible en son nom
personnel, puisque lorsqu'il le fait, il n'imite pas.
De fait, les autres se mettent personnellement en
scène durant tout le poème et ils imitent peu de

choses, et peu souvent, tandis qu'Homère, après
un préambule de peu de mots, introduit rapide-
10 ment un homme, une femme ou un autre caractère – puisque aucun de ses personnages n'est
dépourvu de caractère, mais que tous en ont un.

Dans les tragédies, a-t-on dit[14], il faut produire
un effet de surprise, or l'épopée admet encore
bien mieux l'irrationnel – qui est le meilleur
moyen de susciter la surprise –, puisqu'on n'a
pas le personnage en action sous les yeux. Ainsi,
le passage de la poursuite d'Hector[15] pourrait
15 sembler comique sur une scène : d'un côté les
Grecs immobiles et renonçant à la poursuite, de
l'autre Achille les retenant d'un signe de tête ;
mais dans l'épopée cela ne se remarque pas. Et
l'effet de surprise est agréable ; la preuve en est
que chacun d'entre nous, lorsqu'il fait un récit,
en rajoute toujours parce qu'il cherche à plaire.

Par-dessus tout, Homère a encore appris aux
autres la manière de dire des mensonges – c'est-
à-dire de manier le raisonnement faux[16]. En effet,
20 lorsque une chose existant, une autre existe, ou
bien qu'un événement se produisant, un autre se
produit, les gens sont persuadés que si la seconde
chose existe, la première existe ou se produit ; or
cela est une erreur. Voilà pourquoi s'il y a erreur
à propos du premier fait, mais que l'existence de
ce premier fait entraîne nécessairement l'existence ou l'apparition d'un autre, il faut ajouter
ce dernier fait ; car puisque nous savons qu'il est
vrai, notre esprit en conclut par un raisonnement
25 faux que le premier existe aussi. On peut en
trouver un bon exemple dans le chant du
Bain[17].

Il faut préférer ce qui est impossible mais
vraisemblable à ce qui est possible, mais n'entraîne pas la conviction. D'autre part, les sujets
ne doivent pas être composés de parties non
rationnelles, et doivent surtout ne rien contenir
que de rationnel ; dans le cas contraire, les
éléments non rationnels – comme le fait qu'Œdipe

ne sache pas comment est mort Laïos[18] – doivent
trouver place en dehors de l'histoire représentée, 30
et non dans le drame – comme dans *Électre* les
messagers venus des Jeux Pythiques[19], ou dans
les *Mysiens*[20], le personnage qui arrive en Mysie
depuis Tégée, et qui ne dit mot. Aussi est-il
ridicule de prétendre que sans cela l'histoire
disparaîtrait, puisqu'il faut d'abord se garder de
composer des histoires de ce genre; mais si le
poète y a recours et si cela a une apparence plus
rationnelle, même l'absurde pourra être accepté,
puisqu'il est clair que les passages non rationnels 35
de l'*Odyssée,* comme la scène du débarquement
d'Ulysse[21], ne seraient pas supportables s'ils avaient
été composés par un mauvais poète; mais ici, le
poète sait dissimuler l'absurde en ayant recours à **b**
des assaisonnements[22] et par d'autres qualités.

Pour l'expression, il faut surtout travailler les
parties sans action et qui ne comportent ni
caractère ni pensée, car, à l'inverse, une expression trop brillante fait oublier les caractères et la
pensée.

5

XXV

Pour ce qui est des problèmes[1] et de leurs
solutions, du nombre et de la nature de leurs
espèces, on pourra s'en faire une idée claire si
on les étudie de la manière suivante. Puisque le
poète imite tout comme le peintre ou tout autre
faiseur d'images, il doit par nécessité toujours
imiter une seule de ces situations, qui sont au
nombre de trois: soit les choses qui ont existé
ou existent, soit les choses qu'on dit ou qui
semblent exister, soit les choses qui doivent 10
exister. Et il rend compte de ces situations au
moyen de l'expression qui comprend mot rare,
métaphore et les nombreuses altérations d'expression – puisque nous les permettons aux
poètes[2].

En outre, les critères de rigueur ne sont pas

les mêmes pour la politique et la poétique, ou pour un autre art et la poétique. Pour la poétique elle-même, on trouve deux sortes de fautes ; l'une d'ordre poétique même, l'autre accidentelle[3]. En
15 effet, si le poète a choisi d'imiter ***[4] impuissance, la faute ressortit à la poétique ; mais si c'est le choix qui manque de rigueur – choisir de représenter un cheval lançant les deux pattes de droite en même temps[5] –, ou bien si la faute concerne à chaque fois un art particulier – la médecine par exemple, ou n'importe quel autre
20 art –, la faute ne sera pas d'ordre poétique. Par conséquent, face aux problèmes, il faut lever les critiques en les examinant à la lumière de ces distinctions.

Commençons par les critiques qui concernent l'art poétique lui-même. Le poète a composé une scène impossible : il a commis une faute ; mais la rigueur demeure au cas où il atteint le but de la poésie (ce but a en effet été précisé[6]) : s'il rend ainsi plus frappante cette partie-là de l'œuvre ou une autre ; un bon exemple en est la poursuite
25 d'Hector[7]. Cependant, si cette fin pouvait être mieux ou aussi bien atteinte en respectant aussi les règles de l'art concerné, il n'y aurait plus de rigueur. Il faut si possible en effet proscrire la moindre faute. Il faut de plus déterminer à laquelle des deux catégories appartient la faute, à celle des fautes d'ordre poétique ou à celle des
30 fautes accidentelles, commises contre d'autres règles. Il est en effet moins grave d'ignorer qu'une biche ne porte pas de cornes que de l'avoir peinte sans respecter les lois de l'imitation.

En outre, si l'on est critiqué sous prétexte que certaines choses ne sont pas vraies, on doit sans doute lever ces critiques par cet argument, qu'elles sont comme elles doivent être, à l'image de Sophocle qui déclara[8] faire lui-même les hommes tels qu'ils doivent être tandis qu'Euripide les faisait tels qu'ils sont. Et si aucun des deux

arguments n'est utilisable, il faut affirmer: «c'est 35
ce que l'on raconte», comme c'est le cas en ce
qui concerne les dieux; car sans doute parler
ainsi, ce n'est parler ni en mieux ni selon la
vérité mais si cela se trouve, comme dans les
œuvres de Xénophane[9]: «Mais c'est bien là ce
que l'on raconte!». Par ailleurs, certains faits **1461**
sont imités non en mieux, mais comme ils étaient
autrefois: c'est le cas des armes par exemple:
«leurs lances étaient plantées droites, fer en
haut[10]»; en effet, c'était alors l'usage, comme ce
l'est encore aujourd'hui chez les Illyriens.

Pour déterminer si ce qu'a dit ou fait un
personnage est bien ou non, il ne faut pas seulement, en considérant l'acte ou les propos en eux-
mêmes, examiner s'ils sont nobles ou bas, mais 5
considérer aussi celui qui agit ou parle, vers qui
il se tourne, quand, pour qui, dans quel but, pour
obtenir par exemple un plus grand bien ou pour
repousser un plus grand mal.

Il y a d'autres critiques qu'il faut lever en
prenant l'expression en considération, en expliquant par exemple, par le recours au nom rare,
«les *ourèas* en premier», car peut-être Homère[11] 10
veut-il parler non de mulets, mais de sentinelles.
De même pour Dolon «qui avait un bien vilain
eidos[12]», ce n'est pas son corps qui est difforme,
mais son visage qui est laid, puisque les Crétois
emploient le terme *eueides* pour désigner la
beauté d'un visage. Et avec «fais le mélange
dzôroteron» il ne s'agit pas de servir du vin pur
comme pour des ivrognes, mais de faire le mélange 15
plus vite[13].

D'autres termes ont pu être employés par métaphore, comme: «tous, dieux et hommes, dormirent toute la nuit durant», alors qu'Homère dit
en même temps: «lorsqu'il jetait ses yeux sur la
plaine de Troie, le son des flûtes et des syrinx[14]…».
Tous est en effet mis à la place de *beaucoup* par
métaphore[15], puisque tout, c'est un grand nombre.
De même «seule privée des bains de l'Océan[16]» 20

est dit par métaphore, car Homère n'a mentionné
que la constellation la plus connue.

On peut aussi lever des critiques en étudiant
l'accentuation[17] comme Hippias de Thasos l'a fait
avec «*didomen de hoi euchos aresthai*[18]» et «*to
men hou kataputhetai ombrô*[19]»; on peut en lever
d'autres en séparant les mots, comme chez Empédocle: «*aipsa de thnèt' ephuonto, ta prin mathon
athanat' einai dzôra te prin kekrèto*[20]»; d'autres
25 encore grâce à l'ambiguïté (dans «*parôchèken de
pleô nux*[21]», *pleô* est en effet ambigu), ou en
étudiant les expressions usuelles: comme l'on
appelle *vin* le vin coupé d'eau, Homère a composé
ce: «jambart d'étain nouvellement ouvré[22]»; et
comme on appelle *chalkeis*[23] les artisans qui
travaillent le fer, il a dit que Ganymède «versait
30 le vin à Zeus», bien que les dieux ne boivent pas
de vin[24]. Mais cela peut aussi s'expliquer par
métaphore.

Chaque fois que le sens d'un nom semble
entraîner une contradiction, il faut aussi examiner combien il peut avoir de sens dans le passage; par exemple dans «c'est en elle que fut
retenue la lance d'airain[25]», combien de sens
peut avoir «être arrêté par elle»; comprendra-
t-on mieux comme ceci ou comme cela? C'est
35 une façon d'étudier ces problèmes tout opposée
à celle dont parle Glaucon[26]: certains critiques,
b partant d'une idée préconçue et irrationnelle,
condamnent un passage, puis raisonnent à son
sujet; et si les paroles qu'ils prêtent au poète
vont à l'encontre de leurs propres conceptions,
ils le blâment comme s'il les avait effectivement
dites. C'est le cas des problèmes concernant
Icarios[27]. Les gens s'imaginent qu'il était Lacédémonien et trouvent donc absurde que Télémaque
5 ne l'ait pas rencontré lors de son séjour à Lacédémone. Mais la chose va sans doute comme
l'entendent les Céphalléniens: ils affirment en
effet que c'est chez eux qu'Ulysse a pris femme
et qu'il s'agit d'Ica*d*ios et non d'Icarios. Le

problème repose vraisemblablement ici sur une erreur.

Pour récapituler, l'impossible doit être ramené à la poésie, au mieux ou à l'opinion commune[28]. Pour ce qui est de la poésie, l'impossible capable 10 d'entraîner la conviction est préférable à une chose incapable d'entraîner la conviction, fût-elle possible[29]. Il est sans doute impossible qu'aient existé des hommes tels que Zeuxis[30] les peignait, mais il les a peints en mieux, car ce qui est proposé en exemple doit être excellent. Quant aux choses irrationnelles, elles doivent être ramenées à ce que l'on dit ; on peut aussi dire tout simplement que parfois, il n'y a rien d'irrationnel, puisqu'il est vraisemblable aussi qu'aient lieu des événements invraisemblables[31]. 15

Pour les contradictions, il faut les examiner comme on fait des réfutations[32] dans un discours : voir s'il s'agit bien de la même chose, en relation avec la même chose et de la même manière, si bien qu'on ramène aussi le poète soit aux propos qu'il tient lui-même, soit aux idées d'un homme sensé. Par ailleurs, il est juste de critiquer l'irrationnalité et la méchanceté, chaque fois que sans aucune nécessité le poète a recours à l'irrationnel – comme Euripide pour Égée[33] – ou à la méchan- 20 ceté – comme celle de Ménélas dans *Oreste*[34].

On ramène donc ces critiques à cinq espèces : on prétend en effet soit que c'est impossible, soit que c'est irrationnel, soit que c'est nuisible, soit que c'est contradictoire, soit que cela ne respecte pas la rigueur des règles de l'art[35]. Quant aux solutions, elles sont à examiner d'après les éléments précédemment énumérés : il y en a douze[36].

25

XXVI

L'imitation par l'épopée vaut-elle mieux que l'imitation par la tragédie ? On peut se poser la question. En effet, si c'est la moins pesante[1] qui est la meilleure, et si c'est la meilleure qui

s'adresse toujours aux meilleurs spectateurs, il
est manifeste que celle qui cherche à tout imiter,
est fort pesante. S'imaginant que le public ne
comprendra pas si on ne rajoute rien de son cru,
30 les interprètes multiplient les mouvements ; ainsi,
les mauvais flûtistes se contorsionnent quand il
s'agit d'imiter un disque[2], ou entraînent le coryphée quand ils jouent *Scylla*[3]. La tragédie souffri-
rait donc du défaut que les anciens acteurs
dénonçaient chez leurs successeurs : Mynniscos
traitait en effet Callipédès de singe à cause de
35 l'outrance de son jeu et Pindare[4] avait aussi une
réputation de ce genre. Or le rapport que ces
1462 derniers acteurs entretiennent avec leurs prédécesseurs est le même que celui qu'entretient l'art
de la tragédie dans sa totalité avec l'épopée. On
dit donc que celle-ci s'adresse à des spectateurs
de qualité, qui n'ont aucun besoin de figuration,
et que l'art de la tragédie s'adresse aux spectateurs médiocres. Et si la tragédie est pesante, elle
ne peut manifestement qu'être inférieure.

Tout d'abord cependant, cette accusation ne
5 porte pas sur l'art du poète, mais sur celui de
l'acteur, puisqu'un rhapsode[5] – comme Sosis-
trate – et un chanteur – c'était le cas de
Mnasithéos d'Oponte –, peuvent aussi prendre
un soin trop grand de la figuration. Ensuite, il ne
faut pas condamner tout mouvement (s'il est vrai
qu'il ne faut pas condamner la danse), mais les
mouvements des mauvais acteurs ; c'est justement l'imitation de femmes vulgaires que l'on
blâmait chez Callipédès[6] et que l'on blâme
10 aujourd'hui chez d'autres. De plus, même sans
mouvements[7], la tragédie produit l'effet qui lui
est propre aussi bien que l'épopée : la lecture
révèle avec éclat les qualités d'une tragédie ; et
si alors elle se révèle supérieure sous les autres
rapports, il n'est pas nécessaire d'y rattacher l'art
de l'acteur.

Ensuite, c'est que la tragédie comporte tout ce
que comporte l'épopée (puisqu'elle peut même

avoir recours au mètre épique[8]), avec en plus – 15
et ce n'est pas une partie négligeable – la
musique et le spectacle, moyens des plus mani-
festes de susciter le plaisir. Elle a de plus encore
pour elle la clarté, que ce soit à la lecture ou
lors des représentations ; elle l'emporte encore
du fait que la fin de l'imitation y est réalisée en
une moindre étendue (une œuvre plus dense **b**
procure en effet plus de plaisir qu'une œuvre
dispersée sur une longue durée – je parle du
cas où un auteur transposerait l'*Œdipe*[9] de
Sophocle en autant de vers qu'il y a en a dans
l'*Iliade*). En outre, l'imitation des auteurs épiques
a moins d'unité (en voici la preuve : de n'importe
laquelle de leurs imitations[10], on peut tirer plusieurs tragédies) ; de sorte que s'ils ne composent 5
qu'une histoire unique, ou bien si la présentation
en est brève, l'histoire paraîtra tourner court, ou
bien si elle est conforme à l'étendue requise, elle
paraîtra délayée. Je parle par exemple du cas où
elle est constituée de plusieurs actions : ainsi
l'*Iliade*, qui possède comme cela de nombreuses
parties – au même titre que l'Odyssée – ;
parties qui de leur côté ont aussi de l'étendue –
même si ces poèmes sont agencés le mieux 10
possible et qu'ils sont l'imitation d'une action la
plus unifiée possible[11].

Si donc la tragédie se distingue sur tous ces
points, et également par l'effet que produit cet
art (car il faut que les arts produisent non pas un
plaisir quelconque, mais celui qu'on a dit[12]), il
est manifeste, puisqu'elle parvient mieux que
l'épopée à sa fin, qu'elle lui est supérieure.

Sur la tragédie et l'épopée, considérées en 15
elles-mêmes, sur leurs espèces et leurs parties –
ainsi que leur nombre et les différences entre
elles –, sur les raisons pour lesquelles une œuvre
est réussie ou non, sur les critiques et la façon
de les lever, en voilà assez ainsi[13].

Appendices

Appendices

I

Platon, *République*, livre III

[Les livres II, III et IV de la *République* décrivent la formation des États et l'éducation de la nouvelle classe, chargée de défendre et d'administrer la cité : les Gardiens. Leurs dons physiques doivent être développés par la gymnastique, leurs dons intellectuels par la musique. De la musique à la poésie, il n'y a qu'un pas, vite franchi par Socrate (qui parle ici à la première personne, car il rapporte son entretien avec Adimante et Glaucon).]

Je suis, à ce qu'il paraît, dis-je, un plaisant maître, je ne sais pas me rendre clair. Je vais donc faire comme les gens qui ne savent pas s'expliquer; au lieu d'embrasser la question dans sa généralité, je n'en prendrai qu'une partie, et j'essaierai de t'y montrer ce que je veux dire. Réponds-moi : tu sais par cœur le commencement de l'*Iliade*, où le poète raconte que Chrysès pria Agamemnon de lui rendre sa fille, que celui-ci s'emporta et que le prêtre, se voyant refusé, invoqua le dieu contre les Grecs?

Oui.

Tu sais donc que jusqu'à ces vers :

et il conjurait tous les Grecs et en particulier les deux Atrides, chefs des peuples

le poète parle en son nom et ne cherche même pas à nous donner le change et à nous faire croire que c'est un autre que lui qui parle. Pour ce qui suit, au contraire, il le raconte, comme s'il était lui-même Chrysès, et il s'efforce de nous donner autant que possible l'illusion que ce n'est pas Homère qui parle, mais bien le vieillard, prêtre d'Apollon; et c'est à peu près ainsi qu'il a composé tout le récit des événements qui se sont passés à Ilion, à Ithaque et dans toute l'Odyssée.

C'est vrai, dit-il.

N'y a-t-il pas récit quand il rapporte, soit les divers discours prononcés, soit les événements intercalés entre les discours?

Évidemment si.

Mais lorsqu'il prononce un discours sous le nom d'un autre, ne pouvons-nous pas dire qu'il conforme alors autant que possible son langage à celui de chaque personnage auquel il nous avertit qu'il va donner la parole?

Nous le pouvons; je ne vois pas d'autre réponse.

Or se conformer à un autre, soit pour la parole, soit par le geste, n'est-ce pas imiter celui auquel on se conforme?

Sans doute.

Mais en ce cas, ce me semble, Homère et les autres poètes ont recours à l'imitation dans leurs récits.

Assurément.

Au contraire si le poète ne se cachait jamais, l'imitation serait absente de toute sa composition et de tous ses récits. Mais, pour que tu ne dises plus que tu ne comprends pas comment cela peut être, je vais te l'expliquer. Si en effet Homère, après avoir dit que Chrysès vint avec la rançon de sa fille supplier les Achéens et en particulier les rois, continuait à parler, non pas comme s'il était devenu Chrysès, mais comme s'il était toujours Homère, tu comprends bien qu'il n'y aurait plus imitation, mais simple récit. La forme en serait à peu près celle-ci, en prose du moins; car je ne suis pas poète. «Le prêtre étant venu pria les dieux de leur accorder de prendre Troie en les préservant d'y périr, et il demanda aux Grecs de lui rendre sa fille en échange d'une rançon et par respect pour le dieu. Quand il eut fini de parler, tous les Grecs témoignèrent leur déférence et leur approbation; seul, Agamemnon se fâcha et lui intima l'ordre de s'en aller et de ne plus reparaître; car son sceptre et les bandelettes du dieu ne lui seraient d'aucun secours; puis il ajouta que sa fille ne serait pas délivrée avant d'avoir vieilli avec lui à Argos; il lui enjoignit de se retirer et de ne pas l'irriter, s'il voulait rentrer chez lui sain et sauf. Le vieillard entendant ces menaces eut peur et s'en alla sans rien dire; mais une fois loin du camp, il adressa d'instantes prières à Apollon, l'invoquant par tous ses surnoms, et le conjura, s'il avait jamais eu pour agréables les temples que son prêtre avait construits et les victimes qu'il avait immolées en son honneur, de s'en souvenir et de lancer ses traits sur les Grecs pour leur faire expier ses larmes.» Voilà, mon ami, comment se fait un récit simple, sans imitation.

Je comprends, dit-il.

Comprends donc aussi, dis-je, qu'il est une espèce de récit opposé à celui-là, quand, retranchant les paroles du poète qui séparent les discours, on ne garde que le dialogue.

Je le comprends aussi, dit-il : c'est la forme propre à la tragédie.

C'est en juger très justement, dis-je. Je pense qu'à présent tu vois clairement ce que je ne pouvais pas te faire saisir tout à l'heure, à savoir que la poésie et la fiction comportent une espèce complètement imitative, c'est-à-dire, comme tu l'as dit, la tragédie et la comédie; puis une deuxième qui consiste dans le récit du poète lui-même; tu la trouveras surtout dans les dithyrambes; et enfin une troisième, formée du mélange des deux autres; on s'en sert dans l'épopée et dans plusieurs autres genres. Je me fais bien comprendre?

Oui, j'entends, dit-il, ce que tu voulais dire.

Rappelle-toi aussi qu'antérieurement à ceci nous disions que nous avions traité de ce qu'il faut dire, mais qu'il restait à examiner comment il faut le dire.

Je me le rappelle.

Or je disais précisément qu'il fallait décider entre nous si nous permettrions aux poètes de nous faire des récits purement imitatifs, ou d'imiter telle chose, et non telle autre, et lesquelles dans l'un et l'autre cas, ou si nous leur interdirions absolument l'imitation.

Je devine, dit-il, ce que tu as en vue, savoir si nous admettrons la tragédie dans notre État, ou si nous l'exclurons.

Peut-être, dis-je, peut-être d'autres choses encore; je n'en sais rien pour le moment; mais partout où le souffle de la raison nous poussera, nous nous y rendrons.

C'est bien dit, répondit-il.

Examine maintenant, Adimante, si nos gardiens doivent être ou non habiles dans l'imitation. [...]

[Socrate persuade Adimante du fait qu'il faut interdire l'imitation aux Gardiens.]

Si donc, repris-je, je comprends bien ta pensée, il y a une manière de s'exprimer et de raconter que suit toujours le véritable honnête homme, quand il a quelque chose à dire; et il en est une autre toute différente qui s'impose infailliblement aux récits de celui qui par la naissance et l'éducation est l'opposé de l'homme de bien.

Quelles sont ces manières? demanda-t-il.

Je crois, répondis-je, qu'un honnête homme, lorsqu'il est amené dans un récit à rapporter quelque mot ou action d'un homme vertueux, consentira à jouer lui-même le personnage d'homme vertueux et ne rougira pas de cette imitation, surtout si elle a pour objet quelque trait de fermeté et de sagesse attribué à cet homme. Il l'imitera moins et moins souvent, s'il le voit chanceler sous la maladie, l'amour, l'ivresse ou quelque autre disgrâce. A-t-il au contraire à représenter un homme au-dessous de lui, il ne consentira pas à imiter sérieusement quelqu'un qui ne le vaut pas, sinon en passant, lorsque cet homme aura fait quelque chose de bien, et encore il en rougira, parce qu'il n'est pas exercé à imiter ces sortes de gens, et parce qu'il souffre de se modeler et de se former sur le type d'hommes inférieurs à lui. Il dédaigne au fond l'imitation et n'y voit qu'un passe-temps.

Il est naturel qu'il en use ainsi, dit-il.

Il fera donc usage d'un récit pareil à celui dont nous parlions tout à l'heure à propos des vers d'Homère, et son exposition participera à la fois de l'imitation et du simple récit, mais il y aura peu d'imitation pour beaucoup de récit. Ce que j'avance est-il sensé?

Oui, dit-il; tel doit être le type de l'orateur comme nous le voulons.

En conséquence, repris-je, plus l'orateur différent du nôtre sera mauvais, plus il sera porté à tout imiter: il ne croira rien au-dessous de lui, si bien qu'il ne craindra pas de tout imiter sérieusement et devant de nombreuses assemblées; il imitera même ce dont nous parlions tout à l'heure, le bruit du tonnerre, des vents, de la grêle, des essieux, des poulies, des trompettes, des flûtes, des chalumeaux et le son de tous les instruments, et en outre la voix des chiens, des moutons, des oiseaux. Tout son discours ne sera qu'imitation de voix et de gestes; à peine y entrera-t-il quelque portion de récit.

C'est forcé aussi, dit-il.

Telles sont donc, repris-je, les deux espèces de récit dont je voulais parler.

Telles elles sont en effet, dit-il.

Or la première ne comporte que de légères variations, et lorsqu'une fois on aura donné à son discours l'harmonie et le rythme convenables, on n'a guère, pour bien dire, qu'à s'en tenir à cette seule et unique harmonie, qui n'est sujette qu'à de faibles changements, et à un rythme à peu près pareil aussi.

C'est exact, dit-il.

Mais l'autre espèce exige tout le contraire : il lui faut toutes les harmonies, tous les rythmes, pour avoir son expression appropriée, puisqu'elle comporte des variations de toutes sortes.

C'est très juste.

Mais tous les poètes et en général les hommes qui parlent emploient le premier de ces deux genres de diction, ou le second, ou un mélange de l'un et de l'autre.

Nécessairement, dit-il.

Que ferons-nous donc? repris-je; admettrons-nous dans notre État tous ces genres, ou l'un ou l'autre des genres purs ou le mélange des deux?

Si ma voix l'emporte, dit-il, nous nous arrêterons au récit simple qui imite la vertu.

Pourtant, Adimante, le récit mélangé a bien de l'agrément, et le genre le plus agréable de beaucoup aux enfants, à leurs gouverneurs et à la plus grande partie de la foule, c'est le genre opposé à celui qui a tes préférences.

C'est le plus agréable en effet.

Mais, repris-je, tu vas peut-être me dire qu'il ne convient pas à notre gouvernement, parce que chez nous il n'y a pas d'homme double ni multiple, attendu que chacun n'y fait qu'une seule chose.

En effet il ne convient pas.

Voilà pourquoi c'est une chose particulière à notre État que le cordonnier y est cordonnier et non pilote en même temps que cordonnier, le laboureur, laboureur, et non juge en même temps que laboureur, et l'homme de guerre, homme de guerre et non commerçant en même temps qu'homme de guerre, et ainsi de tous.

C'est vrai, dit-il.

Il semble donc que, si un homme habile à prendre toutes les formes et à tout imiter se présentait dans notre État pour se produire en public et jouer ses poèmes, nous lui rendrions hommage comme à un être sacré, merveilleux, ravissant; mais nous lui dirions qu'il n'y a pas d'homme comme lui dans notre État et qu'il ne peut y en avoir, et nous l'enverrions dans un autre État, après avoir répandu des parfums sur sa tête et l'avoir couronné de bandelettes. Pour nous, il nous faut un poète et un conteur plus austère et moins agréable, mais utile à notre dessein, qui n'imiterait pour nous que le ton de l'honnête homme et conformerait son langage aux formes que nous avons prescrites dès l'origine, en dressant un plan d'éducation pour nos guerriers.

Platon, *République*, livre III (392d-394e et 396b-398b). Traduction d'E. Chambry, éd. Les Belles Lettres.

II

Platon, *République*, livre X

[Pour des raisons morales et pédagogiques, le poète a été chassé de la cité au livre III (voir appendice I. 398a); Platon attend le livre X pour justifier, au nom d'impératifs psychologiques et métaphysiques, la condamnation alors prononcée.]

Je vois, repris-je, bien des raisons de croire que la cité que nous venons de fonder est la meilleure possible; mais c'est surtout en songeant à notre règlement sur la poésie que j'ose l'affirmer.

Quel règlement?

De n'admettre en aucun cas cette partie de la poésie qui consiste dans l'imitation. La nécessité de la rejeter absolument se montre, je crois, avec plus d'évidence encore depuis que nous avons distingué et séparé les différentes facultés de l'âme.

Comment cela?

Je peux vous le dire à vous; car vous n'irez pas me dénoncer aux poètes tragiques et aux autres auteurs qui pratiquent l'imitation. Il me semble que toutes les œuvres de ce genre causent la ruine de l'âme de ceux qui les entendent, s'ils n'ont pas l'antidote, c'est-à-dire la connaissance de ce qu'elles sont réellement.

Quelle est, demanda-t-il, la raison qui te fait parler de la sorte?

Il faut que je vous la dise, répondis-je, bien qu'une certaine tendresse et un certain respect que j'ai dès l'enfance pour Homère s'oppose à cet aveu; car il semble bien avoir été le premier maître et le guide de tous ces beaux poètes tragiques; mais on doit plus d'égards à la vérité qu'à un homme, et, comme je l'ai dit, c'est un devoir de parler.

Certainement, dit-il.

Écoute donc, ou plutôt réponds.

Questionne.

Pourrais-tu me dire ce qu'est l'imitation en général; car je ne conçois pas bien moi-même quel est son but.

Et tu penses, s'écria-t-il, que je le concevrai, moi! [...]

[Socrate a alors recours à l'exemple matériel d'un lit qui se présente sous trois aspects : la Forme du lit, dont l'auteur est Dieu, la copie de cette forme par l'artisan; et la copie de l'œuvre de l'artisan : le tableau du peintre.]

Dieu savait cela, je pense; aussi voulant être réellement le créateur d'un lit réel, et non le fabricant particulier de tel ou tel lit, il a créé unique le lit essentiel.

C'est ce qui semble.

Veux-tu dès lors que nous donnions à Dieu le nom de créateur de cet objet ou quelque autre nom semblable?

Il le mérite, dit-il, puisqu'il l'a créé originellement aussi bien que tout le reste.

Et le menuisier, ne l'appellerons-nous pas l'ouvrier du lit?

Si.

Et le peintre, dirons-nous que lui aussi est l'ouvrier et le producteur de cet objet?

Nullement.

Alors qu'est-il, selon toi, par rapport au lit?

Le nom, répondit-il, qui me paraît le mieux lui convenir est celui d'imitateur de la chose dont ceux-là sont les ouvriers.

Bien, dis-je. Alors tu appelles imitateur l'auteur d'un produit éloigné de la nature de trois degrés?

Justement, dit-il.

C'est ce que sera donc aussi le poète tragique, puisqu'il est imitateur : il sera naturellement de trois rangs après le roi et la vérité, et tous les autres imitateurs aussi?

Il y a apparence.

Nous voilà maintenant d'accord sur l'imitateur, mais réponds encore à cette question : ce que le peintre se propose d'imiter, est-ce, à ton avis, cet objet unique même qui est dans la nature ou sont-ce les ouvrages des artisans?

Ce sont les ouvrages des artisans, dit-il.

Tels qu'ils sont, ou tels qu'ils paraissent? Précise encore ce point.

Que veux-tu dire? demanda-t-il.

Ceci : si tu regardes un lit obliquement ou de face ou de toute autre façon, est-il différent de lui-même, ou bien, sans être différent, paraît-il être différent? J'en dis autant de toute autre chose.

C'est la deuxième alternative qui est exacte, dit-il : il paraît être différent, mais ne l'est en rien.

Maintenant considère ceci. Quel but se propose la peinture relativement à chaque objet ? Est-ce de représenter ce qui est tel qu'il est, ou ce qui paraît tel qu'il paraît ; est-ce l'imitation de l'apparence ou de la réalité ?

De l'apparence, dit-il.

L'art d'imiter est donc bien éloigné du vrai ; et, s'il peut tout exécuter, c'est, semble-t-il, qu'il ne touche qu'une petite partie de chaque chose, et cette partie n'est qu'un fantôme. Nous pouvons dire par exemple que le peintre nous peindra un cordonnier, un charpentier ou tout autre artisan sans connaître le métier d'aucun d'eux ; il n'en fera pas moins, s'il est bon peintre, illusion aux enfants et aux ignorants, en peignant un charpentier et en le montrant de loin, parce qu'il lui aura donné l'apparence d'un charpentier véritable.

Assurément.

Mais voici, mon ami, ce qu'il faut, selon moi, penser de tout cela : quand quelqu'un vient nous dire qu'il a rencontré un homme au courant de tous les métiers et qui connaît mieux tous les détails de chaque art que n'importe quel spécialiste, il faut lui repondre qu'il est naïf et qu'il est tombé sans doute sur un charlatan ou un imitateur qui lui a jeté de la poudre aux yeux, et que, s'il l'a pris pour un savant universel, c'est qu'il n'est pas capable de distinguer la science, l'ignorance et l'imitation.

Rien de plus vrai, dit-il.

Nous avons donc maintenant, repris-je, à considérer la tragédie et Homère qui en est le père. Certaines gens prétendent que les poètes tragiques connaissent tous les arts, toutes les choses humaines qui se rapportent à la vertu et au vice, et même les choses divines, parce qu'il faut qu'un bon poète, pour bien traiter les sujets qu'il met en œuvre, les connaisse d'abord, sous peine d'échouer dans son effort. Il nous faut donc examiner si ces gens, étant tombés sur des artistes qui ne sont que des imitateurs, ne se sont pas laissé tromper, et si, en voyant leurs œuvres, il ne leur a pas échappé qu'elles sont éloignées du réel de trois degrés, et que, sans connaître la vérité, on peut les réussir aisément, car ces poètes ne créent que des fantômes et non des choses réelles ; ou s'il y a quelque chose de solide dans ce que disent ces mêmes gens, et si en effet les bons poètes connaissent les choses sur lesquelles le commun des hommes juge qu'ils ont bien parlé.

C'est un examen qu'il faut faire certainement, dit-il.

Crois-tu que, si un homme était capable de réaliser les deux choses, et l'objet à imiter et l'image, il s'appliquerait sérieusement à confectionner des images, et en ferait le principal sujet de gloire de sa vie, comme s'il n'avait en lui rien de mieux ?

Non, pour ma part.

Mais s'il était réellement versé dans la connaissance des choses qu'il imite, je pense qu'il s'appliquerait beaucoup plus volontiers à créer qu'à imiter, qu'il essaierait de laisser après lui, comme autant de monuments, un grand nombre de beaux ouvrages, et qu'il aimerait mieux être l'objet que l'auteur d'un éloge.

Je le crois, dit-il; car l'honneur et l'utilité seraient bien supérieurs.

Maintenant nous ne demanderons pas compte à Homère ni à tout autre poète de mille choses dont ils ont parlé; nous ne demanderons pas si tel d'entre eux a été un habile médecin, et non un simple imitateur du langage des médecins, quels malades un poète ancien ou moderne passe pour avoir guéris, comme l'a fait Asclépios, ou quels disciples savants en médecine il a laissés après lui, comme celui-ci a laissés ses descendants. Ne les interrogeons pas non plus sur les autres arts : faisons-leur-en grâce. Mais pour les sujets les plus importants et les plus beaux dont Homère s'est mêlé de parler, tels que la guerre, le commandement des armées, l'administration des États, l'éducation de l'homme, il est peut-être juste de l'interroger et de lui dire : «Cher Homère, s'il est vrai qu'en ce qui regarde la vertu tu ne sois pas éloigné de trois degrés de la vérité, et que tu ne sois pas le simple ouvrier d'images que nous avons dénommé imitateur; si tu t'élèves jusqu'au second degré et si tu fus jamais capable de connaître quelles institutions rendent les hommes meilleurs ou pires dans la vie privée et dans la vie publique, dis-nous quel État te doit la réforme de son gouvernement, comme Lacédémone en est redevable à Lycurgue et beaucoup d'États grands et petits à beaucoup d'autres. Quel État reconnaît que tu as été un bon législateur et que tu lui as fait du bien? L'Italie et la Sicile ont eu Charondas, et nous, Solon; mais toi, dans quel État as-tu légiféré?» Pourrait-il en citer un?

Je ne le pense pas, dit Glaucon; les Homérides eux-mêmes n'en disent rien.

Mais fait-on mention d'une guerre qui ait eu lieu de son temps et qu'il ait heureusement conduite par lui-même ou par ses conseils?

D'aucune.

Mais le donne-t-on pour un homme habile dans les travaux et cite-t-on de lui mainte invention ingénieuse dans les arts ou dans tout autre domaine d'activité, comme on le fait de Thalès de Milet et d'Anacharsis le Scythe?

On n'en cite rien de tel.

Mais ce qu'il n'a point fait pour les États, l'a-t-il fait pour les particuliers? En est-il dont il passe pour avoir dirigé lui-même l'éducation pendant sa vie, qui l'aient aimé pour ses leçons et qui aient transmis à la postérité un plan de vie homérique, comme Pythagore qui fut extraordinairement aimé pour cela, et dont les sectateurs suivent encore aujourd'hui un régime de vie qu'ils appellent pythagorique, régime qui les distingue de tous les autres hommes?

On ne rapporte non plus, dit-il, aucun souvenir de ce genre; car Créophyle, le disciple d'Homère, Socrate, est moins ridicule peut-être pour son nom que pour son éducation, s'il en faut croire ce qu'on dit sur Homère. On dit en effet qu'il fut étrangement négligé de son vivant par ce personnage.

C'est en effet ce qu'on rapporte, dis-je. Mais crois-tu, Glaucon, que, si Homère eût été réellement capable d'instruire les hommes et de les rendre meilleurs, comme un homme qui peut parler de ces matières en connaisseur, et non en simple imitateur, crois-tu qu'il ne se serait pas fait de nombreux disciples qui l'auraient honoré et chéri? Quoi! Protagoras d'Abdère, Prodicos de Céos et tant d'autres peuvent en des entretiens privés persuader à leurs contemporains qu'ils ne seront pas capables d'administrer une maison ou un État, s'ils ne se mettent sous leur direction pour s'en instruire, et on les aime si vivement pour leur talent que c'est à peine si leurs disciples ne les portent pas en triomphe sur leur tête; et les contemporains d'Homère et d'Hésiode, s'il est vrai que ces poètes étaient capables d'aider les hommes à être vertueux, les auraient laissés aller de ville en ville réciter leurs vers! ils n'auraient pas sacrifié leur fortune au plaisir de se les attacher! ils ne les auraient pas forcés de se fixer auprès d'eux dans leur pays, et, s'ils n'avaient pu les retenir, ils ne les auraient pas suivis eux-mêmes partout où ils allaient, jusqu'à ce qu'ils eussent assez profité de leurs leçons!

Ce que tu dis là, Socrate, me paraît être la vérité même.

Tenons donc pour assuré que tous les poètes, à commencer par Homère, soit que leurs fictions aient pour objet la vertu ou toute autre chose, ne sont que des imitateurs d'images et qu'ils n'atteignent pas la vérité, et c'est ainsi qu'un peintre, comme nous le disions tout à l'heure, fera, sans rien entendre lui-même à la cordonnerie, un cordonnier qui paraîtra véritable à ceux qui n'y entendent pas plus que lui, et qui en jugent d'après les couleurs et les attitudes.

C'est exact.

Nous dirons de même, je pense, que le poète, au moyen de mots et de phrases, revêt chaque art des couleurs qui lui conviennent, sans qu'il s'entende à autre chose qu'à l'imitation, si bien que les gens comme lui qui ne jugent que sur les mots, quand ils l'entendent parler, avec les prestiges de la mesure, du rythme et de l'harmonie, soit de la cordonnerie, soit de la conduite des armées, soit de tout autre sujet, estiment qu'il parle très pertinemment, tant ces ornements ont en eux-mêmes de charme naturel; car si l'on dépouille les ouvrages des poètes des couleurs de la poésie et qu'on les récite réduits à eux-mêmes, tu sais, je pense, quelle figure ils font; tu l'as sans doute remarqué.

Oui, dit-il.

On peut les comparer, repris-je, à ces visages qui, n'ayant d'autre beauté que leur fraîcheur, cessent d'attirer les yeux, quand la fleur de la jeunesse les a quittés.

La comparaison est juste, dit-il. [...]

Mais l'imitateur apprendra-t-il par l'usage à connaître les objets qu'il peint et à distinguer s'ils sont beaux et bien faits ou non, ou en aura-t-il une opinion juste par les relations qu'il entretient forcément avec celui qui sait et par les instructions qu'il en reçoit, sur la manière de peindre les objets?

Ni l'un ni l'autre.

Ainsi l'imitateur n'aura ni science ni opinion juste touchant la beauté ou les défauts des objets qu'il peint.

Il semble que non.

Joli imitateur qu'un artiste ainsi renseigné sur les choses qu'il traite!

Joli! pas précisément.

Cependant il ne se fera pas faute d'imiter sans savoir par où chaque chose est bonne ou mauvaise; mais selon toute apparence, ce qui semble beau à la foule et aux ignorants sans précisément savoir ce qu'il imitera.

Il ne peut faire autre chose.

Voilà deux points sur lesquels nous sommes, ce semble, suffisamment d'accord; c'est tout d'abord que l'imitateur n'a qu'une connaissance insignifiante des choses qu'il imite, et que l'imitation n'est qu'un badinage indigne de gens sérieux; c'est ensuite que ceux qui touchent à la poésie tragique, qu'ils composent en vers iambiques ou en vers épiques, sont imitateurs autant qu'on peut l'être.

Platon, *République*, livre X (595a-c; 597d-60lb; 602a-b). Traduction d'E. Chambry, éd. Les Belles Lettres.

III

Aristote, *Politique*, livre VIII, 7

[Le livre VIII de la *Politique* poursuit l'étude de la formation et de l'éducation de la jeunesse dans l'état parfait dont Aristote a commencé la description au livre précédent. Et après des considérations générales sur l'éducation, Aristote, tout comme Platon, prend en compte deux domaines privilégiés : la gymnastique et l'éducation musicale. Il va ainsi déterminer les mélodies et les rythmes les mieux adaptés à l'éducation.]

VII. – **1** Il faut poursuivre l'examen des harmonies et des rythmes et de leur rapport avec l'éducation. Doit-on se servir de toutes les harmonies et de tous les rythmes ou distinguer entre eux? Ensuite, pour ceux qui en font une étude approfondie dans un but éducatif, ferons-nous la même distinction, ou faut-il en faire une autre, une troisième (la musique, comme nous le voyons, est faite d'éléments mélodiques et de rythmes; on ne doit pas ignorer l'influence que chacun d'eux exerce sur l'éducation)? Et doit-on préférer en musique de bonnes mélodies plutôt que de bons rythmes? **2** Approuvant bien des propos tenus sur ces questions, soit par certains musicologues actuels, soit par tous ceux qui, d'origine philosophique, se trouvent avoir de l'expérience en éducation musicale, nous laisserons ceux qui le désirent chercher auprès de ces auteurs les précisions voulues sur chacun de ces points; ne faisons maintenant, comme la loi, que des distinctions générales en indiquant seulement les grandes lignes de ce sujet.

3 Puisque nous admettons la classification des mélodies telle que la font certains philosophes, qui distinguent des chants *éthiques* (moralisants), dynamiques (*pratiques*), exaltants (*enthousiastes*) et attribuent à chacune de ces classes le type particulier d'harmonie qui lui correspond, et que, d'autre part, nous disons qu'on doit étudier la musique, non pas en vue d'un avantage unique, mais de plusieurs (en vue de l'éducation et de la «purgation» – ce que nous entendons par «purgation», terme employé ici en général, nous en reparlerons plus clairement dans le traité sur la *Poétique* – et, en troisième lieu, en vue du divertissement, de la détente et du délassement après la tension de l'effort), il est évident qu'on doit employer tous les modes musicaux, mais non pas tous de la même manière : pour l'éducation, on utilise les modes les plus «éthiques»; et, pour l'audition d'œuvres exécutées par d'autres, on se sert aussi des modes «dynamiques» et «exaltants» **4** (Les émotions que ressentent avec force certaines âmes se retrouvent en toutes avec moins ou plus d'intensité – ainsi la pitié et la crainte, ou encore l' «enthousiasme» –, car certains individus ont une réceptivité particulière pour cette sorte d'émotion, et nous voyons ces gens-là, sous l'effet des chants sacrés, après avoir eu recours à ces chants qui mettent l'âme hors d'elle-même, recouvrer leur calme comme sous l'action d'une «cure médicale» ou d'une «purgation». **5** C'est précisément le même effet que doivent nécessairement éprouver les gens enclins à la pitié ou sujets à la crainte et les tempéraments émotifs en général, et les autres dans la mesure où ces émotions peuvent affecter chacun d'eux; et pour tous se produit une sorte de «purgation» et un soulagement mêlé de plaisir; de la même manière aussi les chants de «purgation» procurent aux hommes une joie innocente).

6 Aussi est-ce sur les modes et des mélodies de cette sorte qu'il faut faire concourir les professionnels de la musique de théâtre (comme il y a deux genres de spectateurs, les hommes libres et

cultivés, d'une part, et, de l'autre, le public vulgaire, composé de tra-
vailleurs manuels, d'ouvriers salariés ou de gens de la même espèce,
il faut accorder aussi à ces gens-là des concours et des spectacles pour
leur délassement. **7** Et de même que leurs âmes ont été déviées de
leur état naturel, de même aussi il y a, parmi les harmonies, des dévia-
tions et, dans les mélodies, des tonalités trop aiguës et des «nuances»
dissonantes; ce qui procure du plaisir à chacun, c'est ce qui est
propre à sa nature; aussi faut-il accorder à ceux qui concourent
devant des spectateurs de ce genre la possibilité de jouer une
musique de ce genre).

   8 Mais en ce qui concerne l'éducation, on doit, comme on l'a dit,
utiliser les chants «éthiques» et les harmonies du même genre.

   Aristote, *Politique*, livre VIII, chap. 7 (134lb 19-1342a 32).
Traduction de J. Aubonnet, éd. Les Belles Lettres.

IV

Pseudo-Aristote, *Problèmes*, livre XIX

15. – Pourquoi les nomes n'avaient-ils pas autrefois d'antistrophes,
tandis que les autres chants du chœur en avaient?
   N'est-ce pas parce que les nomes étaient les chants de gens qui
concouraient entre eux, et qui, pouvant déjà jouer selon leur gré
et s'étendre autant qu'ils le voulaient, avaient besoin que le chant
se prolongeât et fût de diverses nuances? Ainsi, de même que les
paroles, les airs modulés devenaient toujours différents, afin de se
prêter à l'imitation des choses représentées; car, nécessairement, le
chant se prête mieux à l'imitation que les paroles. C'est là ce qui
fait que les dithyrambes, en devenant des moyens d'imitation,
n'ont plus eu d'antistrophes, bien qu'ils en eussent antérieurement. La cause en est que jadis c'étaient des hommes libres qui figu-
raient en personne dans les chœurs. Il était donc difficile qu'il y eût
un très grand nombre de chanteurs dans les concours; ils chantaient
plutôt des airs à l'unisson. En effet, un chanteur, quand il est seul,
peut faire bien plus aisément des variations nombreuses que ne le
peuvent plusieurs chanteurs réunis; et ces modulations variées
sont plus faciles aussi à un concurrent de profession qu'à des gens
qui se respectent et gardent leur dignité. De là vient qu'on leur
demande alors des airs plus simples. Mais l'antistrophe est simple,
puisqu'elle est un nombre et qu'elle se mesure par l'unité. C'est
encore la même cause qui fait qu'on ne se répond pas de la scène
par antistrophe, mais qu'on se répond ainsi du chœur. En effet, le
comédien concourt à l'action et imite, tandis que le chœur cherche
moins à imiter.

27. – Pourquoi le son que l'ouïe nous fait entendre, est-il la seule de nos sensations à produire un effet moral? Car un air, même sans paroles, peut avoir quelque chose de moralement impressif, tandis que, ni la couleur, ni l'odeur, ni le goût n'ont d'effet pareil.

N'est-ce pas parce que c'est là seulement qu'il y a un mouvement, qui n'est pas le mouvement que le son même nous transmet? Car il y a aussi de ce mouvement dans les autres sensations; et, par exemple, la couleur meut la vue; mais c'est le mouvement que nous sentons à la suite du son qui s'est fait entendre. Ce mouvement a de la ressemblance avec les rythmes et avec l'ordre successif des tons graves et aigus; mais cette ressemblance n'est plus dans le mélange des sons; et la symphonie n'a pas de caractère moral. Rien de pareil ne se présente pour les autres sens. C'est que les mouvements du son poussent par eux-mêmes à l'action; et c'est par les actions que se manifeste le caractère moral des gens.

29. – Pourquoi les rythmes et les chants, qui sont une sorte de voix, semblent-ils avoir des caractères moraux, tandis que ni les saveurs, ni les couleurs, ni les odeurs n'ont rien de pareil?

N'est-ce pas parce que les sons aussi sont des mouvements, comme nos actes eux-mêmes? Or, c'est l'acte seul qui est moral, et qui constitue la moralité des gens. Mais les saveurs et les couleurs ne produisent pas ce même effet.

31. – Pourquoi, du temps de Phrynichos, faisait-on surtout de la mélodie?

N'est-ce pas parce qu'à son époque c'était la mélodie qu'on employait plus fréquemment que les mètres dans la tragédie?

43. – Pourquoi ressent-on plus de plaisir à entendre une voix seule accompagnée de la flûte plutôt que de la lyre?

N'est-ce pas parce que toute chose plus agréable, en se mêlant à une autre chose déjà plus agréable, forme une unité parfaite? Or, la flûte est plus agréable que la lyre; et par suite, le chant mêlé à la flûte est plus agréable que mêlé à la lyre. En effet, le mélange de deux choses est toujours plus agréable que la chose toute simple, pourvu que l'on ait la sensation des deux à la fois. Cependant le vin seul est plus agréable que le mélange de miel et de vinaigre, parce que les mélanges que produit la nature sont mieux combinés que ceux que nous faisons nous-mêmes. Mais le vin est aussi un mélange d'acide et de saveur douce, comme le prouve la saveur des fruits qu'on appelle les grenades vineuses. Le chant de la voix et les sons de la flûte se mêlent donc très bien, parce qu'ils se ressemblent, en ce sens que c'est toujours le souffle qui produit les sons de l'une et de l'autre. Mais le son de la lyre ne vient pas d'un souffle, et il nous est moins sensible et moins agréable que le jeu des flûtes, parce qu'il se mêle moins bien à la voix. Et comme il produit une différence dans la sensation qu'on éprouve, il nous fait moins de plaisir, ainsi que nous venons de le dire pour les saveurs. Il faut ajouter que la flûte cache beaucoup des fautes du chant par l'écho qu'elle produit, grâce à la ressemblance qu'elle a avec la voix humaine. Au contraire, les sons de la lyre, secs comme ils sont et se mêlant moins complètement à la voix, et restant toujours eux-mêmes et toujours indépendants, montrent davantage toutes les fautes du chant, dont ils sont en quelque sorte la règle. Du moment donc que l'on commet beaucoup de fautes dans le chant, l'accompagnement de la voix et de la lyre doit avoir un résultat commun moins agréable.

48. – Pourquoi les chœurs dans la tragédie ne prennent-ils jamais le mode hypodorien, ni le mode hypophrygien, pour leurs chants?

N'est-ce pas parce que ces deux harmonies n'ont pas la mélodie dont le chœur a surtout besoin? Le mode hypophrygien a le caractère d'une action; et par exemple, c'est sur ce mode que dans le *Géryon* se font la sortie et l'armement. Quant à l'hypodorien, il a quelque chose de grandiose et de tranquille; aussi est-ce là ce qui fait que cette harmonie est celle qui va le mieux à la cithare. Si, du reste, ni l'une ni l'autre de ces harmonies ne conviennent bien au chœur, elles conviennent, au contraire, parfaitement à ce qui se passe sur la scène. En effet, sur la scène les acteurs imitent les héros, parce que, chez les Anciens, il n'y avait guère que les héros qui fussent des chefs et des rois; le peuple était le vulgaire des hommes, qui composent le chœur. Voilà comment ce qui convient au chœur, c'est la plainte, c'est le calme de l'âme et le chant; car ce sont là les dispositions les plus ordinaires des hommes. Quant aux autres harmonies, elles ont bien ce caractère; mais, entre toutes, c'est le mode hypophrygien qui le représente le moins, parce qu'il est enthousiaste et bachique. Aussi, en ressentons-nous une vive impression; car les faibles sont plus sensibles que les forts; et c'est là ce qui fait que cette harmonie va si bien au chœur. Nous sommes poussés à l'action par le mode hypophrygien; ce qui ne va pas du tout au chœur; car le chœur doit s'intéresser à l'action sans y prendre part. Il ne fait que montrer sa sympathie bienveillante, en face des événements auxquels il assiste.

Pseudo-Aristote, *Problèmes*, livre XIX (L'harmonie). Traduction de J. Barthélemy-Saint-Hilaire, éd. Hachette.

Notes

Sauf indication contraire, toutes les dates de l'Antiquité s'entendent avant Jésus-Christ.

Nos renvois au texte de la Poétique *sont faits aux pages (1447-1462), colonnes (a ou b) et lignes (1 à 38) du texte grec dans l'édition de référence : nous avons reporté ces repères en marge de notre traduction ; cependant l'ordre des mots n'étant pas identique en grec et en français, notre version étant moins concise que l'original, le lecteur devra parfois se reporter à une ligne voisine pour retrouver la référence exacte.*

Notes de la Présentation
(pp. 5 à 15)

1. Ou de Laërte (ville de Cilicie) ; ce compilateur, qui vécut vraisemblablement dans la première moitié du IIIe siècle ap. J.-C., nous a laissé ses *Vies, doctrines et sentences des philosophes illustres*, ouvrage qui ne se signale guère par la profondeur de ses analyses, mais encore très précieux car son auteur a consulté une foule d'ouvrages et de documents aujourd'hui à jamais disparus.

La vie d'Aristote ouvre le livre V, consacré à l'école péripatéticienne. Nous avons repris ici, avec quelques aménagements, la traduction de Charles-Marie Zevort, Paris, Charpentier, 1847, t. I, pp. 214-228.

2. Un gymnase voisin du temple d'Apollon Lykeios, d'où son nom. Il était placé au pied du mont Lycabette, au N.-E. d'Athènes. L'édifice, qui remontait au VIe siècle, avait été remanié et agrandi par Périclès (milieu du Ve siècle).

3. Le verbe *peripatein* signifie en effet *aller et venir, se promener*.

4. Le péan fut au départ l'hymne célébrant la victoire d'Apollon sur le serpent Python ; c'est un poème lyrique et laudatif, habituellement écrit en l'honneur d'un dieu (d'où les accusations d'impiété à l'encontre d'Aristote). Nous avons supprimé le passage où est transcrite la pièce.

5. Nous avons beaucoup abrégé ce long catalogue, ne conservant que les passages où sont cités des ouvrages utiles à notre propos (mis en valeur par l'italique).

Notes du chapitre 1
(pp. 85 à 86)

1. Poème lyrique aux origines obscures (IXe siècle ? ; en Thrace ou en Phrygie ?), composé en l'honneur de Dionysos, exécuté par un chœur

circulaire, sur un air très enlevé. La langue en était très riche, encombrée de néologismes et de mots composés. Il était composé de strophes, prononcées par un soliste (voir chap. 4, 1449a 11) dit « coryphée » (1461b 32), et de refrains repris par le chœur. On estime souvent que la tragédie – qui mêle de même interventions des acteurs et chants du chœur – est issue du dithyrambe (voir chap. 4, *ibid.*).

2. En dépit des excellents arguments avancés par R. Dupont-Roc et J. Lallot (pp. 17-23), nous adoptons la « traduction conventionnelle aujourd'hui vieillie » de *mimèsis* (et de ses dérivés) par *imitation* (et ses dérivés) ; le terme de *représentation* qu'ils ont retenu peut en effet à nos yeux masquer toute la tradition rhétorico-poétique du débat sur l'imitation, que nous avons présentée dans notre introduction, et dans lequel la *Poétique* ne cessera de jouer un rôle primordial.

3. Cette incidente est éclairée par une formule parallèle employée plus loin à propos d'Homère qui a bien respecté l'unité d'action « grâce à son art ou grâce à son génie » (1451a 24). Cette alternative est une manière de réponse à Platon : il avait affirmé que ce n'était pas un savoir ou un art qui permettait à un homme de devenir poète, mais un don naturel, parfois secondé par l'inspiration divine. Aristote ne nie pas la part irrationnelle de la création poétique (1455a 33 ; voir note 4 du chap. 17), mais, par ce balancement récurrent, pose le problème du rôle de la technique et des règles en art. Ici, il oppose les peintres qui suivraient des règles à d'autres qui peindraient « par habitude », naturellement.

4. Il ne faut pas oublier qu'en Grèce – notre expression « poésie lyrique » en témoigne encore – la poésie est indissociable de la musique qui l'accompagne : les types de pieds qui constituent les vers, le rythme et la mélodie sont liés. La *kitharis* (ou encore *phorminx* ou *lyra*) était un instrument à cordes pincées, au son sec et monotone, mais net et grave : c'est l'instrument d'Apollon ; elle accompagne les aèdes. La flûte (*aulos*, à deux tuyaux) était un instrument du satyre Marsyas, rival malheureux d'Apollon. Elle pouvait être jouée seule, et agrémentait à ce titre les fêtes et les banquets (voir Platon) ; elle était aussi l'instrument qui accompagnait les chants du chœur lors des représentations théâtrales (voir Appendice IV, 48). Si l'*aulos* était maniée par des musiciens professionnels, la *syrinx* (ou flûte de Pan) était un instrument plus grossier.

5. Sophron de Syracuse (fin du V⁰ siècle ?) et son fils Xénarque étaient célèbres pour leurs *Mimes*, petits sketches en prose rythmée qui représentaient (la racine de ce mot est celle de *mimèsis*, voir Introduction p. 25) des scènes de la vie quotidienne. On peut se faire une idée de leur contenu grâce à certaines pièces, plus tardives, de Théocrite (début III⁰ siècle) et aux *Mimes* d'Hérondas (même époque).

6. Socrate (v. 470-399) n'a bien entendu laissé aucune œuvre écrite ; mais après sa condamnation et sa mort, est apparue toute une littérature inspirée par sa méthode d'enseignement : les dialogues de Platon (*Apologie, Criton* ; puis *Phédon, Le Banquet, Théétète*), mais aussi les *Mémorables* de Xénophon (v. 430-v. 355), pour ne parler que des plus célèbres.

7. À la différence du système français, qui prend en compte le nombre des syllabes et la rime, ou du système anglais et allemand qui s'attache aux

accents, dans les vers grecs, la rime n'existe pas, le nombre des syllabes n'est pas fixe et l'accent n'a qu'un rôle tardif et secondaire ; seule y compte la quantité des syllabes : c'est en combinant des syllabes de durées différentes (longues [⁻] ou brèves [ᵘ], une syllabe longue « valant » deux brèves) que l'on composait le vers. Ainsi, le trimètre iambique, qui est un vers au rythme vif, utilisé dans les pièces satiriques (voir chap. 4, 1448b 31-3) et dans les œuvres dramatiques, est – idéalement, des substitutions y ayant toujours lieu – composé de trois séries de deux iambes (ᵘ⁻). Le mètre – ou distique – élégiaque résulte de la combinaison de deux vers : le vers de l'épopée, l'hexamètre dactylique (composé d'une série de cinq dactyles [⁻ᵘᵘ], suivis d'un dactyle incomplet), associé à un pentamètre dactylique (composé de quatre dactyles et de deux demi-pieds). Sur la différence de ton entre l'iambe et l'hexamètre, voir 1449a 23-7 et 1459b 35 *sq*.

Notons que les premières poésies élégiaques, celles d'Archiloque, Tyrtée ou Mimnerme, qui portent souvent le titre d'exhortation, n'ont rien à voir avec les pièces des élégiaques romains (Catulle, Tibulle, etc.) qui ont donné à ce terme son acception moderne.

8. Empédocle (v. 493-433), issu d'une famille noble d'Agrigente, est sans doute le dernier grand philosophe présocratique ; personnage fantasque et munificent à en croire Diogène Laërce (1. VIII), il était médecin, guérisseur et se croyait d'essence divine (il se serait jeté dans l'Etna pour faire croire à son apothéose). Il composa, outre des chants de purification (*Katharmoi*), un long poème philosophique *Sur la nature* et un autre sur la médecine, tous deux écrits, comme les épopées d'Homère, en hexamètres dactyliques (voir note précédente). Si Aristote lui refuse ici le statut de poète, c'est qu'à ses yeux ses poèmes, textes scientifiques, qui analysent le réel, ne sont pas œuvre d'imitation ; or tout ce début de la *Poétique* établit que la poésie réside avant tout en l'imitation.

9. Parce que la poésie réside dans l'imitation, non dans le choix d'un type de vers particulier. Aristote n'approuve pas ce genre de tentative (voir chap. 24, 1459b 33 et 1460a 2), il entend seulement dénoncer les flottements de la nomenclature poétique. Comme on ne sait rien du *Centaure*, dont seuls cinq vers ont subsisté, on ne sait pourquoi Aristote le qualifie de rhapsodie (récitation commentée de poèmes épiques ; voir chap. 26, 1462a 6), à moins qu'il n'emploie le terme au sens figuré, en se souvenant de son étymologie (le verbe *raptô* veut dire « coudre ensemble »). Chérémon était un dramaturge en vogue à l'époque même d'Aristote ; mais on ignore tout de sa vie, et ne restent de son œuvre que quelques fragments.

10. Hymne liturgique exécuté par un soliste en l'honneur d'un dieu – souvent Apollon, mais aussi Zeus ou Athéna. C'est une des formes poétiques les plus anciennes de la civilisation grecque (voir appendice IV, 15).

Notes du chapitre 2
(pp. 86 à 87)

1. De ces trois peintres, seul Polygnote nous est connu grâce aux descriptions qu'ont faites de ses œuvres (à Athènes ou à Delphes) Pausanias

et Pline l'Ancien. Né sans doute au début du Vᵉ siècle, il était célèbre pour ses grandes compositions mythologiques, dans lesquelles il avait su diversifier les attitudes et les expressions (voir chap. 6, 1450a 27).

Pauson n'est connu que par les scholies (commentaires) du v. 854 des *Acharniens* (représentés en 425) d'Aristophane; il s'agit vraisemblablement d'un peintre-caricaturiste, dont Aristote déconseille dans la *Politique* (1340 a 36) de montrer les œuvres aux jeunes gens. Quant à Dionysios, il s'agit sans doute du peintre surnommé d'après Pline (35, 113) «*anthropographos*» (peintre d'hommes) par opposition justement à l'idéalisation ou à la caricature.

2. Cléophon est un auteur tragique que l'on ne connaît que grâce aux arrêts rendus par Aristote contre son style jugé trop bas et confinant involontairement au comique (voir chap. 22, 1458a 20 et *Rhétorique*, 1408a 10). Hégémon, qui vécut à Athènes dans la deuxième moitié du Vᵉ siècle, est un peu mieux connu; il aurait porté des parodies à la scène; son œuvre principale était une *Gigantomachie* (combat des Géants) qu'il semble avoir récitée à Athènes devant le peuple à la manière des rhapsodes (voir note 5 du chap. 26) : double parodie donc, dans la composition et dans l'exécution. Mais la parodie – le fait sinon le mot – était connue bien avant Hégémon : Hipponax (fin du VIᵉ siècle) avait ainsi parodié l'épopée; peut-être faut-il comprendre qu'il a été le premier à présenter des parodies sous forme dramatique.

Ce Nicocharès est peut-être l'auteur de comédie contemporain d'Aristophane (fin du Vᵉ siècle); on ne sait rien de lui ni de cette œuvre. Son titre permet d'en imaginer le sujet, puisque, à l'épopée héroïque d'Ilion (Troie), l'*Iliade,* elle oppose l'épopée des *deiloi*, des couards (une *Couardiade* en quelque sorte).

3. Passage corrompu : on s'attendrait de nouveau à trois exemples, et le texte n'en comporte plus que deux. L'œuvre de Philoxène (Cythère, 435-Éphèse, 380) peut sans doute illustrer la représentation «en pire», puisque cet auteur de dithyrambes (voir note 1 du chap. 1) persécuté par Denys l'Ancien, tyran de Syracuse, l'aurait ridiculisé sous les traits du grossier Polyphème soupirant après la belle Galatée. Timothée (Milet, 447-357), l'un des plus célèbres poètes lyriques grecs, composa des hymnes, des nomes (voir note 10 du chap. 1), des dithyrambes; on ne sait rien de son *Cyclope*, qui illustrait sans doute ici un type de dithyrambe – ou de nome – plus sérieux.

Notes du chapitre 3
(pp. 87 à 88)

1. Aristote songe ici à un passage de la *République* (393d-394c : voir Appendice I, pp. 161 *sq.)* où Platon voit dans le début de l'*Iliade* deux types d'énonciation; jusqu'au vers 42, Homère parle en son nom; dans les vers suivants, «il parle comme s'il était lui-même Chrysès» (le prêtre d'Apollon, venu réclamer sa fille à Agamemnon).

2. Chapitre 1, 1447a 16-18.

3. Sophocle (Colone, v. 495-Athènes, 405) est avec Eschyle et Euripide l'un des trois plus grands tragiques grecs. Sa carrière théâtrale, qui débuta en 468, fut toujours marquée par le succès ; il remporta plus de vingt victoires aux concours (voir note 17 du chap. 6) ; et en 409, il triomphait encore avec *Philoctète*. Sur les 123 tragédies qu'il aurait composées, seules 7 – comme pour Eschyle – nous sont parvenues entières.

4. Aristophane (Athènes v. 445-v. 386) est le plus célèbre des poètes comiques grecs. Sa carrière théâtrale débute en 427 ; sa dernière pièce datée est le *Ploutos*, en 388. Sur les 44 comédies répertoriées par les Anciens, 11 nous sont parvenues ; la plupart ont un lien direct avec l'actualité politique contemporaine d'Athènes, dominée par l'affrontement funeste avec Sparte, connu sous le nom de Guerre du Péloponnèse (431-404).

5. À l'époque archaïque, les Grecs ne parlaient pas une langue unique, mais en raison des vagues d'envahisseurs qui s'étaient succédé sur cette partie du bassin méditerranéen, chaque région avait son dialecte propre. On en distingue classiquement quatre familles : le groupe arcado-cypriote, le groupe éolien (Béotie, Thessalie, nord de la côte turque), le groupe ionien-attique (Cyclades, Attique, milieu de la côte turque), et enfin le dorien (côte ouest de la Grèce, Péloponnèse, Crète, sud de la côte turque). Chaque groupe se distinguait de l'autre par des différences orthographiques, morphologiques, voire lexicales (voir *infra* 1448b 1-2).

6. Il existait en effet deux villes ainsi nommées : la première, située à l'ouest d'Athènes et de Salamine, sur le golfe Saronique, et une colonie de celle-ci, Mégare Hyblaia, fondée en 750 non loin de Syracuse en Sicile. L'adverbe employé par Aristote laisse présumer que ce passage de la *Poétique* fut composé à Athènes, soit avant 348, soit plus vraisemblablement après 335.

Les Mégariens, après une longue période oligarchique et la tyrannie de Théagenès, instaurèrent une démocratie au début du vi^e siècle.

7. Épicharme (557 ? -v. 467) est en effet l'un des pères fondateurs de la comédie, lui qui sut renoncer à un enchaînement de scènes décousues pour composer une intrigue unique (voir chap. 5, 1449b 6). De ses pièces – on lui en attribuait 40 – il ne reste que des fragments ; d'après leurs titres, elles semblent avoir eu deux sources d'inspiration principales : la mythologie et la veine réaliste. Sa renommée fut immense et Platon n'a pas hésité à le comparer à Homère (*Théétète* 152e) ; ses vers souvent sentencieux l'ont parfois fait considérer comme un philosophe, au point que Diogène Laërce (voir note 1 de la Présentation) lui consacrera un chapitre dans ses *Vies*.

8. Chionidès et Magnès sont deux auteurs comiques d'Athènes. On trouve trace de représentation de leurs œuvres de 488 à 490 environ : le décalage par rapport aux premières pièces d'Épicharme (que l'on situe à la fin du vi^e siècle) n'est pas si important que le dit Aristote. On ne conserve de leurs comédies que d'infimes fragments.

9. Ce verbe est dérivé du substantif *kômos* qui désignait une fête avec chants et danses en l'honneur de Dionysos ; il signifie donc participer à ce type de fêtes, souvent plaisantes. L'étymologie moderne a écarté les prétentions des Doriens et retenu l'explication qu'ils rejetaient : les *kômodoi*

(les comédiens) semblent bien avoir été à l'origine les chanteurs de kômoi, ceux qui y improvisaient des chants religieux (voir chap. 4 1448b 23 et 1449a 9-12).

10. Verbe d'où sont issues les formes données plus haut (1448a 28-30), le participe *drôntas* et le substantif *drama* : puisque le mot est dorien (voir note 5), la chose l'est aussi.

Notes du chapitre 4
(pp. 88 à 91)

1. Œuvre apocryphe, longtemps attribuée à Homère (par Platon ou Plutarque ; cette attribution fut pourtant remise en cause par la critique alexandrine dès le IIIᵉ siècle), aujourd'hui perdue. Elle narrait les aventures d'un héros, Margitès (c'est-à-dire le sot par excellence) «qui savait faire beaucoup de choses, mais pas une comme il faut», comme le dit un des vers conservés, un anti-Ulysse en quelque sorte, dont le moindre geste était source de catastrophes. Le poème mêlait les hexamètres épiques aux vers iambiques (voir note 7 du chap. 1) des poètes satiriques.

2. Sur le vers iambique, voir note 7 du chapitre 1. Mais le mot *iambos* avait en grec deux sens, celui d'iambe (et, par synecdoque, de vers iambique), mais aussi (par métonymie) de poème satirique (v. 1449a 4). Aristote semble considérer que le sens premier de *iambos* a été satire, invective, et que le vers le plus couramment employé pour composer ce type de pièces en a pris le nom, *iambos* ou *iambeion* comme ici.

3. C'est-à-dire en hexamètres dactyliques (voir note 7 du chap. 1).

4. Aristote démontrera la supériorité de la tragédie sur l'épopée au chapitre 26 (1462a 5-1462b 15).

5. Aristote en distinguera 4 au chapitre 18 (1455b 32-35).

6. Voir note 1 du chapitre 1.

7. Les *phallika* sont comme le dithyrambe, des chants associés au culte de Dionysos, entonnés au cours de la procession du phallus (symbole sexuel masculin, souvent taillé dans un bâton de figuier). Une scène des *Acharniens* d'Aristophane (v. 241-279) permet de se faire une idée de ces processions et de ces chants. Mais l'essentiel est la présence dans les deux cas (dithyrambe et chants phalliques) d'un meneur, qui improvise plus ou moins et d'un chœur qui lui répond ; l'évolution n'a cependant pas été la même : alors que le dithyrambe était cultivé par des auteurs et devenait un genre littéraire, les *phallika* sont demeurés des pièces populaires, emplies de gaudrioles ; où l'on retrouve la partition esquissée *supra* (1448b 25 *sq.*) entre les inspirations noble ou basse.

8. Le fait qu'Eschyle soit pour nous le plus ancien des tragiques grecs ne doit point laisser croire qu'il ait inventé le genre : il est né près d'Athènes en 525 ; or la première représentation tragique donnée à Athènes, remonterait à 534. Avant lui, il y eut d'autres illustres poètes tragiques (Thespis ; Pratinas ; Phrynicos : voir Appendice IV, 31), dont les œuvres ont disparu. Ses débuts à la scène remontent aux premières années du Vᵉ siècle ; sa première victoire au concours (voir note 17, chap. 6), à 484.

Après avoir combattu les Perses et participé aux batailles de Marathon (490) et Salamine (480) qui contribuèrent à asseoir la puissance athénienne, il poursuivit sa carrière de dramaturge à Athènes jusqu'en 458. Il meurt en Sicile en 456. Des 70 à 90 tragédies qu'il aurait composées, nous n'en possédons plus que 7 entières, et parmi elles la seule trilogie tragique qui soit conservée, l'*Orestie* (458).

S'il ne fut pas le père de la tragédie grecque, son rôle – comme le souligne ici Aristote – fut grand dans son évolution vers un spectacle plus dynamique avec le développement de l'intrigue et du rôle des personnages, au détriment des parties chantées par le chœur, de loin les plus étendues à l'origine.

9. Voir note 3 du chapitre 3.

10. Une grave contradiction avec l'affirmation antérieure (1449a 10-11) selon laquelle la tragédie tire son origine du dithyrambe. Il faut en effet savoir que le *satyrikon* est un genre dramatique autonome, qui s'est développé et fixé parallèlement à la tragédie dans le dernier quart du VIᵉ siècle. Au fur et à mesure que la tragédie se détachait du dithyrambe et donc de ses origines dionysiaques, il parut nécessaire, lors des fêtes où les tragédies étaient jouées, de rendre un hommage plus particulier au dieu du vin ; aussi à la suite des trilogies tragiques (voir note 17 du chap. 6) était toujours joué un drame satyrique, c'est-à-dire une pièce où le chœur était constitué de satyres, ces démons de la nature, mi-hommes, mi-bêtes qui composaient le cortège de Dionysos. Ce n'était pas une comédie, mais, selon la définition d'un critique antique, « une tragédie qui s'égaie », car cette sorte de spectacle mêlait l'héroïsme des personnages, empruntés à l'épopée, à la bouffonnerie des satyres et de Silène, leur chef. Un seul drame satyrique complet subsiste encore : le *Cyclope* d'Euripide, de date inconnue.

Sans commettre donc un grave anachronisme, Aristote ne peut prétendre que la tragédie provienne du drame satyrique ; selon certains critiques, il laisserait entendre que le dithyrambe était exécuté par des acteurs déguisés en satyres ; mais rien (sauf peut-être un fragment de céramique peinte) ne peut laisser croire qu'il y ait rien eu de « satyrique » dans le dithyrambe archaïque.

11. Il s'agit du tétramètre trochaïque, un vers très utilisé par les auteurs lyriques et les premiers tragiques, dont le pied de base est le trochée, un pied de trois temps premiers, comme l'iambe (voir note 7 du chap. 1), mais disposé à l'inverse puisque les deux premiers temps (la syllabe longue, qui forme le temps fort du pied) sont placés d'abord : ‐ ᵘ. Le tétramètre comprenait – idéalement, des substitutions étant possibles – quatre séries de deux trochées, la dernière d'entre elles étant incomplète de la dernière syllabe brève.

12. Voir note 7 du chapitre 1.

13. *Ibidem*.

14. Après l'ampleur (1449a 19), vient maintenant pour la tragédie un autre moyen de trouver la grandeur requise : la décomposition de l'action en épisodes plus nombreux ; pour leur définition, voir chap. 12, 1452b 20-21.

Notes du chapitre 5
(pp. 91 à 92)

1. Au chapitre 2, 1448a 16-18 (voir aussi chap. 3 1448a 26 *sq.* et chap. 4 1448b 24).

2. En Grèce, les acteurs – qui étaient toujours des hommes, même pour les rôles féminins (v. 1462 a 10) – portaient en effet des masques, qui représentaient certaines expressions (la joie, la tristesse, etc.) ; les masques tragiques, très hauts, allongeaient la silhouette des personnages héroïques, alors que le masque comique (que l'on songe à ceux de la commedia dell'arte) accusait souvent les traits.

3. Voir chapitre 4, 1449a 16 *sq.*

4. Les archontes, au nombre de neuf, renouvelables chaque année, exerçaient à Athènes la magistrature suprême et se partageaient les charges administratives, politiques et religieuses ; ils devaient donc aussi organiser les fêtes, en particulier les Grandes Dionysies (en mars), les Dionysies rustiques (en décembre) et les Lénéennes (en janvier) durant lesquelles se déroulaient les concours de tragédies, et plus tard (après 486) de comédies ; les poètes qui voulaient concourir s'adressaient donc à l'archonte compétent ; s'il admettait leurs pièces, il leur «accordait un chœur», c'est-à-dire qu'il assignait à chaque poète un chorège et trois acteurs, et à chaque chorège un maître de chœur et un flûtiste. Les chorèges étaient des citoyens riches désignés pour subvenir aux dépenses dues aux représentations dramatiques, dans le cadre d'un «impôt sur les grosses fortunes», les «liturgies». Les poètes et les acteurs – des professionnels – étaient rétribués par l'État ; mais le chorège devait recruter le chœur, veiller à sa formation musicale, lui procurer costumes et masques, et le rémunérer (ainsi que le maître de chœur et le flûtiste).

Avant 486, avant d'être officiellement incluses dans les concours, les représentations de comédies étaient donc le fait de personnes privées, agissant sans le concours de l'État.

5. Sur Épicharme, voir note 7 du chapitre 3. Phormis – ou plutôt Phorms – était un contemporain d'Épicharme ; né à Syracuse, il vécut comme lui en Sicile. On ne sait rien de sa vie et de son œuvre (totalement disparue), si ce n'est qu'il fut le familier du tyran Gélon (540-478), qui lui confia l'éducation de ses enfants. L'essentiel est qu'avec Épicharme, il ait su renoncer au décousu et aux attaques personnelles qui caractérisaient les pièces iambiques pour construire une intrigue de portée générale (voir ce qui est dit de Cratès, note suivante).

6. Cratès, dont la période de production se situe entre 450 et 430, n'est pas le premier auteur comique d'Athènes ; il eut en effet un maître en Cratinos (v. 484-420), dont il aurait joué les pièces, avant d'en écrire lui-même. Il est vraisemblable que les pièces de Cratinos étaient aux yeux d'Aristote encore trop marquées par l'esprit iambique d'invective personnelle et violente. Cratès écrivit en revanche une comédie, les *Bêtes sauvages*, dont le sujet et quelques fragments ont survécu : les animaux

y parlaient et conseillaient aux hommes de ne plus les manger ; dans une scène, deux personnages rêvaient tout haut d'une vie où l'on n'aurait plus d'esclaves, l'homme étant servi par des ustensiles domestiques devenus intelligents. Ces fantaisies sont bien loin des injures, même bouffonnes, d'un Cratinos.

7. L'hexamètre dactylique (voir note 7 du chap. 1) ; on trouve dans la tragédie une succession de mètres iambiques, trochaïques, avec dans les parties lyriques, toutes sortes de schémas métriques.

8. Aristote songe peut-être ici à Eschyle (voir note 8 du chap. 4). Deux de ses pièces conservées montrent des événements qui ne pourraient tenir en vingt-quatre heures : la traversée de la mer Égée dans *Agamemnon*, les longues errances d'Oreste poursuivi après son crime par les Érynies, dans *Les Euménides*.

9. Sur les six parties de la tragédie énumérées au chapitre 6 (1450a 9-10), les deux dernières, le spectacle et le chant, ne peuvent appartenir qu'à la tragédie (voir chap. 24, 1459b 10).

Notes du chapitre 6
(pp. 92 à 95)

1. La poésie en hexamètres, autrement dit l'épopée, sera étudiée aux chapitres 23 et 24. Quant à la comédie, aucun chapitre ne lui est consacré dans la *Poétique* telle qu'elle nous est parvenue, ce qui fait supposer qu'il en était question dans le livre II, aujourd'hui perdu (voir Introduction, p. 19).

2. Au chapitre 1 pour l'idée d'imitation (1447a 13-16) et d'assaisonnements (1447b 24-28) ; au chapitre 2 pour l'idée de noblesse et au chapitre 3 (1448a 19-30) pour la différence entre l'imitation sous forme narrative et sous forme dramatique. Cependant, en dépit de 1449b 12, l'idée d'étendue est nouvelle, tout comme celles de pitié et de crainte, et surtout de purgation des passions.

3. Là encore, nous avons conservé la traduction classique du mot *katharsis*, qui a suscité tant de commentaires depuis la Renaissance (voir Introduction).

4. Nous avons conservé la métaphore alimentaire ; mais cette traduction peut faire oublier que le verbe *hèdunô* et le mot *hèdusma* (v. 1450b 16) appartiennent à la famille du mot *hèdonè* (plaisir). Sur la récurrence de la notion de plaisir, but du spectacle dramatique – souvent suscité par l'ornementation et la recherche dans l'expression –, voir notre index des notions, pp. 207 *sq.*

5. Il s'agit du prologue (c'est-à-dire l'acte I), des trois épisodes (actes II à IV) et de l'exode (sortie ; acte V) qui sont déclamés par les acteurs sans accompagnement musical, par opposition à la *parodos* et aux *stasima* (voir chap. 12, 1452b 22-3) qui étaient chantés par le chœur au son de la flûte.

6. C'est ainsi que nous traduirons *pragmata* (on pourrait traduire par *faits*), pour garder en français le rapport étroit qui existe en grec entre *praxis* (le fait d'agir) et *pragma* (le résultat de cette action), substantifs tous deux dérivés du verbe *prattein* (voir chap. 3, 1448b 1) selon un processus

très courant (le suffixe -*sis* marquant l'abstrait et – *ma* le concret : *ktèsis*-acquisition / *ktèma*-objet acheté ; *mimèsis/mimèma, thèsis/thèma*, etc.).

Notons encore que *praxis* ne désigne pas chez Aristote n'importe quelle action, comme se lever ou s'asseoir, mais une action engagée dans un certain but et menée jusqu'à sa fin ; l'homme – et non l'animal – peut seul engager une action, car elle est le résultat d'un choix (voir *Éthique à Nicomaque*, VI, 2).

7. Aristote reprend ici la distinction entre les trois façons d'imiter mise en place dès le chapitre 1 (1447a 16-18) pour l'appliquer aux parties constitutives de la tragédie : deux parties (l'expression et le chant) pour les moyens de l'imitation, une pour le mode (spectacle) et trois pour ses objets (histoire, caractère, pensée).

8. Passage corrompu ; nous suivons ici l'interprétation de R. Dupont-Roc et J. Lallot (pp. 200-202).

9. L'histoire, autrement dit : voir 1450a 4.

10. À prendre dans son sens le plus général ; la représentation tragique doit échapper à l'individuel et au particulier (*cf.* 1449b 8 à propos de la comédie) ; d'ailleurs tout ce passage tend à établir la prépondérance de l'histoire (de portée universelle) sur les caractères.

11. Sur Polygnote, voir note 1 du chapitre 2. Zeuxis, né dans le sud de l'Italie, a vécu plus tard, à la fin du Ve et au début du IVe siècle. Il a été très admiré des Anciens, si bien que l'on a encore des descriptions assez précises de ses œuvres (il a surtout peint en Sicile et en Macédoine). Il recherchait des sujets peu communs (une centauresse allaitant, Marsyas [voir note 4 du chap. 1] enchaîné) ; et l'anecdote rapportée par Cicéron (*De Inventione* II, 1) selon laquelle il aurait retenu les cinq plus belles jeunes filles de Crotone pour servir de modèles à son portrait d'Hélène, laisse supposer qu'il visait dans ses œuvres à peindre le Beau plutôt que des beautés (*cf.* chap. 25, 1461b 12). De Polygnote à Zeuxis, Aristote laisse deviner une évolution du particulier (les caractères) au général (le Beau) comparable à celle que nous avons vue pour la comédie, de Cratinos à Cratès (voir note 6 du chap. 5 et *infra*, 1450a 35-37 sur les poètes archaïques).

12. Le plaisir tragique, suscité par la pitié et la crainte (voir chap. 14, 1453b 10-14 et Index, *s. v.* plaisir).

13. La définition de ces deux termes sera donnée au début du chapitre 11.

14. Aristote avait déjà donné une définition de la pensée : voir *supra* 1450a 6 ; et *infra* 1450b 11-2.

15. La politique, l'art d'administrer au mieux la cité (*polis*), est aussi ancienne que cette structure étatique, alors que la rhétorique, l'art de bien dire pour persuader, est apparue en Sicile vers 465 : d'où l'opposition entre une pensée de type politique, propre aux anciens poètes, et une pensée de type rhétorique, celle des modernes, influencés par les Sophistes. Il est sûr qu'au IVe siècle, la tragédie a accordé une place de plus en plus large à la rhétorique : le dramaturge Théodecte (voir note 14 du chap. 16), ami d'Aristote était aussi rhéteur. Mais comment ne pas songer ici à Euripide, qui aime à lancer ses personnages dans des discussions subtiles,

à leur faire aborder tous les problèmes du temps, à leur faire développer des argumentations paradoxales ? Le meilleur exemple en est la tirade d'Hélène démontrant à Ménélas (qui, après la prise de Troie, s'apprête à la tuer) que sa «mort serait une injustice» (*Les Troyennes*, joué en 415, v. 914-1032) ; chef-d'œuvre d'habileté rhétorique qu'Aristote nous invite à opposer par exemple au débat très précisément politique (la loi du clan contre la loi de la cité) qui pouvait opposer Antigone à Créon chez Sophocle (*Antigone*, joué vers 443).

16. 1449b 34, quoiqu'il n'ait alors été question que de l'expression poétique ; il ne s'agit plus ici de combiner les syllabes pour aboutir au schéma métrique requis, mais de combiner les mots pour aboutir à un sens.

17. En Grèce, la plupart des fêtes religieuses s'accompagnaient de jeux qui avaient lieu sous forme de concours (*agônes*) : concours gymniques et athlétiques le plus souvent, comme les Jeux olympiques, mais aussi concours lyriques et musicaux ou concours dramatiques de tragédie et de comédie, qui se déroulaient sous la protection et en l'honneur du dieu. À Athènes, les concours dramatiques opposaient trois poètes qui présentaient chacun une tétralogie (une trilogie tragique, série de trois pièces exploitant un même mythe – le cycle d'Oreste pour Eschyle : voir note 8 du chap. 4 – ou un même thème, suivie d'un drame satyrique : voir note 10 du chap. 4) ; à l'issue des trois journées de représentation, dix juges tirés au sort décernaient trois prix (une couronne de lierre), un pour le poète, un pour le chorège (voir note 4 du chap. 5), un pour le protagoniste (l'acteur qui tenait le premier rôle).

Notes du chapitre 7
(pp. 96 à 97)

1. *Cf.* chapitre 6, 1450a 15.
2. Au chapitre 6, 1449b 24-5.
3. La plus longue mesure linéaire grecque, qui valait environ 180 mètres.
4. Durant les concours (voir note 17 du chap. 6). Quatre pièces étaient présentées chaque jour ; or la longueur des tragédies allait augmentant et il était difficile de faire tenir quatre représentations en une seule journée : l'*Œdipe à Colone* de Sophocle (joué en 401) compte 1780 vers, alors que *Les Perses* d'Eschyle (présenté en 472) n'en a que 1070.
5. La clepsydre était une horloge à eau, utilisée comme nos sabliers ; le temps écoulé se mesurait par rapport au volume d'eau qui coulait hors de son réservoir par un mince conduit. Elle était régulièrement utilisée dans les tribunaux pour minuter le temps de parole des deux parties et leur permettre de prononcer un discours de même durée. Il ne semble pas qu'on ait jamais utilisé les clepsydres pour limiter la durée des pièces ; mais le contexte plutôt bouffon (l'animal de dix mille stades, un concours de cent tragédies...) laisse supposer qu'Aristote fait allusion à un mot d'esprit des spectateurs qui, lassés de certaines représentations trop longues, devaient réclamer la clepsydre.

6. Apparition d'un des concepts fondamentaux dans l'appréhension de la poésie dramatique, qui en permettra une description structurale au chapitre 13.

Notes du chapitre 8
(pp. 97 à 98)

1. Ou épopée d'Héraclès (Hercule chez les Latins). Outre les Douze Travaux, Héraclès a accompli un grand nombre d'exploits dans des régions et concernant des personnages très différents ; un poète qui prétend embrasser dans son œuvre tous les épisodes de la vie du héros (ce fut le cas de Pisandre de Rhodes vers 630, ou de Panyasis d'Halicarnasse qui, vers 465, réalisa l'exploit de traiter cet immense sujet en 9000 vers, qui eurent leur réputation) ne peut prétendre respecter l'un des impératifs essentiels pour atteindre la beauté : l'unité. Si Aristote va ici chercher ses contre-exemples dans l'épopée (alors qu'il traite en ces chapitres de la tragédie), c'est que justement les tragiques, lorsqu'ils ont abordé le cycle d'Héraclès, n'en ont traité qu'un épisode ; ainsi Sophocle avec les *Trachiniennes* (v. 440 ?) met en scène la mort d'Héraclès provoquée par la jalousie de sa femme Déjanire ; ou Euripide avec *Héraclès* (v. 420), la folie meurtrière du héros massacrant ses propres enfants.

2. Ou épopée de Thésée. Si Héraclès est le héros dorien du Péloponnèse, Thésée est le héros par excellence de l'Attique, tueur de monstres, guerrier intrépide, séducteur (Ariane ; la reine des Amazones ; Phèdre ; et même Hélène) : là encore le poète épique ne pouvait respecter l'impératif d'unité d'action. On ne conserve que des fragments anonymes de poèmes épiques archaïques sur Thésée Ici aussi, les tragiques grecs se sont attachés à certains épisodes : Thésée accueillant Œdipe aveugle et banni (Sophocle, *Œdipe à Colone*, joué en 401) ou provoquant par sa crédulité la mort de son fils (Euripide, *Hippolyte* joué en 428).

3. Curieusement, le moment où Ulysse, tout jeune encore, participe à une chasse au sanglier au côté de son grand-père Autolycos, au cours de laquelle il reçoit un grave coup de boutoir au-dessus du genou, est longuement narré dans l'*Odyssée* (XIX, 395-466), à l'instant où Ulysse, déguisé en mendiant, arrive dans son palais d'Ithaque et où la vieille Euryclée, sa nourrice, lui lave les pieds, et le reconnaît grâce à la cicatrice laissée par la blessure (voir chap. 16 1454b 27). Deux solutions à ce problème : soit, la transmission et la constitution même du corpus homérique ayant été difficile, Aristote disposait d'une version de l'*Odyssée* dont ce récit était absent ; soit Aristote considère que ce récit est introduit au moment de la reconnaissance à titre d'épisode (voir chap. 23, 1459a 35-37 et chap. 24, 1459b 26-31) et qu'il n'altère en rien l'unité de l'œuvre, centrée autour d'une action unique : le retour d'Ulysse à Ithaque après le sac de Troie (voir chap. 17, 1455b 17-23).

4. Cet épisode ne figure pas, lui, dans l'épopée, mais était raconté dans les *Chants cypriens* (voir note 10 du chap. 23). Ulysse avait conseillé à Tyndare, le père d'Hélène, embarrassé devant le nombre de prétendants

à la main de sa fille, d'exiger de chacun d'eux un serment selon lequel il respecterait le choix qui serait fait et aiderait le futur mari à conserver sa femme, au cas où quelqu'un voudrait la lui disputer. Mais une fois Hélène enlevé par Pâris, Ulysse tenta de se soustraire au serment qu'il avait lui aussi prêté à Tyndare (puisqu'il avait pensé épouser Hélène, avant de choisir Pénélope) ; et lorsque Ménélas, le mari bafoué d'Hélène, vint chercher Ulysse à Ithaque, il le trouva labourant avec une charrue attelée à un bœuf et un âne et semant du sel. Palamède, cependant, déjoua sa ruse, et Ulysse fut contraint de participer à l'expédition contre Troie.

Notes du chapitre 9
(pp. 98 à 100)

1. Aux chapitres 7 et 8, en particulier 1451a 11 *sq.* et 26 *sq.*

2. Aristote a déjà souligné à propos d'Empédocle (chap. 1, 1447b 17 *sq.*) que l'emploi du mètre n'était pas un critère adéquat pour définir le poète.

Hérodote (v. 484-v. 420) originaire d'Halicarnasse, contribua à libérer sa cité de l'influence perse ; puis, après de grands voyages, il se fixa vers 445 à Athènes, qu'il quitta pour une colonie athénienne du sud de l'Italie, Thourioi. Cicéron a fait de lui «le père de l'histoire». Son *Histoire* (étymologiquement : enquête) a pour sujet central le conflit qui mit aux prises Grecs et Perses au début du Ve siècle, connu sous le nom de Guerres Médiques.

3. Passage polémique, où l'ancien disciple contredit le maître. Platon avait en effet, au livre III de sa *République*, banni la poésie de sa cité (et l'avait interdite aux gardiens-philosophes chargés de l'administrer) sous prétexte que la *mimèsis* ne donne qu'un reflet déformé de la réalité sensible. Aristote voit au contraire en la poésie un moyen d'atteindre le général (voir lignes suivantes) et donc de fournir des modèles (voir chap. 25, 1461b 13).

4. Dans le chapitre 17 (1455b 2-23), Aristote donnera ainsi l'idée générale de l'*Iphigénie en Tauride* d'Euripide et l'*Odyssée* sans citer le nom d'un seul des personnages.

5. Né dans une famille noble d'Athènes vers 450, Alcibiade fut élevé par son cousin, le fameux Périclès, maître des affaires athéniennes de 443 à sa mort en 429. Un moment disciple de Socrate (*Le Banquet* de Platon en porte témoignage), il s'illustra surtout par son goût du luxe, sa prodigalité et son snobisme. Il entame vers 420 une carrière politique au côté des démocrates, fait rompre la paix conclue avec Sparte en 421, et entraîne la cité dans la désastreuse expédition de Sicile (415-3). Mais, accusé de sacrilège en 414, il déserte et va offrir ses services à l'ennemi, puis au satrape perse Tissapherne. Il parvient à rentrer en 407 à Athènes à la suite de victoires navales remportées sur Sparte, mais doit de nouveau s'enfuir à cause d'un revers militaire. Il meurt assassiné en Thrace en 404. Un destin singulier pour un homme singulier : Aristote pouvait difficilement mieux trouver que cet exemple, dont la singularité du comportement avait frappé tous les contemporains.

6. Voir note 2 du chapitre 4 et note 6 du chapitre 5.

7. Pièce inconnue (le titre même n'est pas certain), aujourd'hui disparue. Né à Athènes vers 445, Agathon remporta sa première victoire vers 417 ; c'est à cette occasion qu'est censée se dérouler chez lui la fête qui forme le cadre du *Banquet* de Platon. On ne conserve de son œuvre que sept ou huit titres, et une cinquantaine de vers épars ; mais comme il a été la cible des auteurs de comédie – d'Aristophane en particulier – on sait qu'il faisait partie avec Euripide des poètes « modernes » les plus en vue, cherchant à échapper au « classicisme » sophocléen par divers procédés (histoire inventée comme ici ; introduction de chants du chœur sans rapport avec le sujet de la tragédie : chapitre 18, 1456a 29 ; tentative d'épopée dramatique : 1456a 18) ; en matière de style, Agathon cherchait aussi l'originalité ; bel esprit admirateur des Sophistes, il visait à une éloquence recherchée, faite d'antithèses et de traits brillants. Appelé auprès de lui par le roi de Macédoine avant 405, il mourut là-bas sans doute dans les toutes premières années du IVe siècle.

8. Aristote emploie ici le mot poète en son sens étymologique de fabricant (*poiètès* appartient à la famille du verbe *poiein*, faire : voir *supra* 1447b 13 *sq.*). Cette définition du poète, qui introduit une dichotomie entre poésie et utilisation du mètre troublera plus d'un théoricien à la Renaissance (voir notre Introduction II, 2).

9. Ce terme va être défini quelques lignes *infra*, au chapitre 10.

10. À ne pas prendre, bien qu'il soit ici question de tragédie, au sens technique donné au chapitre 12 (1452b 20), mais au sens large, qui est employé pour l'épopée (voir note 3 du chap. 8) : une aventure secondaire, ajoutée à l'action centrale dans un but d'amplification ou d'ornementation, mais sans nécessité interne (voir *infra* 1455b 13 sq.).

11. Cette curieuse histoire a été reprise par Plutarque (50-120 ap. J. -C. ; *Des délais de la Vengeance divine*, 553d) qui précise seulement que Mitys fut tué au cours d'une émeute. On ne sait rien de plus sur lui.

Notes du chapitre 10
(p. 100)

1. Données au chapitre 7.

2. Pour la définition de ces deux termes, voir le chapitre 11.

3. Les histoires où les événements se suivent sans nécessité sont les « histoires à épisodes » qu'Aristote vient de condamner (chap. 9, 1451b 34 *sq*).

Notes du chapitre 11
(pp. 100 à 102)

1. Au chapitre 7 (1451a 13-5) et 9 (1452a 2 *sq.*).

2. *Œdipe roi* de Sophocle (voir note 3 du chap. 3 ; joué v. 430), vers 924 *sq.* La pièce se déroule à Thèbes, dont Œdipe est devenu roi après avoir vaincu le sphinx et épousé la reine Jocaste, veuve du précédent roi, Laïos.

Une peste ravage la ville, et un oracle annonce qu'elle ne cessera qu'après le châtiment des meurtriers de Laïos. Œdipe lance alors des malédictions contre eux et commence son enquête. Il interroge le devin Tirésias (qui lui dit que le coupable est bien lui, Œdipe ; mais il ne peut l'admettre) puis Jocaste sur les circonstances de la mort de Laïos (à un carrefour, au cours d'une rixe ; or Œdipe a lui-même assommé un vieillard dans des circonstances similaires). C'est alors qu'arrive un messager de Corinthe (où Œdipe a été élevé par le roi Polybe, qu'il croit encore être son père), pour lui annoncer la mort du roi et lui proposer le trône de la cité ; la nouvelle réjouit tout d'abord Jocaste et Œdipe : l'oracle qui annonçait qu'Œdipe serait le meurtrier de son père et l'époux de sa mère était donc faux. Mais comme Œdipe se refuse toujours à retourner à Corinthe tant que la reine (qu'il croit toujours être sa mère) vivra, le messager le détrompe et lui annonce que c'est lui-même qui a reçu le nourrisson qu'il était alors, des mains d'un berger de Laïos et l'a confié à Polybe : la vérité ne peut plus qu'éclater.

3. Tragédie perdue de Théodecte (voir note 14 du chap. 16) ; Danaos, devenu roi d'Argos, accepta de marier ses cinquante filles à ses cinquante neveux (qu'il avait jadis fuis et qu'il redoutait encore) ; mais le jour du mariage, il donna une dague à chacune de ses filles et fit promettre à chacune qu'elle tuerait son époux durant la nuit de noces ; toutes le firent (d'où leur punition aux Enfers : le fameux « tonneau » des Danaïdes) sauf une, Hypermnestre, qui épargna son époux Lyncée ; ce dernier tira vengeance de la mort de ses quarante-neuf frères, mais les récits diffèrent ; ici, Lyncée semble avoir été condamné à mort par Danaos, mais il est difficile d'imaginer le retournement de situation qui conduit à la mort du père, et non du mari.

4. Dans *Œdipe roi* (voir *supra*, note 2), la péripétie débute au vers 924 avec l'arrivée du messager de Corinthe ; mais la reconnaissance d'Œdipe par Jocaste ne se fait qu'au dialogue entre le messager et Œdipe (v. 1022-55) ; et Œdipe ne se reconnaît comme le fils de Laïos et de Jocaste qu'au vers 1182.

5. Le dénouement heureux d'une tragédie d'Euripide, *Ion* (joué vers 415), est en effet dû à des objets trouvés dans un berceau, qui permettent au héros, Ion, de reconnaître sa mère Créuse, au moment même où il allait la tuer.

6. On peut songer au meurtre de Laïos par Œdipe : l'homme qu'il a assommé est-il son père (voir *supra*, note 2) ?

7. Agamemnon, élu chef des Grecs dans l'expédition contre Troie (sur ses origines, voir note 4 du chap. 8), fut contraint de sacrifier sa fille, Iphigénie, pour obtenir des vents favorables à la flotte réunie à Aulis. Mais au moment où il allait immoler sa fille sur l'autel d'Artémis, la déesse substitua une biche à la victime humaine et transporta la jeune fille en Tauride (l'actuelle Crimée). Là, comme elle le dit dans le prologue de la pièce d'Euripide (*Iphigénie en Tauride*, joué en 414), devenue prêtresse du culte sanglant d'Artémis, elle doit lui immoler tout étranger qui pénètre dans la contrée. Or il se trouve qu'Oreste (et son ami Pylade) débarque en Tauride pour venir y chercher – sur les conseils d'un oracle – la statue

du temple d'Artémis, afin de la ramener en Grèce et d'être ainsi purifié du meurtre de sa mère. Les deux amis sont bientôt surpris et faits prisonniers par des bouviers, qui les mènent, sur l'ordre du roi, au temple afin qu'ils y soient sacrifiés. Apprenant que les deux futures victimes sont d'Argos, sa ville natale, Iphigénie s'engage à obtenir du roi la vie sauve pour l'un des deux hommes, au cas où il accepterait de se charger d'une lettre à remettre là-bas à sa famille. Et c'est lorsque Iphigénie révèle à Pylade le contenu de sa lettre – adressée à son frère, Oreste ! – (vers 769 *sq.*) que ce dernier reconnaît sa sœur. Iphigénie refuse, elle, tout d'abord d'admettre que son frère soit en face d'elle (v. 803), mais doit se rendre à l'évidence lorsqu'il lui décrit les objets qu'elle possédait à Argos (v. 836 *sq.*).

8. C'est ainsi que nous traduirons le terme *pathos*, employé de façon ambiguë par Aristote : il désigne en effet ici une action (*praxis* : voir chap. 14, 1453b 27 *sq.*), alors que de coutume il désigne ce que l'on éprouve, la passion, l'émotion (voir 1456a 38) ; il est dans ce dernier sens un terme de rhétorique, fort employé par Aristote dans son propre traité, puisque l'un des buts de l'orateur est justement de susciter le *pathos*, qu'il définit ainsi : « Les passions sont les causes qui font varier les hommes dans leurs jugements et suscitent la peine et le plaisir, comme la colère, la pitié, la crainte, et toutes les émotions de ce genre ainsi que leur contraire » (*Rhétorique* II, 1378a 19-22). Le *pathos* qui est en rhétorique un moyen d'atteindre la persuasion (*ibid.* I, 1356a 14-5), serait-il pour le drame un moyen scénique d'atteindre la *katharsis* (voir chap. 6, 1449b 27) ? Puisque le *pathos* désigne à la fois un acte violent et l'émotion qu'il suscite, il est délicat de lui trouver un correspondant en français.

Notes du chapitre 12
(p. 102)

1. Au chapitre 6, 1449b 31-1450a 14.

2. C'est-à-dire les chants entonnés par les acteurs (qui se trouvaient sur la scène – ou plutôt le *logeion*, une estrade surélevée et tangente par rapport au cercle laissé au milieu des gradins : l'*orchestra*) ; les parties lyriques étaient en effet normalement assumées par le chœur (v. appendice IV, 6, 48) qui évoluait sur l'*orchestra*, mais au cours d'un épisode, un personnage pouvait tout à coup se mettre à chanter : ainsi Iphigénie lorsqu'elle a reconnu Oreste (voir note 7 du chap. 11).

3. Ou entrée du chœur sur l'*orchestra*.

4. On comptait habituellement trois épisodes, ce qui avec le prologue et l'exode – tous deux également assumés par les acteurs – fait cinq parties dialoguées (les cinq actes des tragédies françaises classiques), séparées non par un baisser de rideau, mais par quatre intermèdes chantés par le chœur.

5. Ou chant sur place, par opposition à la *parodos*, qui est le chant d'entrée.

6. L'anapeste est comme le dactyle (voir note 7 du chap. 1), un pied qui comporte quatre temps premiers, mais disposé à l'inverse, puisque les deux premiers temps sont occupés par deux brèves : ᵘᵘ‾. Le vers anapestique le

plus employé par les tragiques est le dimètre anapestique, qui devrait – idéalement, des substitutions étant toujours possibles – être composé de deux séries de deux anapestes. L'assertion d'Aristote est troublante, puisqu'on trouve quelques *stasima* composés en anapestes, par exemple dans la *Médée* (joué en 431) d'Euripide (vers 1081 *sq.*), et que des systèmes trochaïques (voir note 11 du chap. 4) y sont souvent employés.

7. Le *kommos* est le coup dont on se frappe la poitrine en signe de deuil ; il a fini par désigner le chant qui accompagne ce deuil ; dans les *Choéphores* d'Eschyle (458), on voit ainsi les chants alternés du chœur, d'Électre et d'Oreste (« Et moi, je bats ma poitrine au rythme du thrène… », vers 423 *sq.*) déplorant la façon dont est mort Agamemnon.

Notes du chapitre 13
(pp. 103 à 104)

1. La fameuse *katharsis* (voir chap. 6 1449b 28) entre autres.

2. Voir le chapitre 10 pour l'explication des deux adjectifs.

3. Voir chapitre 9, 1452a 1 *sq.*

4. Aristote n'évoque même pas un dernier cas possible, celui d'un homme juste qui passe du malheur au bonheur ; peut-être la juge-t-il trop peu tragique pour être même mentionnée ? Cependant c'est le schéma d'*Iphigénie en Tauride* (voir note 7 du chap. 11), une des tragédies le plus souvent citées par lui (v. Index).

5. L'erreur d'Œdipe porte sur l'identité véritable de ses parents (voir notes 2 et 4 du chap. 11) : il fuit Corinthe croyant rendre ainsi impossible la réalisation du terrible oracle, alors que c'est justement cette fuite qui va l'amener à tuer Laïos puis épouser Jocaste.

6. Thyeste est surtout célèbre pour la haine qui l'anime envers son frère ennemi, son jumeau Atrée, depuis qu'ils se sont disputé le trône de Mycènes ; l'épisode le plus marquant de cette rivalité est le banquet où Atrée fit manger à son frère un ragoût fait avec les trois enfants de Thyeste qu'il avait mis en pièces. L'erreur de Thyeste serait-elle de n'avoir point identifié la nourriture que lui proposait son frère ? On a peut-être plutôt ici une allusion à une pièce aujourd'hui perdue de Sophocle qui évoquait un épisode plus tardif. Thyeste avait en effet violé sa propre fille Pelopia, parce qu'un oracle lui avait annoncé que seul un fils né de cette union pourrait le venger de son frère. Pelopia épousa ensuite Atrée qui recueillit également l'enfant, Égisthe, sans connaître leur identité. Bien plus tard, Thyeste reconnut son fils, qui s'apprêtait à le tuer avec sa propre épée, que Pelopia lui avait arrachée lors du viol. Il retrouva ainsi sa fille, mais elle se suicida en apprenant les conditions dans lesquelles avait été conçu son enfant. L'erreur est non le viol – puisque Égisthe vengera bien son père en tuant Atrée –, mais la révélation qu'il en fait à Pelopia.

7. Cet adjectif, intégré dans un nouveau couple (simple/double ; et non plus simple/complexe) a un sens différent de celui qu'il avait au chapitre 10 ; une histoire simple est ici une histoire qui comporte un dénouement unique (à l'inverse de l'*Odyssée*, voir *infra* 1453a 31-2), sans doute uniquement

malheureux (voir *infra*, 1453a 25, où sont critiqués les partisans du dénouement heureux).

8. Tout comme Oreste, Alcméon dut tuer sa mère (Ériphyle) pour venger la mort de son père (Amphiaraos), qu'elle avait indirectement provoquée en l'obligeant à participer à l'expédition des Sept contre Thèbes, au cours de laquelle il savait devoir mourir. Parmi les contemporains d'Aristote, Théodecte (voir note 14 du chap. 16) et Astydamas l'ancien (le poète le plus renommé du début du IVᵉ siècle ; il aurait écrit 240 pièces ; il remporta 15 victoires, et obtint l'honneur insigne de voir sa statue orner le théâtre à Athènes) composèrent des tragédies à son sujet (voir chap. 14, 1453b 33).

9. Voir note 2 du chapitre 11.

10. Avant de retrouver sa sœur Iphigénie en Tauride (voir note 7 du chap. 11), Oreste avait tué sa mère Clytemnestre et son amant Égisthe (voir *supra* note 6), qui avaient assassiné Agamemnon à son retour de Troie. Parmi les contemporains d'Aristote, Théodecte (voir note 14 du chap. 16) et Karkinos ont exploité ce cycle.

11. Méléagre fut maudit par sa mère pour avoir, au cours d'une bataille, tué ses oncles ; il renonça alors à combattre et refusa de soutenir les siens, jusqu'au jour où les ennemis commencèrent à piller sa ville, Calydon ; se rendant aux supplications de sa femme, il revêtit son armure et n'eut aucun mal à redresser la situation, mais il mourut lors de ce combat décisif. Phrynicos, Sophocle et Euripide ont composé des tragédies à ce sujet, mais celles composées au IVᵉ siècle nous sont inconnues.

12. Voir *supra* note 6.

13. Télèphe était l'un des nombreux fils d'Héraclès (voir note 1 du chap. 8). Il fut séparé de sa mère dès sa naissance ; et devenu adulte, il tua sans le savoir deux de ses oncles (cette « erreur » – cf. 1453a 10 –, était le sujet d'une tragédie perdue de Sophocle). Autre épisode exploité par les Tragiques : ses retrouvailles avec sa mère ; arrivé à la cour du roi Teuthras, Télèphe l'aida à conserver son trône contre ses ennemis ; en récompense, le roi lui donna pour épouse sa fille adoptive, qui n'était autre que la propre mère de Télèphe, Augé, jadis chassée par son père ; cependant, à la différence d'Œdipe, Télèphe ne consomme pas l'inceste puisqu'un serpent énorme envoyé par les dieux, pénètre dans la chambre nuptiale et sépare les deux époux qui se reconnaissent alors. L'épisode le plus célèbre de la vie de Télèphe est la cruelle blessure que lui infligea Achille à la cuisse quand les Grecs, lors d'une première expédition avortée contre Troie, débarquèrent dans son pays, la Mysie. Cette blessure ne guérissait pas ; et un oracle ayant révélé à Télèphe que « seul ce qui l'avait blessé le guérirait », il alla voir Achille au bout de huit ans et offrit aux Grecs de leur montrer une route plus sûre vers Troie si Achille consentait à le guérir. Achille mit la rouille de sa lance sur la plaie, qui guérit, et Télèphe guida la flotte grecque, qui parvint devant Troie sans encombre. Les Tragiques – qui ont eux-mêmes, et en particulier Euripide, contribué à enrichir ce cycle d'aventures romanesques – ont été nombreux à traiter l'un de ces épisodes.

14. *Supra*, 1453a 12 *sq.*

15. Voir note 17 du chapitre 6.

16. Cet éloge d'Euripide face à ses détracteurs est cependant accompagné d'une restriction sur ses capacités d'organisation de l'intrigue. Il faut comprendre qu'Aristote envisage ici exclusivement les choses du point de vue du spectacle, ne parle que de représentation et non de lecture (voir chap. 6, 1450b 19 ; chap. 17, 1455a 28-30 ; chap. 26, 1462a 12 *sq.*) des tragédies. Dans ce cadre donc, grâce à ses fins malheureuses – en majorité ; nous avons cependant trace de 46 de ses pièces à fin heureuse – Euripide est le poète qui suscitera le mieux l'émotion tragique, la crainte et la pitié.

Euripide est né à Salamine (une île de la rade d'Athènes) vers 485. À la différence de Sophocle (voir note 3 du chap. 3), sa vie semble avoir été marquée par le malheur : mal marié deux fois, il ne compte que peu d'amis, n'a eu aucune activité politique ; et même sa carrière théâtrale, si elle fut remarquée, fut très houleuse. Ayant débuté en 455, il ne fut classé premier qu'en 442, et ne remporta que 4 victoires en 36 années. Son art, très libre et très nouveau, choquait, comme en témoignent les nombreuses piques lancées par Aristophane à son encontre. Cette incompréhension conduisit le poète à rompre avec sa cité et à trouver refuge – comme Agathon : voir note 7 du chap. 9 – en Macédoine, à la cour du roi Archélaos auprès de qui il mourut en 406.

On a attribué 92 pièces à Euripide ; ont subsisté en entier 18 tragédies et 1 drame satyrique (voir note 10 du chap. 4), nombre paradoxalement bien plus grand que celui des pièces conservées d'Eschyle ou Sophocle qui connurent en leur temps bien plus de succès ; il ne faut pas oublier que ces pièces nous ont été conservées dans des anthologies, utilisées dans les classes et que l'aspect rhétorique des œuvres d'Euripide (voir note 15 du chap. 6) a sans doute beaucoup fait pour leur survie en tant que « classiques » où les élèves pouvaient trouver une application des règles oratoires enseignées par le maître.

17. La narration de l'*Odyssée* s'intéresse tantôt aux efforts d'Ulysse pour regagner Ithaque, tantôt à ce qui se passe sur l'île ; quant à la fin, elle marque la victoire d'Ulysse et de son fils Télémaque sur les prétendants massacrés (chant XXII).

18. Voir *supra*, note 10.

Notes du chapitre 14
(pp. 105 à 107)

1. Voir note 2 du chapitre 11.

2. *Cf.* chapitre 6, 1450b 17-20.

3. Mot à mot : « ne demande qu'une chorégie », c'est-à-dire l'ensemble des frais engagés par le chorège (voir note 4 du chap. 5) pour monter la pièce.

4. La légende veut ainsi que l'entrée en scène des Erinyes (les déesses qui tourmentent le matricide Oreste : voir note 10 du chap. 13) dans les *Euménides* d'Eschyle (458) ait provoqué une véritable panique dans le public, au point de provoquer des fausses couches chez les femmes

enceintes. Mais Aristote pouvait-il être aussi sévère pour cet illustre auteur ?

5. Aristote a déjà défini d'une manière générale du chapitre 13 (1453a 4-6) à quoi s'adressent la pitié et la crainte.

6. Voir note 10 du chapitre 13.

7. Voir note 8 du chapitre 13.

8. Médée est la magicienne, fille du roi de Colchide, le détenteur de la Toison d'or ; elle aida Jason, le chef des Argonautes, à s'emparer du trésor paternel contre la promesse qu'il l'enlèverait pour l'épouser. Bien plus tard, le couple gagne Corinthe où le roi décide Jason à épouser sa fille, Glaukè ; il bannit alors Médée mais elle obtient un délai d'un jour, qu'elle emploie à sa vengeance : elle offre à sa rivale une robe empoisonnée qui la fait brûler – ainsi que son père accouru à son secours ; puis non sans souffrance et hésitation, elle se décide à égorger ses deux fils qu'elle avait eus de Jason. Cette pièce d'Euripide, représentée en 431, comporte donc une action simple (voir chap. 10, 1452a 13) sans reconnaissance : Médée n'est pas prise de folie – comme Héraclès, voir note 1 du chap. 8 – lorsqu'elle tue ses enfants, et sait bien qui elle frappe.

9. Voir note 2 du chapitre 11.

10. Voir note 8 du chapitre 13. Il est difficile d'imaginer la modification apportée ici par Astydamas à la tradition, puisque c'est à la suite d'un serment qu'il a fait à son père de venger sa mort, provoquée par la volonté d'Ériphyle, qu'Alcméon tuait normalement sa mère.

11. Télégonos est le fils des amours d'Ulysse et de la magicienne Circé (voir *Odyssée*, chant X) ; il a été élevé dans son île par sa mère. Parvenu à l'âge adulte, il apprend d'elle qui est son père et décide d'aller à Ithaque pour se faire reconnaître. Arrivé sur l'île, il se met à voler du bétail : Ulysse intervient, voulant protéger son bien et, au cours du combat, Télégonos le frappe de sa lance, dont les blessures étaient mortelles : Ulysse meurt donc ; Télégonos reconnaît ensuite son père et l'horreur de son crime. Sophocle a composé une pièce à ce sujet, dont il reste de rares fragments.

12. Comme au chapitre 13 (voir note 4), Aristote néglige encore une autre possibilité, celle d'un personnage qui connaît sa victime, mais qui finalement ne passe pas à l'acte : une Médée qui ne pourrait se résoudre à égorger ses enfants, par exemple. Il aborde cependant ce cas au paragraphe suivant, lorsqu'il établit le classement de ces différentes situations, avec Hémon.

13. Hémon est le fils de Créon, roi de Thèbes, frère de Jocaste et oncle d'Œdipe (voir note 2 du chap. 11) ; il est le fiancé de la fille d'Œdipe, Antigone. Comme Créon l'a condamnée à être emmurée vivante dans un tombeau pour avoir désobéi à sa loi en enterrant son frère Polynice qui avait porté les armes contre sa patrie, Antigone se suicide en présence d'Hémon ; ce dernier, surpris dans le tombeau par son père, dégaine son épée, et finit par la retourner contre lui (Sophocle, *Antigone*, vers 1206 *sq.*). Mais il s'agit de quelques vers et le geste d'Hémon est à peine esquissé chez Sophocle ; Aristote parle peut-être de l'*Antigone* d'Euripide, aujourd'hui perdue, où le personnage d'Hémon semble avoir été plus développé,

puisque Euripide en faisait même le père d'un enfant que lui aurait donné Antigone.

14. Comme Médée, voir *supra* 1453b 29.

15. Comme Alcméon ou Télégonos, voir *supra* 1453b 33-4.

16. Recommandé au chapitre 9 (1452a 1 *sq.*).

17. Pièce aujourd'hui perdue d'Euripide, représentée avant 426. L'intrigue s'attachait au personnage de Mérope, reine de Messénie, dont le mari, Cresphontès, avait été tué par Polyphontès qui l'avait ensuite contrainte à l'épouser. Polyphontès avait tué les deux fils aînés du premier lit; mais Mérope avait réussi à sauver le plus jeune, Aepytos élevé loin de là par un fidèle serviteur qui lui en donnait des nouvelles. Polyphontès fit mettre sa tête à prix, ce qui autorisa Aepytos à tirer vengeance de son beau-père par la ruse: devenu adulte, il se présente à lui en prétendant avoir tué Aepytos et en réclamant la rançon; soupçonneux, Polyphontès le garde comme hôte au palais le temps de mener son enquête. Mérope, elle, est persuadée que cet homme est bien le meurtrier de son fils, puisque son serviteur l'a avertie qu'Aepytos avait disparu depuis quelques jours. Aussi décide-t-elle de se venger, et de le tuer lorsqu'il sera endormi. La nuit venue, elle s'approche du lit où dort son fils et lève déjà son poignard sur lui, lorsque le serviteur se rue pour arrêter son bras: il a en effet reconnu Aepytos dans ce prétendu meurtrier.

18. Iphigénie doit en effet immoler Oreste, voir note 7 du chap. 11.

19. Pièce aujourd'hui perdue et dont on ne sait rien. Héllé étant morte sans progéniture (elle tomba dans la mer qui porte son nom, l'Hellespont – la mer de Marmara – lorsqu'elle fuyait sur un bélier volant la haine de sa marâtre), on ne voit pas qui est ce fils, et il est impossible de reconstituer l'intrigue.

20. Au chapitre 13 (1453a 17 *sq.*).

Notes du chapitre 15
(pp. 107 à 108)

1. Au chapitre 6 (1450b 8 *sq.*).

2. Avec des êtres humains ordinaires; il ne faut pas que le personnage s'écarte trop de l'humanité moyenne car cela empêcherait le spectateur d'éprouver de la crainte, qui s'adresse à un semblable, comme il a été dit au chapitre 13 (1453a 5).

3. Pièce d'Euripide, représentée en 408, qui reprend le cycle d'Oreste (voir note 10 du chap. 13) en essayant de combler le vide qui existait dans la légende entre le meurtre de Clytemnestre et d'Égisthe (sujet des *Choéphores* d'Eschyle) qui a lieu à Argos, et le moment où Oreste arrive à Athènes pour être purifié de son crime (sujet des *Euménides* qui appartiennent à la même trilogie d'Eschyle, jouée en 458).

Oreste risque, juste après son crime, d'être condamné à mort par la justice des hommes – en attendant les arrêts des dieux. Son grand-père Tyndare l'accable, alors que Ménélas, mari d'Hélène (voir note 4 du chap. 8) et beau-frère de la reine assassinée, se montre plus souple envers son neveu; mais par la suite, il se dérobera, et se refusera à toute action énergique pour sauver Oreste. Ce dernier essaiera alors de se venger de sa duplicité en tentant de tuer Hélène et sa fille Hermione. Même critique sur cette bassesse qui n'est pas rendue nécessaire par l'intrigue au chapitre 25 (1461b 21).

4. Exemple non plus tiré d'une œuvre dramatique, mais curieusement d'un dithyrambe (voir note 1 du chap. 1) de Timothée de Milet (voir note 3 du chap. 2). Scylla est le monstre marin embusqué – comme son pendant Charybde – dans le détroit de Messine; lorsque le navire d'Ulysse longe la grotte qui lui sert de repaire, il dévore six des compagnons du héros (*Odyssée* XII, vers 223 *sq.*). Timothée a vraisemblablement fait verser à Ulysse des larmes sur la disparition de ses compagnons, ce qu'il ne fait guère dans l'*Odyssée*; représenter un héros larmoyant est aussi contraire à la convenance (1454a 22) que d'imaginer une femme au caractère viril.

5. Allusion à une longue tirade de *Mélanippé la Sage* (pièce perdue d'Euripide), très célèbre dans l'Antiquité (un des personnages du *Banquet* de Platon en parodie le premier vers déjà devenu proverbial). Mélanippé, séduite par Poséidon, accoucha à l'insu de son père de deux jumeaux; comme c'était l'habitude en Grèce pour les enfants non désirés, elle les «exposa» (on posait l'enfant qu'on ne voulait pas au bord d'un chemin dans un vaste récipient de terre, qui lui servirait de tombeau lorsqu'il serait mort d'inanition); ils furent – comme c'était aussi souvent le cas – recueillis par des bergers qui les firent nourrir par une vache. Les deux nourrissons furent découverts ainsi, et on crut que la vache en était la mère : un prodige; aussitôt le père de Mélanippé décide d'offrir ces deux enfants prodigieux en sacrifice aux dieux, et c'est alors que pour les sauver, Mélanippé la Sage se lance dans une longue tirade physico-philosophique pour démontrer qu'une vache ne saurait mettre bas des êtres humains. Mais le père ne se laisse pas convaincre, et la jeune fille, obligée de confesser sa faute, n'est sauvée avec ses enfants que par l'intervention de Poséidon.

6. Pièce d'Euripide, représentée après sa mort (406). Aulis est le port où se sont concentrées toutes les forces grecques avant de s'élancer vers Troie pour la seconde fois (voir note 13 du chap. 13 pour la première fois). Agamemnon, qui sait par un devin que la mer restera fermée à la flotte tant qu'il n'aura pas immolé sa fille à Artémis, attire sa fille à Aulis en prétendant la marier à Achille. Sa femme, Clytemnestre, finit par comprendre les intentions véritables de son mari et informe sa fille, qui adresse une longue prière à son père pour le fléchir (vers 1210 *sq.*). Mais devant la révolte qui risque d'éclater parmi les Grecs si elle n'est pas sacrifiée à la déesse, Iphigénie décide tout à coup (vers 1368 *sq.*) «d'accepter de mourir» : elle entend se «donner une mort glorieuse en rejetant toute faiblesse».

7. Aristote ne donnera la définition du terme qu'au début du chapitre 18 (1455b 24 *sq.*); de plus, comme ce développement se rattache mal au reste du chapitre, certains critiques l'ont rattaché au chapitre 18 ou au chapitre 24.

8. En raison de la faiblesse des ressources (théâtre ouvert, en plein jour, etc.), les représentations ne pouvaient guère prétendre au réalisme et le spectacle était fondé sur de nombreuses conventions assimilées par le

public. Cependant, pour faciliter l'intelligence de la pièce, les auteurs avaient recours à des artifices, comme une petite estrade mobile destinée aux scènes d'intérieur ou la *mèchanè* qui était de deux types. Le premier (*aiðrèma*) était une plate-forme manœuvrée à l'aide d'une corde passée dans une poulie fixée au toit qui couvrait la scène ; il permettait de faire monter des personnages au ciel, comme Médée (voir note suivante), ou au contraire de faire descendre des dieux sur terre. Le second (*theologeion*) était une plate-forme escamotable, fixée au toit de la scène, sur laquelle les dieux se tenaient debout et disaient aux hommes leur volonté. Comme cette *mèchanè* était un moyen aisé pour le dramaturge de se sortir d'une situation inextricable, elle a vite pris un sens métaphorique – comme le montre la suite du paragraphe –, et souvent péjoratif (*cf.* « notre » *deus ex machina*).

9. Après la mort de sa femme et de son beau-père (voir note 8 du chap. 14) Jason se rue vers la demeure de Médée pour préserver ses enfants des représailles de la famille royale, sans pressentir le nouveau malheur qui l'attend : on lui annonce la mort de ses enfants ; il veut enfoncer la porte, lorsque Médée paraît dans le ciel, montée sur un char attelé de dragons ailés qu'elle a reçu du Soleil, son aïeul, elle s'envole pour Athènes, et – comble de cruauté – emporte sur son char le cadavre des deux enfants pour empêcher leur père de leur faire un ultime adieu (vers 1317-1404). On le voit, l'exemple choisi par Aristote n'est pas des plus probants, puisque l'apparition de Médée sur son char ne résout pas le drame ; c'est seulement un moyen de renforcer le pathétique, d'augmenter le sentiment de pitié des spectateurs pour la détresse de Jason. C'est un cas bien différent de la fin d'*Oreste* (voir *supra* note 3), où l'intervention d'Apollon (v. 1625 *sq.*) permet de résoudre une situation inconciliable avec la légende : Oreste va épouser Hermione, qu'il s'apprêtait à égorger, Ménélas doit accepter pour gendre l'homme qu'il voulait tuer.

10. Au début du chant II, Athéna descend en effet sur terre pour conseiller à Ulysse d'empêcher les Grecs, qui poussent déjà leurs bateaux à l'eau, de repartir sans avoir pris Troie (vers 166 *sq.*) ; mais là encore, l'exemple est curieusement choisi, puisque l'intervention de la déesse ne résout rien, sinon un épisode très marginal par rapport au sujet central de l'*Iliade* : la colère d'Achille.

11. Bien des tragédies débutent ainsi par la tirade d'un dieu placé dans le *theologeion* (voir *supra* note 8), révélant les événements qui se sont déroulés auparavant aux spectateurs (Aphrodite dans l'*Hippolyte* d'Euripide), ou même à un personnage (Athéna expliquant le comportement d'Ajax à Ulysse dans l'*Ajax* de Sophocle).

12. Aristote le dira au chapitre 24 (1460a 30), l'irrationnel réside en ce qu'Œdipe ait pu ignorer aussi longtemps les circonstances de la mort de Laïos. Sur cette pièce, voir note 2 du chap. 11.

13. Passage corrompu au sens incertain. On peut aussi comprendre : « comme Homère qui a fait d'Achille un brave mais aussi un exemple de dureté » (allusion à la colère d'Achille contre Agamemnon : Achille reste sous sa tente, même lorsque l'armée grecque essuie de terribles revers). Si on adopte la première leçon, parmi les pièces connues d'Agathon

(voir note 7 du chap. 9), seul son *Télèphe* (voir note 13 du chap. 13) a pu renfermer le personnage d'Achille.

14. Sans doute le dialogue *Sur les poètes* (composé en trois livres) dont il ne reste que de rares fragments. La disparition de ce texte empêche de saisir le sens précis de la phrase précédente. Puisque Aristote parle de sensations, d'impressions, il doit considérer la représentation même des pièces ; mais on voit mal ce qui peut empêcher le spectateur de jouir des effets de l'art dramaturgique : un mauvais jeu des acteurs (voir chap. 26) ? un mauvais accompagnement musical ? Il reviendra sur ce problème, non plus à propos des caractères, mais à propos de l'intrigue, avec l'exemple d'Amphiaraos, au début du chapitre 17.

Notes du chapitre 16
(pp. 109 à 110)

1. Au chapitre 11 (1452a 29 *sq.*).

2. Extrait d'un texte inconnu. Les Fils de la Terre sont les *Spartoi* (les Hommes semés) que Cadmos, le fondateur de Thèbes, fit naître en semant sur les conseils d'Athéna, les dents d'un dragon qu'il venait de tuer. Ils furent les premiers habitants de la cité, et tous portaient une tache en forme de javelot ; tous leurs descendants également ; c'est grâce à cette marque qu'Égisthe reconnaissait le fils d'Hémon dans l'*Antigone* d'Euripide (voir note 13 du chap. 14).

3. Pièce aujourd'hui perdue. Pour la légende de Thyeste, voir note 6 du chap. 13. Ces étoiles sont des marques brillantes que tous les descendants de Pelops portaient à l'épaule, qui dans la tragédie de Carcinos permettaient sans doute à Thyeste de comprendre la nature du ragoût servi par Atrée. Pelops avait en effet lui aussi été servi en ragoût aux dieux par son père Tantale (d'où le fameux supplice réservé à ce dernier aux Enfers), qui voulait ainsi mettre à l'épreuve leur clairvoyance. Tous les dieux identifièrent la viande qu'on leur servait et refusèrent d'y toucher, sauf Déméter qui, affamée, engloutit une épaule. Les dieux reconstituèrent le corps de Pelops et lui rendirent la vie ; mais à la place de l'épaule manquante, on lui en fabriqua une en ivoire ; et tous ses descendants portèrent une marque brillante à l'épaule en souvenir de cet événement.

Il y eut deux poètes tragiques du nom de Carcinos ; le premier était le contemporain d'Aristophane (fin Ve siècle) qui le railla dans ses comédies pour son goût des mises en scène spectaculaires et ses innovations en matière de danse de scène. Carcinos le Jeune vécut au IVe siècle ; comme ses contemporains, il semble avoir eu le goût de l'argumentation oratoire et des énigmes, mais jusqu'à l'obscurité, au point que l'expression « poèmes de Carcinos » passa en proverbe pour désigner un texte obscur.

4. Il y eut deux tragédies de Sophocle portant ce titre, aujourd'hui perdues. Poséidon s'unit à Tyro au bord du fleuve Énipée ; et la jeune fille mit secrètement au monde deux jumeaux, fruits de cette union, puis les « exposa » (voir note 5 du chap. 15) dans un coffre de bois ou un petit bateau

lâché sur le fleuve selon les versions. Les deux enfants furent recueillis par des bergers, et reconnus plus tard par leur mère grâce à cette nacelle (*cf.* l'histoire d'Ion, note 5 du chap. 11).

5. Voir note 3 du chapitre 8.

6. Ulysse, après avoir été déposé sur le rivage d'Ithaque (voir notes 21 et 22 du chap. 24), est recueilli par le porcher Eumée (*Odyssée*, chant XIV); il se fait alors passer pour un mendiant crétois, et ne se fera reconnaître du porcher et du bouvier Philoetios (en leur montrant sa cicatrice) qu'au moment où il aura besoin de leur aide pour le massacre des prétendants (chant XXI, vers 188-244). Cette reconnaissance est bien de nature à établir la confiance des deux hommes : Ulysse se fait reconnaître, alors que dans la scène avec la nourrice, il est reconnu, ce qui paraît meilleur à Aristote.

7. Voir note 7 du chapitre 11. Iphigénie réclame en effet des preuves lorsque Oreste lui affirme être son frère (vers 808). Cela paraît à Aristote presque aussi faible que la reconnaissance par signes extérieurs, car aucune nécessité interne à l'œuvre n'impose qu'Oreste dise alors ce qu'il dit ; il loue en revanche la reconnaissance qui se fait grâce à la lettre, *infra* 1455a 19 *sq.*

8. *Supra*, 1454b 20-21.

9. Térée était marié à Procné ; mais il tomba amoureux de sa belle-sœur, Philomèle, qu'il finit par violer. Pour qu'elle ne puisse dévoiler ce crime à sa sœur, il lui coupa la langue ; or Philomèle parvint à tout révéler en tissant la scène du viol sur une toile ou, selon une autre version, en brodant le nom du coupable sur un tissu. De la tragédie de Sophocle ne subsistent que quelques fragments.

10. Poète tragique de la fin du Ve siècle dont il ne reste que quelques vers ; le sujet de la pièce portait peut-être sur le retour de Teucer à Salamine, dont il avait été chassé par son père. Rentré dans l'île incognito après sa mort, son émotion le trahissait au moment où il regardait un portrait à son effigie.

11. Recueilli par Alcinoos, le roi des Phéaciens, Ulysse assiste à un festin donné en son honneur ; mais lorsqu'il entend l'aède chanter la ruse du Cheval de Troie, il ne peut retenir ses larmes ; Alcinoos le prie alors de révéler qui il est (*Iliade* VIII, vers 532-586 et début du chant IX).

12. Sur le contenu de cette partie centrale de l'*Orestie* d'Eschyle (représentée en 458) voir note 3 du chapitre 15. Le syllogisme a pour prémisses la ressemblance parfaite du frère (Oreste) et de la sœur (Électre) : mêmes cheveux (Oreste a déposé une boucle des siens sur le tombeau d'Agamemnon ; Électre compare ses pas avec les empreintes laissées autour du tombeau). Mais une fois Oreste devant elle, Électre demande des preuves, et Oreste lui présente une toile historiée qu'elle tissa jadis (*Les Choéphores.*, vers 166-234).

13. Cet exemple est repris et complété *infra* 1455b 10 *sq.* On ne sait si ce sophiste (a-t-il écrit une *Iphigénie* ? A-t-il seulement suggéré une amélioration à celle d'Euripide ?) doit être confondu avec le Polyidos, signalé par l'historien Diodore de Sicile (90-vers 5) comme l'un des plus célèbres auteurs de dithyrambes (voir note 1 du chap. 1), aux côtés de Philoxène et de Timothée (voir note 3 du chap. 2), ses contemporains.

14. Tydée est le père de Diomède, le compagnon habituel d'Ulysse durant la Guerre de Troie ; il est aussi l'un des sept chefs dans l'expédition contre Thèbes, durant laquelle – tout comme le père d'Alcméon, Amphiaraos, voir note 8 du chap. 13 – il trouva la mort. Mais rien dans les versions aujourd'hui connues de sa légende ne permet d'imaginer l'intrigue de cette tragédie disparue.

Théodecte (Phaselis 380-Athènes v. 340) fut l'élève de Platon, d'Aristote et du grand orateur athénien Isocrate (436-338). Il fut comme Astydamas (voir note 8 du chap. 13), rhéteur et composa des discours d'école renommés, avant d'être poète tragique. Esprit très distingué (il était l'ami d'Aristote, qui semble lui avoir dédié un de ses traités de rhétorique), il connut là aussi le succès ; sur treize concours (voir note 17 du chap. 6) auquel il participa, il remporta huit victoires (deux fois plus qu'Euripide, sur une période trois fois moindre). D'après les fragments conservés, ses tragédies semblent être dans le goût du temps : recherche dans les situations dramatiques, raffinement dialectique et style oratoire.

15. Ou «fils de Phinée», pièce perdue d'un auteur inconnu. Phinée était un roi de Thrace trop crédule qui avait aveuglé ses deux fils issus d'un premier mariage, lorsque sa seconde femme les eut faussement accusés d'avoir tenté de lui faire violence. Zeus le punit en le privant de la vue et en lui envoyant les Harpyes pour le persécuter. Il n'en fut délivré que par les Argonautes qui tuèrent ces démons ailés (le féminin pluriel qui suit les concerne peut-être) après qu'il leur eut révélé la route de la Toison d'or.

16. Pièce perdue d'un auteur inconnu, qui semble, d'après son titre, avoir eu pour source le chant XXI de l'*Odyssée* où se déroule le concours de tir à l'arc qui précède le massacre des Prétendants.

17. Passage très corrompu. Aristote revient sur cette faute de raisonnement (ou paralogisme) au chapitre 24, 1460a 20 *sq.*, et dans ses *Réfutations sophistiques* (v. 167b 1 *sq.*) en donne un exemple très clair : s'il a plu, l'herbe est mouillée ; mais le fait que l'herbe soit mouillée ne saurait prouver qu'il a plu, comme on le croit d'habitude (elle a pu être arrosée), il peut y avoir une fuite, etc.). Ulysse est le seul à pouvoir bander son fameux arc ; mais le fait qu'un messager y parvienne ne prouve pas pour autant qu'il est Ulysse (car il était le seul habitant d'*Ithaque* à pouvoir le faire), mais permet au spectateur de le reconnaître pour tel. De même, ce n'est pas parce qu'il affirme pouvoir reconnaître cet arc qu'il en est nécessairement le propriétaire ; le spectateur crédule prend une déclaration (il prétend reconnaître...) pour un fait (il reconnaît vraiment...).

18. Voir notes 2 et 4 du chapitre 11 : lorsque le messager venu de Corinthe (qui sait qu'Œdipe n'est pas le fils de Polybe) et le berger thébain (qui sait qu'Œdipe est le fils de Laïos) sont confrontés, la reconnaissance se fait naturellement.

19. Voir note 7 du chapitre 11. Mais il est peu vraisemblable qu'elle n'ait pas songé plus tôt à confier cette lettre à un autre étranger.

Notes du chapitre 17
(pp. 111 à 112)

1. Voir note 3 du chapitre 16.

2. On ne connaît pas la pièce, perdue, aujourd'hui ; mais on peut imaginer qu'Amphiaraos (voir note 8 du chap. 13) héros divinisé par l'intervention de Zeus au moment où il allait succomber à l'ennemi (Zeus entrouvrit la terre d'un coup de foudre, et il fut englouti) sortait de terre (son sanctuaire étant une grotte) alors que de coutume les dieux ou demi-dieux (que l'on songe à Héraclès à la fin du *Philoctète* de Sophocle) apparaissaient en hauteur, juchés sur le *theologeion* (voir note 8 du chap. 15). Une absence de respect pour les conventions qui a visiblement indisposé le public.

3. Comme au début du chapitre, nous en sommes toujours au stade de l'élaboration de l'œuvre dramatique, de sa composition ; il ne faut donc pas se méprendre sur ces gestes, qui ne sauraient être ceux des acteurs lors de la représentation, mais bien ceux de l'auteur (il y a un parallèle évident entre les deux moyens d'achèvement : l'expression et les gestes). L'auteur est donc invité à faire monter en lui, par une technique gestuelle appropriée, les passions éprouvées par ses personnages. L'existence de cette pratique curieuse se trouve confirmée par les caricatures d'Aristophane qui nous montrent un Euripide composant les pieds en l'air une histoire de boiteux et en haillons une histoire de mendiants (*Acharniens*, v. 410), ou bien Agathon (voir note 7 du chap. 9) travesti en femme «parce qu'il sied, quand on est poète, d'avoir égard aux pièces que l'on compose et d'y conformer ses façons» (*Thesmophories*, vers 149-150).

4. Délire d'origine divine. Aristote rejoint ici le grand courant de pensée qui de Démocrite (v. 460-v. 370) à Platon, veut que la poésie suppose enthousiasme (mot à mot : présence du dieu en soi, qu'il s'agisse d'Apollon ou de Dionysos) et inspiration divine (voir *Ion* et *Phèdre* de Platon). Mais aux yeux d'Aristote, cet enthousiasme n'est qu'une des causes de la création poétique ; l'art a aussi un rôle important à y jouer (voir note 3 du chap. 1).

5. Épisode n'est pas employé au sens technique du chapitre 12 (1452b 20), mais au sens plus vague d'histoire secondaire (voir note 10 du chap. 9 et *infra* 1455b 13 *sq.*). Le même mouvement du général au particulier était déjà recommandé au chapitre 9 (1451b 5 *sq.*) : le poète devait choisir une situation dramatique archétypique, déterminer un ensemble de rapports entre les personnages, puis passer au particulier en leur attribuant des noms.

6. Il s'agit de l'*Iphigénie en Tauride* d'Euripide, voir note 7 du chapitre 11. Selon les préceptes édictés au chapitre 9 (voir note précédente), Aristote se garde bien de donner les noms des personnages : nous en sommes au stade de «l'idée générale», de l'argument, et non de l'histoire.

7. Grâce à la lettre qu'Iphigénie veut faire parvenir à sa famille, voir note 7 du chapitre 11.

8. Voir note 13 du chapitre 16.

9. Atteint d'une subite crise de folie, Oreste massacre en effet un troupeau de génisses, croyant combattre les Érinyes ; il est alors maîtrisé par

les bouviers et conduit au roi, qui l'enverra au temple d'Artémis (*Iphigénie en Tauride*, vers 260-335 : il s'agit d'un récit du bouvier à Iphigénie). Pour leur permettre tous trois de fuir en emportant la statue, Iphigénie imagine de dire au roi qu'Oreste, matricide, ne peut être sacrifié avant d'être purifié – ainsi que la statue – par une ablution d'eau de mer. Une fois sur la plage, ils en profitent pour monter sur le bateau qui avait amené Oreste et Pylade, et prendre la fuite (*ibid.* vers 1327-1419 : encore un récit).

Notes du chapitre 18
(pp. 112 à 114)

1. Ou dénouement ; nous n'avons cependant pas retenu la traduction traditionnelle du terme (qui conserve bien l'image opposée : *nœud-désis/dénouement-lysis*) car le terme dénouement a un sens trop restrictif en français : une tragédie peut être occupée entièrement pas la *lysis*, pour peu que l'intrigue ait été nouée dans une période antérieure au début de la pièce : c'est le cas de l'*Œdipe roi* de Sophocle (voir note 2 du chap. 11).

2. Voir note 3 du chapitre 11. La phrase est lacunaire dans les manuscrits.

3. Passage sans aucun doute corrompu, puisque Aristote a distingué six parties pour la tragédie au chapitre 6 (1450a 8 *sq.*), et que nulle part dans le traité, on n'en voit mentionner quatre.

4. Puisque Aristote n'en donne pas, il faut sans doute aller chercher des exemples de cette espèce de tragédie au chapitre 11, où il définit ces deux notions.

5. Bien qu'il y ait eu deux héros de ce nom (Ajax fils d'Oïlée et Ajax fils de Télamon), le pluriel souligne ici le grand nombre de tragédies consacrées au plus grand des deux Ajax, le fils de Télamon : on a en effet (outre l'*Ajax* de Sophocle – joué vers 450 ? –, qui a survécu) trace des œuvres d'Eschyle (voir note 8 du chap. 4), de Carcinos (voir note 3 du chap. 16), d'Astydamas (voir note 8 du chap. 13) et de Théodecte (voir note 14 du chap. 16).

La scène pathétique était bien entendu le suicide d'Ajax. Ce guerrier remarquable, sans doute le plus brave de tous les Grecs, devint fou lorsque ses compagnons, après la mort d'Achille, lui eurent refusé les armes divines du héros, destinées au Grec qui avait été le plus redouté des Troyens, pour les donner à Ulysse. Fou de douleur et de rage devant cet affront et cette injustice, Ajax massacra les troupeaux durant la nuit, croyant tuer tous les chefs grecs ; et il se suicida au matin, quand, dans un éclair de raison, il comprit son égarement.

6. Eschyle (voir note 8 du chap. 4) ou Euripide (voir note 16 du chap. 13) ont composé des tragédies sur la légende d'Ixion. C'était un roi de Thessalie, parjure et impie, puisqu'il avait tué son beau-père afin de ne pas avoir à tenir toutes les promesses qu'il lui avait faites pour obtenir la main de sa fille. Il était le premier criminel qui eût osé porter la main sur un membre de sa famille et fut frappé de folie. Zeus eut cependant pitié de lui et l'en guérit. Mais Ixion se montra ingrat, puisqu'il osa désirer la

femme du maître des dieux, Héra, et tenter de lui faire violence. Devant ce nouveau sacrilège, il fut attaché par Zeus à une roue enflammée roulant éternellement, selon les versions, soit dans les airs, soit dans la région des Enfers réservée aux grands criminels : le Tartare.

7. Pièce de Sophocle (voir note 3 du chap. 3) dont on ne connaît que le titre (pas même l'argument qui a été conservé pour bien des tragédies perdues) ; il suggère une tragédie centrée sur Achille, puisqu'il régnait sur la ville de Phtie.

8. Sophocle (voir note 3 du chap. 3) et Euripide (voir note 16 du chap. 13) ont écrit des *Pélée*, pièces aujourd'hui perdues. Pélée était le roi de Phtie, célèbre surtout pour avoir engendré Achille avec la déesse Thétis. Ces deux derniers exemples, inconnus, ne nous permettent pas de saisir le sens de la catégorie définie par Aristote.

9. Texte lacunaire, rétabli par la critique moderne, qui n'a rien de sûr (on s'attendrait à un quatrième adjectif, et la symétrie voulue par Aristote au début du chapitre 24 avec l'épopée – 1459b 7 *sq*. –, est rompue). Nous nous contenterons de suivre ici les analyses très judicieuses de R. Dupont-Roc et J. Lallot (pp. 292-298), qui éclairent le texte ainsi rétabli : Aristote procède ici à un classement par ordre de valeur décroissante, le critère étant l'importance plus ou moins grande accordée à l'histoire. On part donc de la tragédie qui exploite au mieux les ressorts mêmes de l'histoire (voir chap. 11), la tragédie complexe, pour parvenir à la tragédie spectacle, où « le tragique tend au monstrueux, et l'histoire vers sa plus simple expression ». À cette dernière espèce de tragédie correspond donc bien, comme le veut Aristote, l'épopée simple ; un récit dramatique où la linéarité et la simplicité de la narration est palliée par le recours au spectaculaire. Et l'on sait quelle piètre estime Aristote montre pour tout ce qui a trait au spectacle et à la représentation (voir chap. 6, 1450b 17 *sq*.).

10. Ou filles de Phorcys, une divinité marine pré-olympienne ; elles étaient au nombre de trois et se nommaient les *Graïai* (les Vieilles) parce qu'elles étaient nées vieilles ; elles n'avaient à elles trois qu'un œil et qu'une dent qu'elles se prêtaient à tour de rôle. Sœurs des Gorgones, elles jouent un rôle dans le cycle de Persée (le sauveur d'Andromède), lorsqu'il dut tuer Méduse. Les trois sœurs gardaient en effet la route qui menait vers les Gorgones ; Persée s'empara de leur œil et de leur dent, et refusa de les leur rendre tant qu'elles ne lui auraient pas révélé le moyen de tuer Méduse, la seule mortelle des trois terribles Gorgones au regard pétrifiant. Eschyle (voir note 8 du chap. 4) aurait composé un drame satyrique (voir note 10 du chap. 4) à leur sujet.

11. Eschyle avait composé une trilogie tragique (*Prométhée enchaîné, Prométhée délivré, Prométhée porte-feu*), représentée après 467, dont il ne subsiste que la pièce initiale ; il avait par ailleurs composé à ce sujet un drame satyrique, présenté en 472, en même temps que les *Perses*. Il est sûr que la pièce qui nous reste ne contient pas de véritable action dramatique : Prométhée a désobéi aux ordres de Zeus et a aidé les mortels ; il est puni pour cette faute, et enchaîné au Caucase. Que peut faire ensuite Prométhée, sinon gémir, et Zeus l'abandonner à son supplice ou le frapper plus fort encore ?

12. Hadès est le dieu des morts ; frère de Zeus et de Poséidon, il est l'un des trois maîtres qui se partagent l'univers après la victoire sur les Titans ; lui revient le monde souterrain, les Enfers où il règne sur les morts. On peut imaginer que la représentation, sur la scène, du royaume des ombres et des supplices qui s'y déroulaient devait réclamer des masques, des costumes, des effets (bruitages, décors) spéciaux.

13. Retour aux parties constitutives de la tragédie, présentées au chapitre 6 (1450a 8 *sq.*).

14. C'est-à-dire l'histoire, les caractères, l'expression et la pensée (voir *ibid.* 1450a 14 *sq.*).

15. Cela n'a jamais été dit tel quel, mais résulte des analyses sur l'étendue et les rapports des parties au tout, faites aux chapitres 5 et 7 et des analyses du chapitre 17 sur les épisodes dans l'épopée et dans la tragédie.

16. Une affirmation qui peut surprendre, lorsque l'on sait qu'Aristote fera pour l'épopée – comme il l'avait fait pour la tragédie – de l'unité d'action un impératif (voir chap. 23, 1459a 16 *sq.*). Mais Aristote doit sans doute considérer que l'étendue même de l'épopée autorise l'auteur à insérer des histoires dans l'histoire, des épisodes autrement dit (voir note 10 du chap. 9).

17. On connaît quatre tragédies, aujourd'hui perdues, qui portaient le titre de *Sac de Troie* ; elles étaient l'œuvre, entre autres, d'Agathon (voir note 7 du chap. 9) et du fils de Sophocle, Iophon (considéré vers 400 comme le plus grand poète tragique d'Athènes). Elles évoquaient bien sûr la prise de Troie par les Grecs grâce à la ruse du cheval, prise qui n'est pas relatée dans l'*Iliade*, mais au chant VIII de l'*Odyssée*.

18. Allusion à la trilogie tragique présentée par Euripide (voir note 16 du chap. 13) en 415 : *Alexandros* (ou Pâris ; il aurait dû être tué dès sa naissance parce que sa mère avant d'accoucher de lui, avait rêvé qu'elle enfantait d'un tison ardent ; mais l'homme chargé de le tuer s'était contenté d'exposer (voir note 5 du chap. 15) l'enfant, qui avait été recueilli par des bouviers ; adolescent, il était finalement reconnu et recueilli par ses parents, Priam, roi de Troie, et Hécube), *Palamède* (Ulysse parvenait à se venger de Palamède qui l'avait contraint à partir pour Troie – voir note 4 du chap. 8 – en le faisant lapider par l'armée après l'avoir faussement convaincu de trahison), et les *Troyennes* (la seule pièce ayant survécu, qui montre le sort des femmes et filles des vaincus, Hécube, Cassandre, Andromaque, alors que Troie brûle encore : devenues esclaves des vainqueurs, elles sont embarquées vers la Grèce).

19. Les rares fragments qui subsistent ne permettent pas de juger quelle sélection Eschyle a pu opérer dans le cycle légendaire de Niobé, cette femme trop fière d'elle-même et de sa progéniture, punie pour cette raison par Apollon et Artémis qui tueront ses dix fils et dix filles.

20. Voir *supra* note 17.

21. Sisyphe est le plus rusé des mortels et le plus dépourvu de scrupules, lui qui n'hésite pas à tromper les dieux. Il est puni aux Enfers et doit éternellement faire remonter une pente à un énorme rocher, qui, à peine au sommet, dévale aussitôt la pente.

22. Aristote cite même les vers d'Agathon (voir note 7 du chap. 9) au

livre II de sa *Rhétorique* (1402a 11) : «Tout ce qu'on peut dire de vraisemblable, c'est qu'il arrive aux mortels bien des choses invraisemblables.»
On ne sait de quelle pièce étaient tirés ces deux vers.

23. Le chœur tragique composé de douze, puis, à partir de Sophocle
(voir note 3 du chap. 3), de quinze chanteurs, représente le plus souvent
des habitants (vieillards, femmes ou jeunes filles) de la ville où se déroule
le drame; ils ont pour rôle de commenter l'action; mais le chef de chœur,
le coryphée qui les représente, peut aussi dialoguer avec les personnages
principaux.

24. Les dernières pièces d'Euripide marquent en effet un amenuisement
sensible du rôle dévolu au chœur, qui n'a plus d'influence réelle sur
l'action : les personnages sur scène ne tiennent plus aucun compte des
plaintes du chœur ou des propos du coryphée (voir par exemple *Iphigénie
à Aulis*), ce qui n'est jamais le cas chez Sophocle. Mais c'est incontestablement Eschyle – plus proche des origines dithyrambiques, voir note 1
du chapitre 1 et Introduction p. 79 – qui a le plus impliqué le chœur dans
le déroulement même du drame.

25. Avant 405, moment où il quitte Athènes (voir note 7 du chap. 9). À
l'époque d'Aristote, le chœur tragique n'est déjà plus qu'une survivance,
une tradition que l'on semble respecter par pure habitude (d'où ces intermèdes). Ceci explique sans doute le peu d'attention qu'Aristote lui
accorde, limitant son étude à quelques conseils très stricts, dont le caractère «réactionnaire» était alors bien trop marqué pour qu'il pût espérer
être entendu.

Notes du chapitre 19
(pp. 114 à 115)

1. S'il a longuement été question de l'histoire (chap. 7-14) et des caractères (chap. 15), cette introduction si sèche consacre dans les faits la mise
à l'écart de deux autres parties (le spectacle et la composition du chant),
mentionnées par deux fois au chapitre 6 (1450a 10 et 1450b 16 *sq.*), qui ne
seront jamais prises en considération dans la *Poétique*.

2. Il n'est pas certain qu'Aristote renvoie ici à sa *Rhétorique* telle que
nous la connaissons, en trois livres; mais il avait écrit d'autres traités à ce
sujet : voir Diogène Laërce (*supra*, pp. 11-12).

3. Après les trois définitions livrées au chapitre 6 (1450a 6; 1450b 4-7;
1450b 11 *sq.*), voici la quatrième définition de la pensée, sans aucun doute
la plus abstraite; il y est question des paroles, du langage (*logos*) et non de
l'expression (*lexis*), partie de la tragédie englobée par ce dernier.

4. Lorsque le poète tragique a recours à la pensée (et non à l'expression); la pensée peut sans doute se manifester sans l'expression par des
gestes ou des attitudes (voir l'interrogation qui clôt ce paragraphe), mais
Aristote songe également ici à des paroles dans lesquelles la pensée se
manifeste clairement, sans ambiguïté ni hésitation : on peut penser à la lettre
d'accusation calomnieuse à l'encontre d'Hippolyte laissée par Phèdre
après son suicide (Euripide, *Hippolyte*, vers 856 *sq.*).

5. Il ne s'agit plus ici de mise en mots de la pensée mais de mise en sons de l'expression : quelle intonation doit avoir l'acteur pour interpréter tel ou tel passage de la pièce ? À noter le rejet, hors du domaine d'étude spécifique de la poétique, de ces modes de l'expression, comparable au rejet du spectacle au chapitre 14 (1453b 7) : la poétique, discipline abstraite, exclut les effets auditifs comme les effets visuels ravalés au niveau d'accessoires.

6. Protagoras (Abdère v. 485- mort en mer, v. 410) est le premier grand sophiste à s'être fixé à Athènes, vers 450, où il se lia avec Périclès ; accusé d'impiété, il dut cependant quitter la cité, et mourut en gagnant la Sicile. Sa célèbre formule « l'homme est la mesure de toute chose » fait de lui en philosophie un relativiste. Sa réputation et son immense richesse sont dus à ses talents d'orateur et de professeur de rhétorique, lui qui affirmait l'existence, pour tout sujet, de deux discours opposés et enseignait le moyen de rendre le plus faible de deux arguments le plus fort, comme nous le montre Platon dans le dialogue qui porte son nom. Sa réflexion sur la logique, la dialectique, l'avait naturellement conduit à concevoir ce que nous appelons aujourd'hui la grammaire – dont il passe pour le fondateur –, à distinguer le genre des noms, les temps et les modes (comme ici) des verbes, les modalités d'énonciation ; tout cela dans le but de mieux cerner ces instruments de la logique que sont le langage et les mots.

7. Premier vers de l'*Iliade,* où Homère s'adresse à la Muse. La critique de Protagoras est d'ordre purement grammatical : il existait en grec un mode exprimant le souhait (l'optatif), différent par ses formes de l'impératif employé dans ce vers par Homère, qui ne convient pas pour s'adresser à une divinité. Aristote laisse ici entendre qu'un bon aède sait quelle intonation il faut prendre pour réciter ces vers, de manière que l'auditoire comprenne qu'il s'agit d'une prière et non d'un ordre.

Notes du chapitre 20
(pp. 115 à 117)

1. Ou mot à mot : élément (*stoichéion*) ; depuis Platon, ce terme avait ce sens technique (et philosophique) désignant les sons correspondant aux lettres de l'écriture (*grammata*).

2. Cette liste donnant tout d'abord les parties non signifiantes, puis les parties signifiantes, ce mot est mal placé et sans doute interpolé.

3. Le texte des deux paragraphes qui viennent est irrémédiablement mutilé, si bien que cette analyse manque de cohérence.

4. Dans l'ordre : d'un part, certes et d'autre part.

5. Dans l'ordre : au milieu de, autour de.

6. Alors que séparément, chaque nom est signifiant : *théos* = dieu ; *dôron* = don, présent.

7. Nous avons choisi cette traduction du mot *ptôsis*, quoiqu'elle ne soit pas totalement adéquate : *flexion* nous a en effet paru avoir une acception beaucoup plus large que la traduction classique *cas*, qu'il est difficile d'employer aujourd'hui à propos des verbes. Nous sommes ici aux origines de la grammaire, et la terminologie n'est pas fixée.

8. Réponse à Platon qui affirmait dans le *Sophiste* (262a) : « Des noms tout seuls énoncés bout à bout ne font donc jamais un discours, pas plus que des verbes énoncés sans l'accompagnement d'aucun nom. »

9. « Un animal capable de science », « un animal marchant sur deux pieds », ou « un animal politique » selon de célèbres définitions d'Aristote lui-même.

Notes du chapitre 21
(pp. 117 à 120)

1. Voir chapitre 20, 1457a 11 *sq*.

2. Le grec peut associer en composition un grand nombre de termes afin de créer des mots nouveaux, par l'accumulation des prépositions par exemple : à partir du verbe *erchomai* (je viens) on forme ainsi *sumpareiserchomai* : s'introduire (*eis*) ensemble (*sun*) furtivement (*para*). On employait des mots composés très longs qui conféraient noblesse et ampleur aux vers, dans les dithyrambes (voir note 1 du chap. 1, et chap. 22, 1459a 9), mais aussi dans les comédies ; ainsi les *salpingolonchypènadai* (hommes à grandes barbes munis de trompettes et de lances) d'Aristophane, à effet comique.

3. Il s'agit sans doute ici d'une épithète de Zeus, formée à partir des noms de trois fleuves d'Asie Mineure (actuelle Turquie) d'où venaient les colons qui fondèrent Marseille au VIᵉ siècle.

4. Javelot, qui se disait *dory* en Ionien-Attique ; cette coexistence de deux termes pour désigner le même objet est due à la diversité des dialectes, caractéristique du monde grec (voir note 5 du chap. 3).

5. Comme pour la théorie grammaticale (voir note 7 du chap. 20), la terminologie poético-rhétorique est encore flottante, et Aristote emploie le mot métaphore dans une acception beaucoup plus large que ne le feront les théoriciens de la fin de l'Antiquité et leurs héritiers, les modernes. Pour nous, seul le dernier « glissement » (*épiphora* ; *métaphora* signifiant transfert), voulu par le rapport d'analogie existant entre l'élément comparé (le soir, voir *infra* 1457b 23) et l'élément comparant (la vieillesse), est une métaphore. Les autres glissements, et les exemples donnés ensuite étant pour nous selon les cas, soit des métonymies (relation de cause à effet, du contenant avec le contenu, du lieu pour la chose, du signe pour la chose, etc., entre le terme propre et celui qui est employé), soit des synecdoques (relation d'inclusion entre le terme propre et celui employé : airain = épée).

6. Expression homérique (*Odyssée*, I, vers 185 et XXIV, vers 308).

7. Homère, *Iliade*, II, 272.

8. Ces deux derniers exemples semblent provenir des *Katharmoi* d'Empédocle (voir note 8 du chap. 1) dont Aristote avait loué le don pour la métaphore dans son dialogue perdu *Sur les poètes*.

9. Dionysos-Bacchus étant bien entendu le dieu de la vigne et du vin ; Arès-Mars celui de la guerre et des combats. On retrouve le même exemple dans la *Rhétorique* d'Aristote (1407a 15 *sq*.) ; il serait de Timothée de Milet (voir note 3 du chap. 2).

10. Le texte d'Empédocle (voir *supra* note 8) où se trouve cette métaphore n'a pas survécu, mais on la lit encore chez Eschyle (*Agamemnon*, vers 1122-3) et chez Platon (*Lois*, 770a).

11. Citation dont on n'a pas identifié l'auteur.

12. D'après la liste des huit types de noms (*onomata*, à prendre au sens large, puisque ce terme peut désigner aussi bien des substantifs que des adjectifs ou des verbes) établie *supra* 1457b 1, on attendait ici une définition de l'ornement (*kosmos*). Cette absence a conduit certains éditeurs à imaginer ici une lacune. R. Dupont-Roc et J. Lallot (341-3) ont cependant démontré ce que recouvrait ce terme : les épithètes (que ce soient des adjectifs épithètes ou des substantifs apposés) ; à la différence des six autres types, ils ne se substituent pas au nom courant, mais sont ajoutés à lui – ce qui explique peut-être aussi l'«oubli» d'Aristote.

13. On ne trouve trace du premier terme que dans des lexiques tardifs ; le second est en revanche employé par Homère (*Iliade*, I, 11 et V, 78).

14. La première forme est la forme de génitif homérique du mot *polis* (la cité), antérieure à une inversion de la quantité des deux dernières syllabes, le êta (long, comptant pour deux temps : voir note 7 du chap. 1) étant remplacé par le epsilon (bref) et inversement, le omicron (bref) étant remplacé par le ôméga (long ; mais l'accent restant sur la première syllabe, la forme homérique était dans les faits ressentie comme plus longue). Cette «métathèse de quantité» très connue de nos jours échappait aux contemporains d'Aristote, étrangers à toute perspective historique ; s'ils découvraient une forme inhabituelle chez Homère et qu'ils ne pouvaient la trouver dans un des dialectes, ils l'expliquaient par une intervention volontaire du poète (déformation comme ici, voire création pure et simple).

La seconde forme (= du fils de Pélée : Achille, voir note 8 du chap. 18) est également une forme homérique, au génitif archaïque et allongée d'une syllabe par le alpha.

15. Les deux premiers termes sont des apocopes (retranchement de la syllabe finale) homériques : *kri* pour *krithè* (orge) et *dô* pour *dôma* (maison) ; la citation («tous deux ne lancent qu'un seul regard») est d'Empédocle ; *ops* y est l'apocope de *opsis* (regard ; spectacle dans la *Poétique*).

16. «Au sein droit» (*Iliade*, V, 393) ; une forme proche du comparatif est employée à la place du positif de l'adjectif *dexios*.

17. C'est-à-dire neutre (= ni l'un ni l'autre ; ni masculin ni féminin) dans la terminologie des grammairiens latins que nous avons adoptée. Aristote avait choisi une désignation du même type pour l'accent circonflexe au chapitre 20 (1456b 33).

18. Le son de psi rassemble p et s, celui de xi *k* et *s* : la finale est *s* dans les deux cas. Aristote compte trois lettres finales pour chacun des deux genres : *n*, *r* et *s* pour le masculin, *è*, *ô* et *â* pour le féminin.

19. Dans l'ordre : miel, gomme et poivre.

20. Affirmation erronée : il y a en grec un grand nombre de substantifs neutres se terminant par *a* et *r*.

Notes du chapitre 22
(pp. 120 à 122)

1. Voir note 2 du chapitre 2.

2. Un poète tragique raillé par Aristophane dont on ne sait pas grand-chose.

3. Mot à mot : «étrangers» (*xenika*); mais nous avons préféré *étrange* qui rappelle le sens du mot grec, tout en ayant une acception plus large, nécessaire ici, comme le montre la phrase suivante. Il ne s'agit pas d'un terme technique, mais plutôt d'une catégorie assez vague, susceptible de regrouper les types de mots définis au chapitre 21.

4. Le terme grec que nous traduisons ainsi est *barbarismos*, substantif dérivé de *barbaros*, onomatopée que les Grecs avaient créée pour désigner tout étranger parlant une langue autre que le grec, toujours considérée comme inintelligible, souvent comparée avec les cris des animaux.

5. Il s'agit tout simplement de l'évocation d'une pose de ventouses (en bronze à l'époque) par un médecin sur un patient. Énigme très célèbre dans l'antiquité grecque souvent reprise et commentée; ainsi, on la trouve aussi dans la *Rhétorique* (1405b 1 *sq.*).

6. Défini au chapitre 21, 1457b 3.

7. Voir l'exemple d'Homère donné au chapitre précédent, 1458a 7 et note 16.

8. Homère, sans aucun doute : voire les exemples de modifications de la quantité des syllabes donnés au chapitre 21 (1458a 4 *sq.*). La difficulté de la métrique grecque est de parvenir à couler dans un schéma rythmique préétabli (voir note 7 du chap. 1) des mots eux-mêmes composés de syllabes longues et brèves. La critique lancée par Euclide (sans doute un poète comique, très mal connu) porte justement sur les facilités que se serait données Homère en s'affranchissant de cette contrainte et en allongeant ou abrégeant les syllabes lorsque le schéma métrique le réclamait. D'où les deux exécrables hexamètres dactyliques qui suivent, où il faut arbitrairement allonger deux syllabes, brèves par nature, si l'on veut que le premier vers («J'ai vu Epicharès aller vers Marathon»; le second est intraduisible car mutilé) respecte le schéma métrique de l'hexamètre. L'allongement grandiloquent des syllabes dans un contexte aussi prosaïque (le verbe *badidzo* ne se trouve que chez les prosateurs) ajoute le burlesque à l'intention parodique.

9. Pièce aujourd'hui perdue; seule subsiste une tragédie de Sophocle (voir note 3 du chap. 3), jouée en 409, qui porte ce titre. Ces deux vers ne nous sont connus que par Aristote; mais il est pour le moins inhabituel de voir vantée la richesse du style d'Euripide, puisque Aristophane, dans le fameux parallèle des *Grenouilles* (405), accordait la palme à Eschyle en ce domaine et qu'Aristote lui-même dans la *Rhétorique* (1404b 24) vante la simplicité quasi prosaïque du style d'Euripide.

10. Injures lancées à Ulysse par le cyclope Polyphème après qu'il l'a aveuglé (Odyssée, IX, vers 515).

11. C'est Télémaque qui installe son père déguisé en mendiant, dans la grande salle du palais, devant les prétendants furieux (*Odyssée*, XX, v. 259).

12. *Iliade*, XVII, vers 265 (comparaison des cris poussés par les Troyens qui chargent avec le bruit des vagues se brisant sur une côte).

13. Aristophane condamne à plusieurs reprises les mœurs d'un acteur ainsi nommé ; mais rien ne permet de l'affirmer qu'il s'agit du même homme.

14. Dans l'ordre : « loin de la demeure », « toi-même justement », « pour ma part, je le... », « à propos d'Achille », toutes expressions souvent employées par les poètes tragiques pour rompre avec les formes du langage quotidien.

15. Au chapitre 21, 1457a 32 *sq.* et 1457b 3 *sq.*

16. Voir note 1 du chapitre 1.

17. Les vers employés dans les épopées, les hexamètres dactyliques (voir note 7 du chap. 1).

18. C'est-à-dire le trimètre iambique des passages dialogués dans les tragédies (voir chap. 4, 1449a 23 *sq.*) et non les mètres iambiques utilisés par les auteurs satiriques (1448b 30 *sq.*).

Notes du chapitre 23
(pp. 123 à 124)

1. Cette périphrase désigne naturellement l'épopée (voir l'opposition entre le récit épique et le récit dramatique, chapitre 5, 1449b 9 *sq.*).

2. Affirmation qui peut sembler paradoxale, alors qu'Aristote n'a cessé de souligner les oppositions entre récit épique et récit dramatique (voir note précédente et chap. 3, 1448a 19-24 et 26-29). Mais il s'attache ici à la forme générale du drame : unité d'action et effacement du narrateur derrière ses personnages : *cf.* le début du chapitre 3 ; dans les faits, Homère – qui est le modèle exclusif en matière d'épopée – laisse souvent ses personnages agir, parler en leur nom propre ; que l'on songe au long récit d'Ulysse (*Odyssée* IX-XII) fait à la première personne et assumé entièrement par lui.

3. Sur l'importance de l'unité d'action, voir le début du chapitre 7, 1450b 26 *sq.*

4. La bataille de Salamine (29 sept. 480) fut, dix ans après Marathon, la victoire décisive des Grecs coalisés sur les Perses : elle les contraignit à renoncer pour longtemps à leurs visées sur la Grèce continentale. Le même jour, selon Hérodote (VII, 166), se déroula à Himère, en Sicile, une bataille où Hamilcar, le général carthaginois, fut battu par Gélon, tyran de Syracuse. Bataille là aussi importante car elle marqua la fin de la présence punique en Sicile. (Hérodote : voir note 2 du chap. 9.)

5. C'est-à-dire agencent leur récit comme un récit historique (voir *supra* ligne 22).

6. Au chapitre 8, 1451a 23 *sq.*

7. Pour cet impératif, voir chapitre 7, 1450b 35 *sq.* et chapitre 24, 1459b 19-20.

8. La colère d'Achille (dont Agamemnon a pris la captive après qu'il a été contraint de renoncer à sa propre concubine), et ses conséquences désastreuses pour les Grecs assiégeant Troie (voir note 13 du chapitre 15).

9. Dressé au chant II de l'*Iliade* (v. 484-785), il est l'occasion de passer en revue les forces en présence.

10. Épopées composées sans doute au VIIᵉ siècle, qui complétaient l'œuvre d'Homère. Les *Chants cypriens* remontaient aux origines mêmes de la Guerre de Troie, au jugement de Pâris et à l'enlèvement d'Hélène et se refermaient sur les premières années du siège, durant lesquelles Achille conquiert sa concubine (voir *supra*, note 8). La *Petite Iliade* débutait après la mort d'Achille, au moment où les chefs grecs se disputaient ses armes (voir note 5 du chap. 18) et s'achevait avec le départ des Grecs après le sac de la ville (voir *infra*, 1.5 et 6). Ces deux épopées ont aujourd'hui disparu ; on n'en connaît le contenu que par de tardifs sommaires. Selon la tradition, elles étaient respectivement attribuées à Arctinos et Stasinos.

11. Une tragédie sur la colère d'Achille à partir de l'*Iliade* ; mais sans doute deux à partir de l'*Odyssée* : l'une consacrée aux errances d'Ulysse, l'autre à la situation à Ithaque.

12. On aurait ainsi le jugement de Pâris, l'enlèvement d'Hélène ou l'épisode de Télèphe (voir note 13 du chap. 13), sans compter Iphigénie à Aulis (voir note 6 du chap. 15).

13. Cette curieuse présentation provient sans doute d'une interpolation tardive : Aristote avait dû écrire huit ; un copiste a rajouté «plus de» et a joint les deux derniers exemples à la liste, qui sont mal placés dans la chronologie du cycle troyen. Il est difficile aujourd'hui de savoir si Aristote donne ainsi des titres de tragédies réellement écrites à partir de la *Petite Iliade*, ou s'il se contente de suggérer les pièces que l'on pourrait en tirer.

14. Celles d'Achille, leur attribution après sa mort ayant provoqué de graves dissensions dans le camp grec (voir *supra*, note 10). La première pièce de la trilogie perdue d'Eschyle consacrée à Ajax portait ce titre.

15. Philoctète est le détenteur des armes d'Héraclès, que le héros lui a confiées en mourant. Prétendant à la main d'Hélène (voir note 4 du chap. 8), il doit participer à l'expédition contre Troie ; mais il est abandonné en route sur une île car il a été piqué au pied par un serpent et la puanteur de la blessure (ou les cris du blessé) est telle que ses compagnons ne peuvent plus la supporter. Il sera tiré de son isolement dix ans plus tard seulement, lorsqu'un oracle aura révélé aux Grecs qu'ils ne pourront vaincre Troie sans le secours des armes d'Héraclès. Ulysse le rusé – qui avait été à l'origine de l'abandon de Philoctète sur son île – est alors envoyé en ambassade et parvient à amener Philoctète et ses précieuses armes à Troie, où il sera guéri. Sophocle (voir note 3 du chap. 3) a écrit un *Philoctète* (joué en 409) que nous possédons encore.

16. Ou Pyrrhus (*cf.* l'*Andromaque* de Racine), le fils d'Achille. Un oracle avait révélé que les Grecs ne pourraient prendre Troie sans son secours. Après avoir aidé Ulysse dans sa mission auprès de Philoctète (voir note précédente), il arrive à Troie et, revêtu des armes de son père, il se révèle un nouvel Achille, accomplissant force exploits ; il est des guerriers glissés dans le ventre du fameux Cheval. Il manifestera ensuite une grande cruauté en précipitant le petit Astyanax, le fils d'Hector, du haut des remparts de la ville et en immolant Polyxène, une des filles de Priam, sur la

tombe de son père. La suite de son existence, sa passion pour Andromaque et son assassinat par Oreste, n'était pas racontée dans la *Petite Iliade*.

17. Eurypyle est le fils de Télèphe (voir note 13 du chap. 13), qui vint combattre au côté des Troyens et fut tué par Néoptolème (voir note précédente). On a retrouvé en 1912 quelques fragments d'un *Eurypyle* de Sophocle.

18. Ulysse s'introduisit dans Troie déguisé en mendiant afin d'espionner le camp ennemi; il ne fut reconnu que par Hélène (*Odyssée*, IV, v. 240 *sq.*).

19. Ulysse et Diomède s'introduisirent dans Troie afin d'y voler, avec le secours d'Hélène, le Palladion, une statue d'Athéna tombée du ciel, sans la possession de laquelle les Grecs ne pouvaient prendre Troie. Sophocle écrivit une pièce, perdue, portant ce titre; le chœur y était constitué par les femmes grecques de la suite d'Hélène.

20. Voir note 17 du chapitre 18.

21. Sans doute centré autour du sacrifice de Polyxène (voir *supra*, note 16), immolée pour procurer un heureux retour à la flotte grecque (*cf.* le sacrifice d'Iphigénie à l'aller : voir note 6 du chap. 15); dans l'*Hécube* d'Euripide, représenté vers 424, ce sacrifice est ainsi le sujet principal.

22. Sinon est le guerrier grec laissé seul sur la plage à côté du fameux Cheval, le jour où la flotte grecque fait semblant d'être partie. Par ses mensonges, il parvient à persuader les Troyens d'abattre leur muraille pour faire pénétrer l'immense cheval de bois dans la ville; le soir, c'est lui qui viendra ouvrir les flancs du cheval et lancera des signaux à l'adresse des vaisseaux grecs tapis à quelques encablures. Sophocle avait écrit une pièce sur ce sujet, qui a été développé par Virgile dans son *Énéide* (II, v. 57-198).

23. Une pièce d'Euripide, représentée en 415, et que nous possédons encore, porte ce titre. À travers une série de tableaux pathétiques où figurent les princesses troyennes désormais esclaves (Cassandre, Andromaque) et leur mère Hécube, qui fait l'unité de la tragédie, sont dépeints les malheurs de la guerre. La tragédie s'achève par l'embarquement des Grecs.

Notes du chapitre 24
(pp. 124 à 127)

1. Les quatre espèces de tragédies ont été présentées au chapitre 18 (1455b 32 *sq.*); voir cependant la note 9 du même chapitre 18.

2. Aristote l'a déjà affirmé au chapitre 5 (1449b 15 *sq.*). Les deux genres ont donc en commun l'histoire, les caractères, l'expression et la pensée, si l'on s'en tient aux parties constitutives (voir chapitre 6, 1450a 9-10). La phrase suivante, qui ne retient plus que la pensée et l'expression, est embarrassante, d'autant plus qu'elle mentionne trois autres parties (péripétie, reconnaissance, événement pathétique) qui ne sont plus des parties constitutives, mais des parties de l'histoire (voir chap. 11, 1452b 9 *sq.*); mais c'est un glissement assez courant dans la *Poétique*, voir Index *s. v.* parties.

3. Employé vraisemblablement au sens ordinal, sans idée chronologique.

4. Au chant IV, Télémaque est reconnu par Ménélas et Hélène ; Ulysse est reconnu par le Cyclope, après qu'il l'a aveuglé (chant IX), puis par Euryclée (voir note 3 du chap. 8), Eumée (voir note 6 du chap. 16), Télémaque (au chant XVI), les prétendants (chant XXII), Pénélope (chant XXIII) et enfin son père, Laërte (chant XXIV).

5. Au chapitre 7, 1450b 35 *sq.*

6. Sans doute l'*Iliade* qui compte environ 15 000 vers et l'*Odyssée* qui en compte 12 000 environ. Les *Chants cypriens*, le plus long des autres poèmes cycliques archaïques connus, avaient onze chants (contre 24 pour les deux épopées homériques), et devaient compter deux fois moins de vers.

7. Aristote songe sans doute ici aux concours tragiques tels qu'ils se déroulaient de son temps, et non à ceux du Ve siècle (voir note 17 du chap. 6). Chaque auteur y présentait toujours bien trois tragédies, mais il n'y avait plus qu'un seul drame satyrique pour toute la série de représentations. Si l'on s'en tient au nombre moyen des vers des tragédies d'Euripide (1 300-1 400 vers) et qu'on le multiplie donc par trois, on obtient une épopée de 4 000-4 500 vers ; c'est à peu de chose près la longueur qu'Apollonios de Rhodes donnera au IIIe siècle à son épopée narrant la conquête de la Toison d'or, ses *Argonautiques*.

8. C'est-à-dire l'hexamètre dactylique, voir note 7 du chapitre 1.

9. Voir leur définition au chapitre 21, 1457b 3 *sq.*

10. Voir note 7 du chapitre 1 ; et chapitre 5, 1449a 23 *sq.*

11. Le tétramètre trochaïque, voir note 11 du chapitre 4.

12. Voir note 9 du chapitre 1.

13. Au chapitre 5, 1449a 24 *sq.* (à propos de l'adoption des vers iambiques dans la tragédie).

14. Au chapitre 9, 1452a 1 *sq.*

15. Au chant XXII de l'*Iliade*, Hector – qui a échappé à Achille grâce à l'intervention d'Apollon au chant XX – a le pressentiment de sa fin et s'enfuit devant Achille furieux, qui finit par le rattraper : « Cependant, le divin Achille, d'un signe de tête aux siens, leur fait défense de jeter sur Hector leurs traits amers » (vers 206-7). L'invraisemblance tient au fait que dans le vif de la mêlée, au milieu des cris et de la poussière, Achille puisse d'un mouvement de tête retenir tous ces guerriers déchaînés. Aristote reviendra sur ce passage au chapitre 25 (1460b 26) en le qualifiant « d'impossible ».

16. Aristote a déjà parlé du paralogisme à propos de la tragédie, au chapitre 16, 1455a 13.

17. Les chants des épopées homériques n'étaient pas, du temps d'Aristote, désignés comme de nos jours par l'une des 24 lettres de l'alphabet grec. Cette répartition en 24 chants semble être l'œuvre des grammairiens alexandrins (IIIe-IIe siècle). Avant eux, on désignait le chant dont on voulait parler par l'épisode le plus marquant qui l'occupait ; ici, la scène où Euryclée lave les pieds d'Ulysse déguisé en mendiant (voir note 3 du chap. 8) servait à désigner le chant XIX de l'*Iliade*. Le paralogisme auquel songe ici Aristote est celui de Pénélope, qui voit arriver un mendiant crétois (Ulysse, en fait), prétendant avoir reçu Ulysse dans son foyer ; du fait

qu'il est capable de décrire les vêtements que portait Ulysse – en particulier une agrafe qu'elle lui avait offerte –, elle en déduit qu'il est bien le Crétois qui a reçu son époux (vers 165-260).

18. Voir notes 12 du chapitre 15 et 2 du chapitre 11.

19. Dans l'*Électre* de Sophocle (voir note 3 du chap. 3), son précepteur (et lui seul ; le pluriel ne se justifie pas) vient faussement annoncer la mort d'Oreste lors d'une course de chars aux Jeux Pythiques (vers 680-763). Or il se trouve que les courses de chars ne figurent au programme de ce concours (qui se déroulait à Delphes) qu'à partir de 582, c'est-à-dire bien après l'époque mycénienne durant laquelle se place le cycle des Atrides.

20. Eschyle (voir note 8 du chap. 4) et Sophocle (voir note 3 du chap. 3) ont tous deux écrit des tragédies, aujourd'hui perdues, portant ce titre. Le personnage qui ne dit mot est Télèphe (voir note 13 du chap. 13) ; il expiait par ce silence volontaire le meurtre de ses oncles, en s'excluant de lui-même de tout commerce avec autrui. L'irrationnel tient ici à la longueur du voyage, qui mène Télèphe du centre du Péloponnèse au nord de l'actuelle Turquie. Est-il vraisemblable que durant ce long voyage par terre puis par mer, il n'ait pas prononcé une seule parole ? Des poètes comiques du IVe siècle ont ainsi fait dans leurs pièces des allusions railleuses à cet invraisemblable silence.

21. Alcinoos (voir note 11 du chap. 16) fait déposer Ulysse endormi sur une grève d'Ithaque par ses marins phéaciens. Ulysse retrouve donc son île sans s'en rendre compte ; et la lourdeur de son sommeil est plus qu'étrange, alors qu'il a lui-même demandé qu'on le ramène chez lui (*Odyssée*, XIII, vers 113-125).

22. La narration se concentre en effet plutôt sur la façon dont le bateau phéacien aborde à Ithaque, et sur les riches présents déposés autour d'Ulysse. Une volonté de vraisemblance côtoie d'ailleurs l'invraisemblable, puisque Homère précise qu'Ulysse et ses riches présents sont déposés « à l'écart de la route, de peur que les passants n'en viennent dérober avant qu'il se réveille ». Voilà sans doute « l'assaisonnement » (sur cette métaphore, voir note 4 du chap. 6).

Notes du chapitre 25
(pp. 127 à 131)

1. La part importante prise par les épopées homériques dans l'éducation grecque classique a entraîné une lecture sans cesse plus attentive de ces textes ; plus le temps passait, et plus la société archaïque peinte par Homère, ses coutumes et sa langue, semblaient étrangères, voire incompréhensibles aux critiques. D'où l'apparition, à partir du VIe siècle, de séries de questions soulevées par certains passages, qui avaient à l'époque d'Aristote pris la forme canonique de « problèmes », réunis dans des recueils, parfois fort importants (Aristote avait ainsi composé des *Problèmes homériques* en six livres, voir *supra*, p. 12). Soit le problème trouvait une solution (*lysis ; cf.* note 1 du chap. 18) d'ordre historique ou philologique – et s'affirmait ainsi la supériorité incontestable d'Homère –, soit

le critique le considérait comme insoluble et faisait une critique (*epitimèma*, voir 1460b 21 *sq.*) du passage incriminé. Tout ce chapitre 25 doit donc être rattaché à cette tradition critique qui mobilisait un savoir et une érudition incontestables mais s'épuisait parfois dans de vaines subtilités ou des questions stériles (savoir quel était le chant des Sirènes au chant XII de l'*Odyssée*).

2. Le chapitre 21 l'a longuement montré.

3. Au sens philosophique : l'accident s'oppose à l'essence. Aristote discerne donc deux types de fautes, les unes qui tiennent à l'art poétique lui-même, à l'incapacité de l'artiste de servir son art et d'atteindre sa finalité, les autres qui tiennent à l'ignorance d'un sujet contingent, extérieur à l'art poétique en lui-même (voir 1460b 31 et les exemples du cheval à l'amble ou de la biche cornue) ; les arts d'imitation ont en effet la particularité par rapport à d'autres arts, telle la médecine, de mobiliser des connaissances empruntées à bien d'autres disciplines. En distinguant la rigueur en poétique et la rigueur dans les autres disciplines, Aristote réfute de nouveau Platon (voir note 3 du chap. 9) qui avait établi dans la *République* et *Les Lois* que la poésie, en tant qu'art imitatif, devait être jugée comme les autres arts et discipline dont elle représente les opérations, et qui condamnait Homère au nom de la vérité scientifique (il ne connaît pas la stratégie, la médecine, etc. : *Rép.* X, 598 d *sq.*, Appendice II). Il préserve ainsi la poésie de l'inévitable dévaluation à laquelle l'exposaient les présupposés platoniciens (la fidélité nécessaire au modèle ; l'éloignement inéluctable de l'imitation par rapport à la réalité).

4. Le texte comporte visiblement une lacune, que certains critiques ont comblée ainsi : « si le poète a choisi d'imiter *de façon correcte, mais qu'il a échoué dans cette imitation par impuissance...* »

5. Aristote a laissé un traité *Sur la marche des animaux*, où il explique le mode de déplacement des quadrupèdes (*De Inc. An.*, 14 ; 712a 24).

6. Il s'agit de susciter les sentiments de pitié ou de crainte (voir chap. 6, 1449b 26 et *passim*) ou de produire un effet de surprise (voir chap. 24, 1460a 17).

7. Voir note 15 du chapitre 24.

8. On ne sait d'où vient ce mot rendu célèbre par Aristote ; mais l'on sait vers quoi vont ses préférences (voir chap. 15, 1454b 8-15). La Bruyère, dans son célèbre parallèle entre les deux dramaturges français (*Caractères*, I, 54), appliquera cette formule respectivement à Corneille et à Racine.

9. Xénophane de Colophon (v. 600-v. 505) était poète (il écrivit une épopée et des vers élégiaques : voir note 7 du chap. 1) et philosophe. Son originalité est d'avoir critiqué la représentation anthropomorphique des dieux (« Les mortels croient que les dieux naissent comme eux, avec leurs sens, leur voix et leur corps. Si les bœufs et les lions savaient dessiner comme les hommes, ils feraient des dieux à leur propre ressemblance... ») à laquelle il oppose l'idée d'une divinité unique et immuable. Aristote semble donc donner raison à Xénophane dans sa critique de la mythologie, et ne guère accorder de crédit à ces mythes, que le poète a le devoir d'utiliser tels quels, en dépit de leurs invraisemblances.

10. *Iliade*, X, vers 152-3 (description d'un bivouac).

11. *Iliade*, I, vers 50; problème : pourquoi Apollon, qui veut châtier les Grecs, frappe-t-il d'abord les mulets de ses traits (qui vont provoquer une peste dans le camp) ? Solution : *ouréas* est en fait un « nom rare » (voir chap. 21, 1457b 2) mis pour *ourous* (sentinelles).

12. *Iliade*, X, vers 316. Dolon est un Troyen envoyé par Hector pour espionner les Grecs qui sera découvert et tué par Diomède. Problème : la suite du vers dit Dolon rapide à la course ; comment cela est-il possible si l'on donne son sens habituel à *kakos eidos* (difformité) ?

13. *Iliade*, IX, vers 203. Les Anciens ne buvaient jamais pur leur vin – beaucoup plus épais que le nôtre. Ils le mélangeaient avec de l'eau (voir 1461a 27) dans un cratère. Boire du vin pur était un signe d'ivrognerie ou de débauche, ce qui ne correspond pas du tout à l'atmosphère plutôt tendue du passage : Achille reçoit l'ambassade des chefs grecs venus le prïer de se joindre de nouveau à eux pour combattre. Mais l'acception ici proposée par Aristote ne trouve aucune justification ailleurs.

14. Aristote cite ici de mémoire et fait une contamination entre les deux premiers vers du chant II de l'*Iliade* (cités dans une leçon différente de celle qui nous a été transmise : *pantes* [tous] à la place de notre *alloi* [les autres, par opposition à Zeus, qui est le seul éveillé au chant II]) et le début du chant X, qui contient la même formule (« dormirent toute la nuit ») ; mais au chant X, c'est Agamemnon qui ne trouve pas le sommeil, déchiré par l'angoisse après l'échec de l'ambassade auprès d'Achille (voir note précédente), consterné par les bruits de fête qui s'élèvent du côté troyen (vers 11 et 13 ; pour les flûtes, voir note 4 du chap. 1).

15. Au sens que lui donne Aristote au chapitre 21 (« glissement de l'espèce au genre », 1457b 12, avec un exemple similaire), et non au sens moderne.

16. *Iliade*, XVIII, 489 (description des motifs ciselés par Hephaïstos sur le bouclier d'Achille). Problème : comment Homère peut-il affirmer – lui que les Anciens considéraient comme une autorité en matière d'astronomie – que l'Ourse (on ne sait s'il s'agit de la Grande ou de la Petite) est *la seule* constellation à ne jamais disparaître de notre horizon, alors qu'il y en a d'autres ? Solution : Homère n'a mentionné que la plus connue de ces constellations ; c'est une approximation poétique.

17. En grec ancien, tout mot comporte sur une de ses voyelles, une élévation particulière de la voix ; mais l'accent n'est pas comme en allemand ou en anglais, un accent « d'intensité » : il s'agit d'un ton de caractère musical. La place de ce ton dans le mot est liée à la quantité (brève ou longue) de ses voyelles ; ce ton est noté par des accents qui sont de trois sortes (voir chap. 20, 1456b 33) : accent aigu, circonflexe et grave. Un changement d'accent sur un mot peut en changer totalement le sens, comme le prouvent les exemples qui suivent. On ne sait rien du critique Hippias de Thasos, dont Aristote expose plus au long les solutions dans ses *Réfutations sophistiques* (162b 6).

18. *Iliade*, XXI, vers 297 : « Nous t'accordons de conquérir la gloire » (parole de Poséidon à Achille, qu'il vient de sauver de la noyade dans le fleuve Xanthe). Mais il semble qu'Aristote ait connu un état du texte de l'*Iliade* où cette phrase apparaissait au début du chant II (vers 15), au

moment où Zeus ordonne au Songe d'aller tromper Agamemnon pour l'inciter à combattre et provoquer ainsi la mort de nombreux guerriers. Problème : Zeus peut-il mentir et promettre la gloire aux Grecs alors qu'il les envoie au massacre ? Solution : il ne faut pas lire *dídomen* (présent de l'indicatif), mais *didómen* (infinitif mis pour *didómenai* – « nom écourté », voir chapitre 21, 1458a 1 – à valeur impérative) : « accorde-leur de conquérir la gloire ». Par ce changement de la place de l'accent, la responsabilité du mensonge est donc reportée sur le Songe.

19. *Iliade*, XXIII, 328 : « <un tronc de chêne ou de pin> que la pluie fait pourrir là » (description de la borne autour de laquelle devront tourner les chars lors des courses organisées aux jeux funèbres en l'honneur de Patrocle). Problème : le pin et le chêne ont plutôt tendance à sécher à l'air (d'autant plus que la souche n'est pas fichée en terre, mais maintenue par des pierres). Solution : Hippias remplace le génitif du pronom relatif *hou* (avec aspiration initiale et accent circonflexe ; employé ici au sens adverbial : « là ») par la négation *ou* (mot atone, « proclitique » qui forme un groupe avec le mot qui le suit) ; il obtient ainsi un sens plus satisfaisant : « que pluie *ne* fait *pas* pourrir ». Les accents et les marques d'aspiration (« esprits ») n'ont été notés par écrit que bien après Aristote, ce qui peut expliquer ces flottements.

20. Sur Empédocle, voir note 8 du chapitre 1. Se pose ici un problème de ponctuation : il faut placer une virgule après le second *prin* (« aussitôt devinrent mortelles les choses qui auparavant étaient immortelles, et celles qui étaient pures auparavant se trouvaient mélangées »), et non avant (« ... immortelles, et les choses pures étaient auparavant mélangées »), ce qui rompt le parallélisme du passage.

21. *Iliade*, X, vers 252 : « la nuit est passée de plus <des deux tiers> ». Problème : Ulysse ajoute aussitôt : « le dernier tiers seul nous reste » (pour partir avec Diomède en reconnaissance vers le camp troyen) : comment peut-il rester un tiers de la nuit, si plus des deux tiers sont déjà écoulés ? Solution : *pleô* signifie à la fois « plus de » (plus des deux tiers) et « la plus grande partie de » (la plus grande partie des deux tiers de la nuit) ; c'est cette dernière solution qu'il faut adopter si l'on veut – comme Aristote – qu'Homère ait une arithmétique sans faille.

22. *Iliade*, XXI, vers 593 : Agénor rate son coup et sa lance vient rebondir sur la jambière d'Achille, qui vient d'être fabriquée par Héphaïstos (voir XVIII, v. 613). Problème : des jambières d'étain, métal très ductile, seraient inutiles. Solution : de même que par synecdoque on désignait un mélange de vin et d'eau par une partie de ce mélange (*vin*), de même Homère a pu désigner l'alliage (le bronze : 75 p. 100 de cuivre, 25 p. 100 d'étain) par un de ses constituants.

23. Mot à mot : « bronziers », ceux qui travaillent le *chalkos* (bronze) ; le mot en est venu par métonymie à désigner tout ouvrier travaillant un métal, quel qu'il fût.

24. La boisson des dieux de l'Olympe est en effet le nectar, breuvage qui rend immortel. Homère dit (*Iliade*, XX, 234) que Zeus a enlevé le Troyen Ganymède, « le plus beau des mortels », pour qu'il soit son *oinochoeuein*, son verseur de vin, autrement dit son échanson. Ici encore

(voir *supra* note 15), «métaphore» est à prendre au sens défini par Aristote au chapitre 21. Nous y verrions plutôt, comme dans le cas des «bronziers», une métonymie. Mais le plus important est ici l'implicite : par ces exemples concrets, Aristote fait sentir à son auditoire le rôle primordial de cette «métaphore» (au sens large : métaphore, métonymie, synecdoque, voir note 5 du chapitre 21) dans l'élaboration d'une langue spécifiquement poétique : tout y repose sur l'écart par rapport à une norme langagière, sur une extension – voire une transgression – des signifiés qui crée pour l'expression cet effet de surprise recommandé dans l'agencement de l'histoire (chap. 9 1452a 1 *sq.*) ou pour la pensée (chap. 24, 1460a 12 *sq.*).

25. Allusion à l'un des plus célèbres problèmes homériques (*Iliade*, XX, vers 272 ; peut-être cité de mémoire : le texte qui nous a été transmis parle d'une lance de frêne, et non d'airain). Problème : le passage qui précède ce vers nous dit que le bouclier fabriqué pour Achille par Héphaïstos (voir *supra* note 16) est constitué de cinq couches : deux de bronze, deux d'étain sur la face interne et une d'or ; que la lance d'Énée en a transpercé deux ; et qu'elle a été retenue (*escheto*) par la couche d'or. La solution serait d'imaginer que la couche d'or est la couche centrale, mais les commentateurs s'y sont refusés ; l'or doit être un ornement visible, placé en surface (voir la description du travail d'ornementation au chant XVIII, vers 478 *sq.*). Comment peut-il donc avoir été traversé, ainsi que la première couche de bronze tout en ayant «retenu» la lance ? Solution : Aristote pose l'équation : «être retenue» (*escheto*) = être arrêtée (*kôluthènai* : rencontrer un obstacle) ; la couche d'or a amorti le choc, freiné l'inertie de la lance qui s'est ensuite arrêtée dans la deuxième couche ; à moins qu'il ne faille, comme J. Dupont-Roc et J. Lallot (p. 398), voir ici une allusion aux pouvoirs magiques de l'or, don du dieu.

26. Nom courant en Grèce ; peut-être s'agit-il du critique Glaucon de Téos, dont, chez Platon (530 d), Ion salue «les belles pensées» sur Homère (également cité dans la *Rhétorique*, 1403b 26, pour son traité de rhétorique).

27. Icarios est frère de Tyndare (voir note 4 du chap. 8), père de Pénélope, et par conséquent grand-père de Télémaque (qui arrive à Lacédémone – ou Sparte – au chant IV de l'*Odyssée*). Il était bien le descendant du héros éponyme des habitants de Sparte, Lacédaemon. Problème : pourquoi Télémaque ne rencontre-t-il pas son grand-père durant son séjour à Sparte ? Solution : son grand-père n'est pas le héros lacédémonien Icarios, mais un habitant de l'île de Céphalonie (au débouché du golfe de Corinthe, elle jouxte Ithaque), nommé Icadios. Le problème est ici pour Aristote un faux problème. Cependant, à lire attentivement l'*Odyssée*, on a le sentiment que le père de Pénélope ne peut que résider à Ithaque ou non loin de là (voir II, 52 ou XV, 16).

28. Ces solutions ont été exposées *supra* (dans l'ordre) 1460b 23, 1460b 33 et 1460b 35 *sq.*

29. *Cf.* chapitre 24, 1460a 27.

30. Voir note 11 du chapitre 6. Zeuxis a peint les hommes en mieux, alors que Sophocle les a représentés tels qu'ils devraient être (voir 1460b 33).

31. *Cf.* le mot d'Agathon au chapitre 18 (1456a 24).

32. En rhétorique classique, la réfutation est la dernière partie du corps

d'un discours, celle qui précède la péroraison (conclusion); l'orateur doit y renverser les arguments ou les conclusions de l'adversaire; un des moyens de réfuter l'adversaire est justement la contradiction : prouver qu'il n'est pas logique avec lui-même. L'adversaire à réfuter est ici le critique d'Homère, qui ne tient pas sur le poète un discours cohérent, alors que le texte poétique, lui, l'est.

33. Aristote critique ici *Médée* (voir note 8 du chap. 14) pour la façon dont Euripide fait arriver Égée (le roi d'Athènes, père futur de Thésée – voir note 2 du chapitre 8 – et futur époux de Médée) comme par miracle à Corinthe, juste au moment où, trahie par son époux et bannie, Médée a besoin d'un sauveur; elle lui fait jurer de l'accueillir à Athènes, et de la protéger si elle en a besoin (vers 663-755), ce qui assure ses arrières avant d'entreprendre sa vengeance. Au chapitre 15 (1454b 2), Aristote avait déjà critiqué le dénouement de la pièce.

34. Même critique au chapitre 15 (voir note 3).

35. Pour l'impossible et l'irrationnel, voir 1461b 9-15; pour les contradictions, voir 1461b 15-18; le nuisible reprend sans doute la méchanceté non nécessaire (1461b 21); pour les règles de l'art, voir enfin 1460b 13 *sq.*

36. Ce nombre a suscité bien des commentaires et il est difficile d'y parvenir en additionnant les solutions présentées au cours du chapitre. On peut aisément isoler les six solutions relevant de l'expression (1461a 9-32 : nom rare; métaphore; accentuation; ponctuation; ambiguïté; usage habituel) et trois réfutations des critiques à l'encontre du manque de vérité (1460b 33-61a 4 : la scène représentée est comme elle doit être; comme on dit qu'elle est; comme elle se déroulait autrefois). Une dixième solution met en avant la réalisation des fins de l'art pour excuser l'impossible (1461a 31-5). Mais les deux dernières sont difficiles à discerner : faut-il compter parmi elles la mise à nu d'un faux problème (1461a 35-61b 9) ? la cohérence interne du texte en matière de morale (1461a 5-9) ou en matière de logique (1461b 15-18) ? Mais l'on arrive alors à 13 et non plus 12 solutions. Ce passage est sans doute interpolé (*cf.* chap. 23, 1459b 4 et note 13).

Notes du chapitre 26
(pp. 131 à 133)

1. Nous avons essayé de conserver le sens à la fois matériel (lourd; chargé de) et abstrait (qui est à charge, insupportable par sa grossièreté et donc vulgaire) de l'adjectif *phortikos*. La tragédie est plus pesante, plus vulgaire en ce qu'elle imite à travers des personnages en action et que, par ses effets, elle dispense le public de l'effort de représentation qu'impliquent la lecture ou l'audition d'un rhapsode (voir *infra* note 5). Aristote se souvient sans aucun doute ici des préventions de Platon (II, 658a *sq.*) à l'encontre des spectacles dramatiques (marionnettes, comédie, tragédie) qu'il destine à un public vulgaire, par opposition à l'audition du rhapsode, réservée au public choisi des vieillards.

2. Ils devaient jouer un air imitant le sifflement du disque lancé par le discobole.

3. Voir note 4 du chapitre 15 ; le flûtiste devait tourner autour du chef de chœur et l'entraîner avec lui pour mimer le monstre happant les compagnons d'Ulysse.

4. Mynniscos de Chalcis interpréta les dernières pièces d'Eschyle (milieu du Vᵉ siècle), mais il joue encore en 422 et remporte le prix destiné aux acteurs. Callipédès le remportera en 418, sans doute à ses débuts ; il avait la réputation d'arracher des larmes aux spectateurs. Quant à l'acteur Pindare – qu'il ne faut pas confondre avec le célèbre poète (518-438) –, on ne sait rien de lui.

5. Si les aèdes étaient des poètes épiques qui déclamaient leurs propres œuvres, les rhapsodes récitaient les épopées d'autrui – les œuvres homériques surtout –, à l'époque classique. Juchés sur une tribune, vêtus de costumes somptueux aux vives couleurs, portant une couronne d'or, ils donnaient une récitation qui par la déclamation et les mimiques semble proche du jeu des acteurs. L'activité des rhapsodes s'est étendue à tout le monde grec ; et dans les fêtes locales comme lors des grandes solennités religieuses, se déroulaient des concours de rhapsodes.

On ne sait rien des deux rhapsodes mentionnés ici.

6. Voir *supra* 1461b 35 et note 4. Les rôles féminins étaient tenus par des acteurs ; voir note 2 du chapitre 5.

7. Même affirmation aux chapitres 6 (1450b 18) et 14 (1453b 4).

8. On trouve en effet chez les Tragiques quelques passages composés en hexamètres (voir note 7 du chap. 1) : les vers 839-842 du *Philoctète* et 1010-4 des *Trachiniennes* de Sophocle ou 590-5 des *Troyennes* d'Euripide. Aristote a déjà ainsi rapproché l'épopée et la tragédie au chapitre 5 (1449b 16 *sq.*).

9. Voir note 2 du chapitre 11 ; la tragédie de Sophocle compte 1530 vers, l'*Iliade*, 15 000 environ. On conserve la trace d'une *Œdipodeia* qui aurait fait 6 500 vers environ, soit l'équivalent des dix premiers chants (sur 24) de l'*Iliade*.

10. Au chapitre 23 (1459b 2 *sq.*) Aristote avait cependant exclu les œuvres homériques de cet axiome.

11. Ce repentir en fin de phrase souligne l'embarras d'Aristote qui, pour proclamer la supériorité de la tragédie sur l'épopée, s'est peut-être un peu trop emporté. Déclarer que l'*Iliade* est composée de plusieurs actions semble incompatible avec les affirmations du chapitre 8 (1451a 22 *sq.*) où il louait Homère pour avoir composé ses épopées «autour d'une action unique» (voir aussi chap. 23, 1459a 30 *sq.*). Mais au chapitre 18 (1456a 12) il avait déjà dit que l'agencement épique comportait «plusieurs histoires» (voir note 16 du chap. 18) ; agencement qu'il déconseillait justement d'utiliser dans la tragédie. Tout est donc un problème de longueur : pour ne pas délayer (1462b 7), pour ne pas lasser son public (chap. 23, 1459b 30-1), le poète épique doit avoir recours aux épisodes (voir note 10 du chap. 9).

12. C'est le «plaisir propre» à la tragédie (chap. 13, 1453a 36 et chap. 14, 1453b 10 *sq.*) et à l'épopée (chap. 23, 1459a 21). Il faut noter ici une certaine partialité chez Aristote puisque le «plaisir propre» a été défini au chapitre 14 pour les genres nobles (tragédie et épopée) par rapport à la seule

tragédie; il n'est donc pas surprenant que l'épopée semble moins bien atteindre une fin qui n'a pas été définie pour elle.

13. Une conclusion qui concerne plutôt les chapitres 6-26 que l'ensemble de ce premier livre : les analyses des cinq premiers chapitres devaient sans doute être exploitées dans le livre suivant aujourd'hui perdu, voir Introduction, p. 19.

Index

Chaque référence, parfois donnée par plusieurs chiffres, est isolée par un point-virgule. Les renvois sont donnés sous trois formes différentes, selon qu'ils sont faits à l'introduction, au texte même d'Aristote ou aux notes :

– Un simple chiffre arabe est un renvoi aux pages de l'introduction ou des appendices.

– Une référence intégrant un petit a ou un petit b est un renvoi aux pages, colonnes et lignes de l'édition de référence de tous les travaux contemporains (éd. d'I. Bekker, Berlin, 1831, vol. II, pp. 1447-1462) dont nous avons ôté les deux premiers chiffres (14...) pour abréger : ce sont les lignes de cette édition que nous avons reportées en marge de la traduction : 53b 23 = 1453b 23, p. 105. *N. B.* : le renvoi fait au texte grec ne correspond qu'*approximativement* (à une ou deux lignes près) à la version française.

– Une référence constituée de chiffres romains suivis de chiffres arabes est un renvoi aux notes, les chiffres romains donnant le numéro du chapitre, le second, le numéro de la note : XXIV, 7 = note 7 du chapitre 24, p. 189. Un renvoi en italique signale la note qui comporte la mise au point la plus détaillée sur le personnage ou la notion désignés.

Index historique
et mythologique

Nous n'avons pas retenu le nom d'Aristote ni indexé le texte de Diogène Laërce (pp. 6-15), les noms mythologiques (pris aussi dans les titres d'œuvres antiques) sont distingués des autres par l'italique.

Index des notions

Nous n'avons mentionné ici que les notions susceptibles de retenir l'attention d'un lecteur s'intéressant à la théorie poétique ; aucune prétention à l'exhaustivité donc : les hellénistes pourront s'en convaincre en consultant l'excellent index de l'édition Kassel, à partir duquel nous avons établi celui-ci. Pour les notions essentielles, nous donnons le terme grec translittéré entre parenthèses.

Table

POÉTIQUE

Cet ouvrage a été composé dans les ateliers
d'INFOPRINT à l'île Maurice.

Achevé d'imprimer en mars 2007 en France sur Presse Offset par

C P I
Brodard & Taupin

La Flèche (Sarthe).
N° d'imprimeur : 39400 – N° d'éditeur : 83309
Dépôt légal 1re publication : avril 1990
Édition 11 – mars 2007
LIBRAIRIE GÉNÉRALE FRANÇAISE – 31, rue de Fleurus – 75278 Paris cedex 06.